林语堂

"入西述中"策略与作品影响研究

卞建华 著

科学出版社

北京

内 容 简 介

本书研究林语堂侨居美国期间以"融入者"视角向西方传播中国文化的策略。通过文化学、语言学、翻译学等多维视角，分析其译者身份及文化观、语言观和翻译观的呈现，探讨"入西述中"翻译理念与文化变译策略（如隐性自译、异语创作等），同时对比其他译者作品，从而梳理出林语堂著译作品在海外传播和接受情况。

本书旨在解析林语堂多维文化身份与翻译观念的互动，拓展离散作家研究，深化对中国传统翻译理论认知，进而为文化学派、变译理论等提供实证支持。同时提炼译学概念，助力本土理论建设与中华文化走出去实践。

本书适合翻译学、文化研究等领域学者及中西文化交流爱好者阅读。

图书在版编目（CIP）数据

林语堂"入西述中"策略与作品影响研究 / 卞建华著. -- 北京：科学出版社, 2025. 6. -- ISBN 978-7-03-082011-2

Ⅰ. G115

中国国家版本馆 CIP 数据核字第 2025Y3N402 号

责任编辑：杨 英 贾雪玲 / 责任校对：贾伟娟
责任印制：赵 博 / 封面设计：蓝正设计

科学出版社 出版
北京东黄城根北街 16 号
邮政编码：100717
http://www.sciencep.com

北京厚诚则铭印刷科技有限公司印刷
科学出版社发行 各地新华书店经销
*
2025 年 6 月第 一 版　开本：720×1000　1/16
2025 年 10 月第二次印刷　印张：17 1/4
字数：348 000
定价：128.00 元
（如有印装质量问题，我社负责调换）

序　言

百年未有之大变局时代，中国文化对外传播面临着新的机遇和挑战，如何用世界听得懂的方式，讲好中国故事，传播中国文化，贡献中国方案，"努力塑造可信、可爱、可敬的中国形象，向世界阐释推介更多具有中国特色、体现中国精神、蕴藏中国智慧的优秀文化"[①]，促进中西文化之间的相互吸纳和融合，已成为我们党和国家以及学界同仁共同关注的问题。促进中国话语体系与西方话语体系的有效对接，增强中国文化的亲和力，增进国际社会对中国文化的了解和理解，助力中西文化的和谐共生，这是翻译在新时代所肩负的重要责任和使命。在全球文化格局分化重组的过程中，作为翻译主体的"译者站在了不同语言和文化的交织点上，肩负着传递文化信息、解释文化差异、缓解文化冲突、推动文化融合的使命"[②]，译者的文化态度、文本选择和译介方式等，自然也成为当下翻译学研究的重要课题。

"两脚踏东西文化，一心评宇宙文章"的林语堂是中西文化交流史上杰出的学者、翻译家、作家、文化评论家和语言学家，其创作、翻译、批评、研究，多栖并行，建树颇丰。作为"中国现代文人中较早面向西方、用英语阐释中国古典文化传统的先行者中颇为成功且影响力巨大的一位"[③]，他秉承"中西融通"文化观念，坚持中国文化对外译介，倡导在充分消化吸收双重语境中文化质素的基础上，以易于目的语接受者理解的方式重塑中国经典，兼顾中国文化特质性及其在异域的传播，读者遍布全球各地，影响极为广泛，在国际上享有"文化使者"的美誉。

---

① 新华社：《习近平主持中共中央政治局第三十次集体学习并讲话》，中华人民共和国中央人民政府门户网，2021年6月1日。https://www.gov.cn/xinwen/2021-06/01/content_5614684.htm。
② 陶丽霞：《文化观与翻译观：鲁迅、林语堂文化翻译对比研究》，北京：中国书籍出版社，2013年，第14页。
③ 赖勤芳：《中国经典的现代重构：林语堂"对外讲中"写作研究》，北京：人民出版社，2013年，第1页。

作为"中国文化输出的典范",其丰富的中国文化对外译介实践对于当下中国文化对外传播具有很好的启示和借鉴意义,本书旨在对林语堂"入西述中"策略及其作品影响进行深入研究,以期能更好地理解和传承其翻译理念和文化观点,为我国对外话语体系构建贡献一份力量。

笔者研究林语堂"入西述中"策略及其作品影响的意向始于2003年在南开大学攻读博士学位期间。2005年,笔者在《上海翻译》发表了题为"对林语堂'文化变译'的再思考"的论文,之后又陆陆续续发表了一些相关文章。2009年开始,笔者先后指导硕士研究生撰写完成了一系列关于林语堂著译作品研究的学位论文和期刊论文,并在一些兄弟院校和学术会议做了相关主题的报告。2011年,笔者获批山东省社会科学规划项目"全球化背景下的中国文化对外传译策略研究——以林语堂编译写策略为个案"(项目编号:11CWXJ03),2014年,获批国家社会科学基金项目"林语堂作品的中国文化变译策略研究"(项目编号:14BYY012)。

本书是在项目结项成果的基础上修改而成的。全书共分为8章。第1章探讨了选题背景、研究框架,梳理了国内外相关研究。第2章围绕本书涉及的国内外相关理论及核心概念进行综述,阐释翻译研究三大转向——从纯语言到语言文化并重、从原文中心到译文功能导向、从全译到变译理论,并界定"文化变译""达旨术""入西述中"等核心概念。第3章聚焦译者主体性,分析林语堂文化观与翻译观的演变轨迹,揭示其从"对西讲中"到"入西述中"的转型过程。第4章通过典型案例,归纳林语堂的五大翻译策略:导语整合、互文类比、阐释注释、萃取拓展和亦译亦写,进而探讨相关翻译理论问题。第5章采用对比研究方法,通过《老子的智慧》等译作比较,着重分析林语堂"隐性自译"的独特性。第6章以《苏东坡传》等作品为样本,考察文化回译过程中的读者适应策略,揭示其中西文化对话的实践价值。第7章从内外维度解析林语堂作品的传播效果,包括文化观念、社会语境、出版机制等影响因素。第8章对全书进行总结,指出林语堂"入西述中"策略对当下中国文化外译的启示,并展望未来研究方向。

本书的基本观点如下。

(1)林语堂的文化实践与理论建构呈现出鲜明的跨学科融合特征,这种整体性思维使其成为20世纪中西文化交流史上的独特典范。林语堂具有多维文化身份,他不仅是中西文化大使,而且是语言学家、文学家、翻译家,因而其文化观、语言观、文学观、翻译观四位一体,相互影响、相互作用、相辅相成。其"入西述中"策略在内外部因素的影响下取得了巨大成功,虽也存在一些瑕疵,不过,瑕不掩瑜,在其特定的历史时期起到了促进中西文化文明交流互鉴的作用。

(2)林语堂的"入西述中"策略不仅是一种翻译策略,更是一种跨文化创作实践，体现了翻译与写作的深层互动关系。这种著中有译的"入西述中"策略是其强烈的读者意识的表现，完美地诠释了其"翻译即创作"的思想。林语堂现象启示我们，翻译与创作存在诸多共通之处，可以把母语为汉语的人所从事的英文写作看作是汉英翻译的一种特殊形式，并按照写作的相关原则和标准加以评估。反之亦然。

（3）林语堂的翻译理论与实践为中华文化外译提供了范式性参照，其多维度的创新策略不仅拓展了翻译研究的边界，更启发了我们对跨文化传播机制的深层思考。林语堂的整体翻译观、语言表现力、变译策略中的隐性自译等带来诸多启示，为我们深入研究相关论题，尤其是中华典籍和中华学术外译研究，提供了一个基础与平台。林语堂英文作品的中国文化回译过程，是考察对比林语堂"入西述中"策略的过程，同时也启发我们对"入西述中"和文化回译这些特殊形式的翻译及其评价标准进行再思考。

（4）在全球文化格局深刻变革的背景下，翻译研究亟需以创新理念和灵活策略推动中国文化对外传播，构建平等对话、多元共生的跨文化交流新范式。面对世界全球化过程中的"逆全球化"倾向，我们要进一步更新关于翻译及文化传播的相关理念，通过多种灵活变通策略，加强中国文化对外传播，维护和保持世界各民族文化的多样化，实现中西方文化交流的平衡、平等、双赢之路是翻译研究的重心所在。

目 录

序言
第1章 绪论 ··· 1
　1.1 林语堂研究综述 ··· 6
　1.2 研究内容 ··· 17
　1.3 研究方法 ··· 20
　1.4 研究框架 ··· 21
第2章 理论基础及概念界定 ·· 23
　2.1 理论基础：翻译研究范式的变迁 ·· 24
　2.2 概念界定 ··· 32
　2.3 小结 ··· 38
第3章 从"对西讲中"到"入西述中"：林语堂变译观的嬗变 ················ 39
　3.1 林语堂文化观分析 ··· 39
　3.2 林语堂翻译观分析 ··· 54
　3.3 林语堂的变译观与"入西述中"策略 ······································ 62
　3.4 小结 ··· 66
第4章 林语堂"入西述中"策略分析 ··· 68
　4.1 基于中西融通的文本选择及译介 ·· 69
　4.2 林语堂的"入西述中"策略 ··· 70
　4.3 小结 ··· 109
第5章 林语堂"入西述中"译作比较 ··· 110
　5.1 中国哲学典籍核心概念英译比较 ·· 110
　5.2 中国经典诗词节选英译比较 ·· 133
　5.3 中国古典名著节选英译比较 ·· 147

- 5.4 林语堂的隐性自译 ············· 155
- 5.5 小结 ············· 168

第6章 林语堂"入西述中"与文化回译 ············· 171
- 6.1 "入西述中"与文化回译 ············· 171
- 6.2 《苏东坡传》回译者的读者意识 ············· 172
- 6.3 《武则天传》回译中的萃译 ············· 185
- 6.4 《朱门》"行香子"词的回译：译底与译心 ············· 193

第7章 林语堂"入西述中"作品的传播 ············· 203
- 7.1 林语堂"入西述中"作品在海外的传播 ············· 203
- 7.2 林语堂"入西述中"作品生成原因分析 ············· 216
- 7.3 瑕不掩瑜：对林语堂"入西述中"作品得与失的反思 ············· 226
- 7.4 小结 ············· 227

第8章 结论：林语堂"入西述中"策略的启示 ············· 229
- 8.1 主要发现 ············· 230
- 8.2 林语堂"入西述中"策略对中华文化走出去的启示 ············· 231
- 8.3 创新之处 ············· 239
- 8.4 研究局限 ············· 240
- 8.5 未来展望 ············· 241

参考文献 ············· 242

附录　国内林语堂研究相关文献 ············· 253

后记 ············· 267

第1章 绪　　论

　　翻译因不同语言文化之间的"异"而生，又因不同语言文化之间的"同"才得以进行。在多元文化共存的当下，翻译在中西人文交流中的作用日益凸显。如何求同存异、和谐共生，用世界听得懂的方式，讲好中国故事，传播中国文化，贡献中国方案，是学界同仁共同关注的问题。

　　"两脚踏东西文化，一心评宇宙文章"的林语堂是我国文学和翻译史上杰出且颇有争议的人物，作为"中国现代文人中较早面向西方、用英语阐释中国古典文化传统的先行者中颇为成功且影响力巨大的一位"[1]，林语堂以其英文"创作"享誉海外，因《京华烟云》（*Moment in Peking*）两次获得诺贝尔文学奖提名，被美国文化界列为"20世纪智慧人物"之一[2]，并于1975年被推选为国际笔会副会长。林语堂秉承"中西融通"文化观，坚持"入西述中"策略，倡导在充分消化吸收中西语境中文化特质的基础上，用易于目标受众理解的方式重塑中国经典，兼顾中国文化的特质性及其在异域的传播，读者遍布全球各地，影响极为广泛，在国际上享有"文化使者"的美誉。本书围绕林语堂"入西述中"思想及策略进行相关研究。

　　首先，在全球化日益推进的当下，中国文化海外传播面临着新的机遇和挑战，如何助力中华文化走出去，促进中西文化之间的相互吸纳和融合，已成为当代翻译学研究的一个重要而迫切的课题。

　　"自从中国被迫向现代化的西方开放以来，中西文化交往愈益频繁而又错综复杂，如何在新的世界文化现代性平台上重新打量中国文化传统，同时又更准确地理解我们与之频繁交往的西方他者，就成为中国现代文人面临的一个重要问题。"[3]

---

[1] 赖勤芳：《中国经典的现代重构：林语堂"对外讲中"写作研究》，北京：人民出版社，2013年，第1页。
[2] 施建伟：《近幽者默：林语堂传》，北京：华文出版社，2017年，第517页。.
[3] 赖勤芳：《中国经典的现代重构：林语堂"对外讲中"写作研究》，北京：人民出版社，2013年，第1页。

近年来，我国综合国力不断增强，成为世界第二大经济体，中华民族逐渐走向世界舞台中央，"让中国走向世界，让世界了解中国""向世界贡献中国智慧""发出中国声音"成为新时代的需求。然而，西方国家开始出现"逆全球化"倾向，这在某种程度上威胁着全球经济发展和国际社会的稳定[1]，这种现象表面上看是由于经济发展和贸易往来的不平衡，实际上与政治制度、文化思想、意识形态等方面的差异密切相关。在这个日益全球化的世界，如何既保持各自文化的独特性，又能共襄盛举，互相尊重和理解，促进不同文化背景之间的交流和借鉴，成为我们共同面对的挑战。为回应这一挑战，我国提出"文化走出去""一带一路"倡议，以及构建"人类命运共同体"的理念。这些举措旨在回应逆全球化趋势，通过积极参与和贡献，推动全球文化的多样性与和谐共存。

当下，我们需要"中国故事，世界表达"，即找到一种全球共鸣的方式来讲述中国故事，分享中国文化，塑造中国形象，促使中国话语体系与西方话语体系有效对接，提升中国文化吸引力，帮助国际社会更好地理解中国文化，这不仅是新时代翻译工作的重大责任，也是其使命所在。因此，深入研究如何将中国文化传播到海外，推动中西文化的和谐共生，具有深远的理论和实践意义。在这个不断变化的世界文化格局中，译者扮演着极其关键的角色。译者处于不同语言和文化的交汇点，肩负着传达文化信息、解释文化差异、缓和文化冲突，以及促进文化融合的重任。这一职责不仅体现了译者在文化交流中的重要地位，也突出了他们在选择翻译内容、确定翻译目标以及在翻译过程中保持自己独特视角和互动性方面所面临的挑战。这些问题，正是当前翻译学研究的热点话题。

其次，长期以来，中外文化交流存在着的不平衡现象亟待破题，需要我们进行反思和研究。

长期以来，把外国尤其是西方文化翻译介绍到中国，无论在数量上，还是在质量上，都大大胜过了把中国文化翻译介绍到国外，致使中国文化对外翻译形成了一种明显的逆差。由于文化交流的不平衡，西方对中国的了解远远不如我们对西方的了解。中华人民共和国成立以来，我国政府和学界一直致力于中国文化对外传播的翻译研究工作，并做出了卓有成效的成绩，使中国形象在国际上得到了极大的提升，但是中译外工作尚有诸多不足，影响了中国在国外受众心目中的形象。20世纪90年代以来，我国每年出版的长篇小说有1000多部，而其中被翻译

---

[1] 李雪：《"人类命运共同体"的理想性与现实性》，《探索》，2017年第5期，第105-109页。

到国外的不过10%左右[①]。2014年,"南国书香节"的数据显示,1979~2012年,英语文学被翻译的次数达到126万次,而中国文学被翻译成各国家各语言的是1.4万次[②]。"其实中国文学在海外的影响仍然微乎其微……虽然这些年被陆续推出去,但中国文学大部分没有进入海外大众的视野,而仅仅是一些专家通过研究文学作品来研究中国,仅此而已。"[③]《中国出版传媒商报》统计资料显示,2014年,美国只有3%的出版物是翻译作品,其余均为英语作品。在这3%中,仅有3%由中文图书翻译而来[④]。在美国和英国,主要的翻译市场只占3%,而且是以法语、意大利语、德语为主,中文作品是凤毛麟角[⑤]。从中国国家统计局和美国百分之三(Three Percent)网站的统计数据,也可以看出中外文学作品交流的不平衡现象,如表1.1和表1.2所示。

表1.1 中美版权书购买数量对比

年份	2015	2016	2017	2018	2019	2020	2021	2022	2023
中国引进美国版权书/种	4840	5201	6217	4833	4234	3588	3211	3397	2794
美国引进中国版权书/种	887	932	592	912	614	711	849	653	779

资料来源:国家统计局[⑥]

表1.2 美国引进中国文学作品译本情况

年份	2008	2009	2010	2011	2012	2013
美国引进的英译中国文学作品数量/本	13	9	10	12	16	14
占同年引进英译文学作品的百分比/%	3.61	2.48	2.94	3.24	3.54	2.67
译自内地现当代作家的作品数量/本	9	8	8	8	13	10

资料来源:美国百分之三网站[⑦]

[①] 张贺,王珏:《中国文学如何更好走向世界:"走出去"也要"三贴近"》,《人民日报》,2012年11月23日,第11版。http://culture.people.com.cn/n/2012/1123/c87423-19672170-1.html。

[②] 赖雨晨,梁赛玉,谈昇玄:《走出"邂逅"——中国文学的海外传播之路》,新华网,2014年8月25日。http://world.chinadaily.com.cn/guoji/2014-08/25/content_18483184.htm。

[③] 赖雨晨,梁赛玉,谈昇玄:《走出"邂逅"——中国文学的海外传播之路》,新华网,2014年8月25日。http://www.xinhuanet.com/world/2014-08/25/c_1112219488.htm。

[④] 任志茜:《BEA中国出版大展自信魅力》,《中国出版传媒商报数字报》,2015年5月29日。http://dzzy.cbbr.com.cn/html/2015-05/29/content_1_1.htm。

[⑤] 谢晨星:《中国作家仍难"走出去"莫言作品在美10年卖万本》,中国新闻网,2014年8月21日。https://www.chinanews.com.cn/cul/2014/08-21/6518274.shtml。

[⑥] 国家统计官网局-查数-引进/输出图书版权总数,https://data.stats.gov.cn/easyquery.htm?cn=C01&zb=A0Q0V0B&sj=2024。

[⑦] 转引自胡安江,梁燕:《多元文化语境下的中国文学"走出去"研究——以市场机制和翻译选材为视角》,《山东外语教学》,2015年第6期,第67-76页。

2014 年 8 月，笔者有幸作为高校学者代表参加了中国出版集团在青岛举行的"首届中外出版翻译恳谈会"，会议邀请了来自海内外的 30 余人参加，包括汉学家、翻译家、高校学者和出版商等。其中美国、俄罗斯、印度、土耳其、德国等国的汉学家和翻译家都谈到了中外文化交流的不平衡现象，即中国文学作品对外传译的数量和质量都不尽如人意。中国文学作品走出去，需要付出更多努力。近年来，中国文化外译工程动作密集，投入不少，但多年以来中国文化对外传播大量"入超"的现象依然未能有效改变。2010～2019 年，笔者曾先后四次前往美国、加拿大、德国交流，在明尼苏达大学、西华盛顿大学、斯坦福大学、圣托马斯大学、慕尼黑大学等高校，参加过数十场有关中国政治、文化、社会、环境、电影、文学等问题的学术讲座，聆听了相关课程，也对汉学家艾朗诺（Ronald Egan）、哲学家约翰·佩里（John Perry）等进行了访谈。通过交流，笔者依然深感西方学界对中国文学、历史、哲学等方面成就的了解远远不如中国学界对西方文学、历史、哲学等方面成就的了解。中国文化博大精深，常常令西方读者望而却步。国际翻译界著名学者、德国功能主义目的论代表人物克里斯蒂安·诺德（Christiane Nord）谈到，她曾在飞机上阅读英文版《红楼梦》（A Dream of Red Mansions），结果没看几页就睡着了。旅英作家薛欣然也谈到，哪怕是对中国文学非常感兴趣的英国文学代理人托笔·伊迪（Toby Eady），也没有完整地读过《红楼梦》，据说"读了一百来页……就读不下去了，因为复杂的亲戚关系把他绕晕了"[①]。西方的出版社和读者的很多选择来自他们的知识认同，如果他们能有认同感，就会选择你的作品。此外，对新鲜事物的好奇心也会让他们有可能选择中国作品。所以，"中国作家的作品在国外能否出版，取决于编辑的认知，取决于时代的热点、同感以及距离感。但是不管是哪种，文化的距离感是无法避免的"[②]。中国文化系统、全面、整体、高质量的对外传播工程任重而道远，亟须破题。

最后，从中外文化交流史来看，本书所关注的林语堂，作为中国文化输出的典范，其丰富的"入西述中"实践对当下中国文化外译具有很好的启示和借鉴意义，值得我们认真分析和研究。

[①] 姜梦诗：《多位中国作家分享国际出版经验：老外仍不了解中国》，东南网，2014 年 8 月 21 日。https://news.fjsen.com/2014-08/21/content_14730017.htm。

[②] 谢晨星：《中国作家难"走出去" 莫言作品在美 10 年卖万本》，中国新闻网，2014 年 8 月 21 日。https://www.chinanews.com.cn/cul/2014/08-21/6518274.shtml。

林语堂才华横溢，著作等身，中英文著译 65 部，其中汉译英 16 部，英译汉 8 部（含自译）①。林语堂的作品被翻译成英文、日文、法文、德文、葡萄牙文、西班牙文等 21 种语言，几乎囊括了世界上的主要语种，世界各地出版的林语堂著作有 700 多种，其读者遍布全球各地，影响范围极大，他在国际上享有"文化使者"的美誉。其著译作品，有的被选为美国大学教材，有的被政府高层当作了解中国之必读书目，在世界各国广为流传，一直被视为阐述东方文化的权威著述。就"全球化"而言，在大多数西方人对中国文化遗产的范围和丰富性一无所知的时候，林语堂的"入西述中"努力使中国的哲学、历史、小说、诗歌和民间文学作品引起了西方世界，特别是美国公众的注意。这些作品尽管发表或出版于 20 世纪 30 年代到 60 年代，但仍然让今天的中西方读者感到精神上的共鸣和文化上的渴望。黄忠廉指出："林译功在千秋，他改变和丰富了西方对中国的认识。迄今为止，任何译家对英语世界的影响都难以超越林语堂。"②乐黛云也评价说："林语堂……创造了至今无人企及的中西方跨文化流通的实绩。"③可以说，林语堂为中西文化交流作出了杰出贡献，是一位世界级的文化名人。

　　然而，正所谓"横看成岭侧成峰，远近高低各不同"。林语堂"入西述中"活动在受到诸多赞誉的同时，也受到了一些学者的批评、质疑和误解。林语堂在中西文化交流过程中呈现出来的"一捆矛盾""不中不西""亦中亦西"等特点，是五四运动以来中国知识分子在新旧文化交汇、中西文化碰撞夹缝间的挣扎与痛苦，也体现了中国文化走向世界以及世界文化多元化的历史趋势④。在林语堂"入西述中"作品中，有相当一部分英文作品属于创作与翻译一体化的作品，即对中国文化的译介、译述和编译等。按照传统的以"忠实"和"对等"为核心概念的翻译观，这些作品都被排除在严格意义上的翻译之外，如何看待这些著译作品的文化影响、文学意义及其在中外文化交流史上的作用？怎样对这些作品进行历史、客观、合理的评价？林语堂在中国文化译介过程中从文本选择、译介方法到编辑出版和宣传推介等各个环节受到的内外因素影响，所做的种种努力，译介效果抑或是经验教训对我们当下的中华文化走出去研究有哪些启示？孔子有言："众恶

---

① 李平：《林语堂翻译研究》，杭州：浙江大学出版社，2020 年，第 2 页。

② 黄忠廉：《林语堂：中国文化译出的典范》，《光明日报》，2013 年 5 月 13 日，第 5 版。https://epaper.gmw.cn/gmrb/html/2013-05/13/nw.D110000gmrb_20130513_1-05.htm。

③ 乐黛云：《从中国文化走出去想到林语堂》，《中国文化报》，2015 年 12 月 18 日，第 3 版。https://nepaper.ccdy.cn/html/2015-12/18/content_169514.htm。

④ 冯智强：《中国智慧的跨文化传播：林语堂英文著译研究》，青岛：中国海洋大学出版社，2011 年，第 1 页。

之，必察焉；众好之，必察焉。"①古人云："知其底蕴则知其深浅，知其深浅则知其功用。"②要回答上述这些问题，需要对林语堂的"入西述中"实践及影响这些实践的内外部因素进行认真分析和深入研究。

中华文化走出去可理解为两层含义：一种是表层意义上的或常识意义上的"走出去"，即让中国文化走出国门，使其他国家的人们了解和熟悉中国文化；另一种是深层意义上的或价值论意义上的"走出去"，即要通过各种形式的文化交往，使世界各国的人们理解和接纳中国文化③。要做到上述两点，我们需要从中国文学对外推广工作的角度，研究文化输出与文化反省的关系④，"探析入西讲中的早期标本"⑤，进一步研究林语堂这位"中国文化译出的典范"⑥，重新审视其著译作品的"入西述中"策略，分析其"入西述中"过程中的得与失。

综上，在全球化浪潮席卷的当下，对林语堂"入西述中"策略进行后顾式反思总结和前瞻式战略研究，为更新翻译研究中的相关理念，助力中国文化海外传播，即中华文化走出去战略研究，具有重要的理论和实践意义。

1.1　林语堂研究综述

1.1.1　国内研究综述

施建伟把对林语堂的研究划分为三个阶段：前期（1979 年以前）、中期（20世纪 80 年代）、新时期（20 世纪 90 年代及以后）⑦。前期主要是左翼作家的批

---

① 韦利（Arthur Waley）英译，参见杨伯峻今译：《论语（The Analects）》，长沙：湖南人民出版社；北京：外文出版社，1998 年，第 178 页。
② 转引自刘宓庆：《中西翻译思想比较研究》，北京：中国对外翻译出版公司，2005 年，第 260 页。
③ 汪信砚：《中国文化走出去的两种意涵》，《学习时报》，2016 年 10 月 10 日，第 4 版。http://theory.people.com.cn/BIG5/n1/2016/1010/c49157-28764806.html。
④ 张南峰：《文化输出与文化自省：从中国文学外推工作说起》，《中国翻译》，2015 年第 4 期，第 88-93 页。
⑤ 赖勤芳：《中国经典的现代重构：林语堂"对外讲中"写作研究》，北京：人民出版社，2013 年，第 1 页。
⑥ 黄忠廉：《林语堂：中国文化译出的典范》，《光明日报》，2013 年 5 月 13 日，第 5 版。https://epaper.gmw.cn/gmrb/html/2013-05/13/nw.D110000gmrb_20130513_1-05.htm。
⑦ 施建伟：《近十年来林语堂作品在大陆的流传与研究》，《同济大学学报（人文·社会科学版）》，1994 年第 2 期，第 78-84 页。

判,代表人物是鲁迅和胡风;20 世纪中叶到 70 年代末,林语堂基本被视为"另类"的文化人,没有得到重视和研究。改革开放以来,我国文学界、历史界对林语堂的研究无论在深度上还是在广度上都有了很大进展,以万平近[①]、施建伟[②]、王兆胜[③]等为代表的一批"林学"研究专家,先后出版林语堂传记、研究论文和专著。外语界从 20 世纪 90 年代开始逐渐重视林语堂研究。近年来,翻译界对林语堂研究呈不断上升态势,可谓研究成果更加丰硕,研究角度更加多元化。国内关于林语堂的研究大致分为三类。

(1)个别翻译论著或译学词典所设的专章或专论。例如,郭著章等的《翻译名家研究》[④]介绍了林语堂生平、著译作品、翻译理论,并对其《老子的智慧》(*The Wisdom of Laotse*)中的《道德经》英译片段进行了赏析,此外附录了林语堂中英文著作及翻译作品总目。孙迎春的《译学大词典》[⑤]和林煌天的《中国翻译词典》[⑥]都有"林语堂"这一词条,前者主要介绍了其生平及主要翻译思想,对其著译作品未有提及;后者除了介绍其生平及主要翻译思想之外,还简要介绍了其著译作品[⑦]。陈福康的《中国译学理论史稿》[⑧]和《中国译学史》[⑨],以及孟昭毅、李载道的《中国翻译文学史》[⑩]分别解读了林语堂长篇论文《论翻译》的主要思想。张经浩、陈可培的《名家 名论 名

[①] 万平近:《〈赖柏英〉和林语堂的乡情》,《台湾研究集刊》,1988 年第 3 期,第 85-89,96 页;万平近:《林语堂定居台湾前后》,《新文学史料》,1995 年第 2 期,第 138-155 页;万平近:《林语堂评传》,上海:上海远东出版社,2008 年。

[②] 施建伟:《林语堂:幽默情结和幽默观》,《同济大学学报(社会科学版)》,1997 年第 2 期,第 35-41 页;施建伟:《林语堂传》,北京:北京十月文艺出版社,1999 年;施建伟:《林语堂最后的日子》,《湖南文史》,2004 年第 4 期,第 29-30 页。

[③] 王兆胜:《林语堂的文化情怀》,北京:中国社会科学出版社,1998 年;王兆胜:《林语堂正传》,南京:江苏文艺出版社,2010 年。

[④] 郭著章,等:《翻译名家研究》,武汉:湖北教育出版社,1999 年,第 79-114 页。

[⑤] 孙迎春:《译学大词典》,北京:中国世界语出版社,1999 年,第 547-548 页。

[⑥] 林煌天:《中国翻译词典》,武汉:湖北教育出版社,2005 年,第 419-420 页。

[⑦] 遗憾的是,《中国翻译词典》"林语堂"词条有十几处失误,例如,"曾陆续以英文撰写并出版《吾国与吾民》《中国的乡村生活》《北京之日》三书,畅销北美,中文著作有《生活的艺术》《暴风中的树叶》等多种。但主要的译作是英译中国文学作品与经典著作,其中有《苏东坡传》等"。参见郭著章,等:《翻译名家研究》,武汉:湖北教育出版社,1999 年,第 98,105-107 页。

[⑧] 陈福康:《中国译学理论史稿》,上海:上海外语教育出版社,2000 年,第 325-331 页。

[⑨] 陈福康:《中国译学史》,上海:上海外语教育出版社,2018 年,第 269-273 页。

[⑩] 孟昭毅,李载道:《中国翻译文学史》,北京:北京大学出版社,2005 年,第 198-201 页。

译》①介绍了林语堂生平、代表性译论,并配有译文案例欣赏。方梦之、庄智象的《中国翻译家研究》②重点介绍了林语堂生平事迹、翻译活动、翻译思想及著译分析等,整体视角新颖,论述也比较深入。

（2）报刊或期刊及报纸论文和文章。截止到 2025 年 5 月,"中国知网"的中文期刊数据库显示,与"林语堂翻译"相关的论文有 1724 篇,其中涉及《浮生六记》的有 375 篇,翻译策略和翻译方法的有 109 篇,《京华烟云》和 Moment in Peking 的有 141 篇,译者主体性的有 66 篇,翻译思想、翻译观和翻译理论的有 119 篇,翻译标准 25 篇,文学翻译 69 篇,相关论文主要从文化观、文化立场、翻译观、译者身份、译者主体性、读者意识、互文性、译介学、文化适应选择论、变译理论、功能主义翻译目的论、意识形态、赞助人和诗学三因素论、多元系统论、后殖民主义理论、生态翻译学等角度探讨了林语堂的翻译理论与实践及相关问题。比较有代表性的研究领域和论文如下。

一是林语堂翻译思想、翻译观及翻译理论研究。例如,陈荣东在《一篇不该忽视的译论——从〈论翻译〉一文看林语堂的翻译思想》一文中,特别是林语堂在阐释其提出的"信、顺、美"三条标准的说理过程中,对于翻译美学涉及的几个重要方面阐发出精辟见解③;陆洋从诗学的视角研究了林语堂翻译理论与实践中所表现出的"美译"思想、"美译"形式,以及"美译"价值与诗学传统之间的内在联系④;冯智强从语言哲学的角度解读了林语堂翻译艺术论的美学根源、翻译标准的语言学基础以及"美译"理论的多重背景,探讨了林语堂的翻译观与其语言观、文化观、创作观、美学观以及文艺观之间的互动关系⑤;冯智强、庞秀成借助副文本理论和话语分析法,探讨了林语堂译论话语,指出从翻译本质、翻译标准、翻译策略、翻译原则、翻译心理和翻译伦理,林语堂都通过其作品的副文本表达了独到见解,他们通过其主副文本之间以及副文本之间的互动关系,深入地解读了其翻译思想⑥。

---

① 张经浩,陈可培:《名家 名论 名译》,上海:复旦大学出版社,2005 年,第 51-70 页。
② 方梦之,庄智象:《中国翻译家研究（民国卷）》,上海:上海外语教育出版社,2017 年,第 641-680 页。
③ 陈荣东:《一篇不该忽视的译论:从〈论翻译〉一文看林语堂的翻译思想》,《中国翻译》,1997 年第 4 期,第 27-31 页。
④ 陆洋:《论"美译":林语堂翻译研究》,《中国翻译》,2005 年第 5 期,第 49-55 页。
⑤ 冯智强:《语言哲学视阈下林语堂翻译思想的多维解读》,《天津外国语学院学报》,2009 年第 4 期,第 31-35 页。
⑥ 冯智强,庞秀成:《副文本生存状态下的林语堂译论话语》,《天津外国语大学学报》,2019 年第 3 期,第 96-108,160-161 页。

二是林语堂汉英翻译个案研究。例如，葛校琴、季正明以林语堂《浮生六记》（*Six Chapters of a Floating Life*）的翻译为案例，探讨了人生态度取向与翻译选择及策略①；刘芳探讨了汉语文学作品英译中的异化与归化问题，并对林语堂在《浮生六记》中的文化翻译进行了评价②；董晖参照林语堂的翻译理论并结合中英诗词差异，从多个角度分析了林语堂对中国古典诗词的英译③；杨柳以林语堂的翻译实践为主例，从美学角度分析了其通俗翻译的表现形式、产生原因和社会效果④；王少娣从林语堂之英译《浮生六记》谈起，探讨了模糊语言在翻译中的审美再现⑤；翟红梅、张德让则从翻译适应选择论的角度，分析了林语堂英译《浮生六记》的翻译方法等⑥。

三是林语堂英文作品中的翻译现象研究。例如，高巍、刘士聪从 *Moment in Peking*（《京华烟云》）的写作对汉译英的启示角度，探讨了英语语言之于汉语文化的表现力⑦，从"纯语言"和异化翻译视角探析《京华烟云》的传译策略；高巍、徐晶莹、宋启娟分析了《京华烟云》中的诗词翻译⑧；肖百容、张凯惠论述了《京华烟云》独特的写作过程——翻译性写作及其得失⑨；王宏印、江慧敏从《京华烟云》的献辞与主题、分卷与引文，以及章节划分与叙事结构入手，探讨林语堂现代小说《京华烟云》的创作意图和叙事特点，探讨了该书外洋内中的双重性质和在中国翻译文学史上的地位，运用异语创作、无根回译和原文复现等新颖概

---

① 葛校琴，季正明：《人生态度取向与翻译的选择及策略：谈林语堂〈浮生六记〉的翻译》，《解放军外国语学院学报》，2001年第4期，第71-74页。

② 刘芳：《汉语文学作品英译中的异化与归化问题：兼评林语堂在〈浮生六记〉中的文化翻译》，《解放军外国语学院学报》，2003年第4期，第71-74页。

③ 董晖：《貌离神合 得意忘形：浅析林语堂英译中国古代诗词中变通手法的运用》，《绍兴文理学院学报（哲学社会科学）》，2004年第6期，第80-85页。

④ 杨柳：《通俗翻译的"震惊"效果与日常生活的审美精神：林语堂翻译研究》，《中国翻译》，2004年第4期，第42-47页。

⑤ 王少娣：《翻译"求同"更需"存异"：从语言发展和读者包容性的视角看翻译》，《重庆文理学院学报（社会科学版）》，2006年第1期，第15-18页。

⑥ 翟红梅，张德让：《翻译适应选择论与林语堂英译〈浮生六记〉》，《外语学刊》，2009年第2期，第112-114页。

⑦ 高巍，刘士聪：《从 Moment in Peking 的写作对汉译英的启示看英语语言之于汉语文化的表现力》，《外语教学》，2001年第4期，第45-49页。

⑧ 高巍，徐晶莹，宋启娟：《试析〈京华烟云〉中的诗词翻译》，《重庆交通大学学报（社会科学版）》，2011年第1期，第127-129页。

⑨ 肖百容，张凯惠：《论〈京华烟云〉的翻译性写作及其得失》，《湖南工业大学学报（社会科学版）》，2010年第6期，第49-52页。

念分析译作,对于同类文学创作和翻译现象做出了有力的解释[①];任东升、卞建华从林语堂双重文化身份及其对话意识入手,以《生活的艺术》(*The Importance of Living*)为例,分析了其"主题译介"意图、"文本裹挟"策略和"亦译亦写"风格,指出其作品中的翻译现象是一种趋同存异原则下的文化外包装策略,具有跨文化交流效应和文学互文作用[②]。

四是林语堂翻译策略及翻译标准研究。例如,梁满玲、胡伟华通过分析《浮生六记》英译本,指出林语堂的翻译思想反映了中国主流诗学考量下的文本选择、中国传统文化本位的翻译取向和保留"异质性"的翻译方法[③];冯智强通过对林语堂汉英翻译过程中"异化"策略从形式、理据到意义的多维考察,全面探讨了林语堂哲学翻译中的翻译哲学,即中国智慧跨文化传播中的"中国腔调"[④];吴慧坚以《吾国与吾民》(*My Country and My People*)为例,探讨了翻译的条件与翻译的标准[⑤];王少娣从互文性和跨文化的视角考察了林语堂的创作和翻译,发现中国传统的儒教、道教及佛教的精神,汉语的经典文学作品乃至汉语语言都在林语堂的作品中有互文性表现[⑥];李俊以林语堂英译《中国传奇》(*Factious Chinese Short Stories*)为个案,探讨了语境、身份与翻译策略的关系,认为该书体现了译者杂和的文化身份与文化视角,从中国本土文化的关注出发,对中国文化进行观照,同时又以西方文化视角对其本土文化进行过滤,其作品带有浓厚的经过西方文化过滤的"东方色彩"[⑦];汪宝荣运用社会翻译学理论中的译者姿态理论对《浮生六记》林语堂译本中的文化翻译策略做出新的解释,并发现林语堂对他视为荣耀的中国传统文化采取忠实的保留性

---

① 王宏印,江慧敏:《京华旧事,译坛烟云:*Moment in Peking* 的异语创作与无根回译》,《外语与外语教学》,2012 年第 2 期,第 65-69 页。

② 任东升,卞建华:《林语堂英文创作中的翻译现象》,《外语教学》,2014 年第 6 期,第 95-99 页。

③ 梁满玲,胡伟华:《林语堂"解殖民化"的话语翻译策略:后殖民视阈》,《外语教学》,2017 年第 4 期,第 78-82 页。

④ 冯智强:《中国智慧跨文化传播的"中国腔调":林语堂"译出"策略的哲学思考》,《北京第二外国语学院学报》,2011 年第 10 期,第 1-6 页。

⑤ 吴慧坚:《翻译的条件与翻译的标准:以林语堂〈吾国与吾民〉为例》,《外语学刊》,2006 年第 1 期,第 98-101 页。

⑥ 王少娣:《互文性视阈下的林语堂翻译探析》,《外语教学理论与实践》,2008 年第 1 期,第 75-79、86 页;王少娣:《林语堂的东方主义倾向与其翻译的互文性分析》,《解放军外国语学院学报》,2009 年第 2 期,第 55-60 页;王少娣:《林语堂审美观的互文性透视》,《中译外研究》,2014 年第 2 期,第 107-116 页。

⑦ 李俊:《语境·身份·策略:谈林语堂英译〈中国传奇〉中过滤过的东方色彩》,《牡丹江大学学报》,2008 年第 10 期,第 89-91 页。

翻译策略，对他认为不荣耀的文化信息予以删减或淡化，这体现出其旨在寻求中华文化荣耀的译者姿态①。

五是林语堂翻译、创作、编辑之互文和互动研究。例如，姜秋霞、金萍、周静基于林语堂作品的描述性分析，对文学创作与文学翻译的互文关系进行了研究②；褚东伟以《吾国与吾民》为个案进行研究，指出林语堂的写作观和翻译观具有一致性，在其创作实践中也具有统一性，其翻译和写作相得益彰，这种成功模式对当下的中译外工作和对外文化交流工作具有积极指导意义③；冯智强、朱一凡从编辑出版的角度探讨了林语堂编译行为与其编辑出版家文化身份之间的关系，诠释其编译行为的内在动因与外部据，并阐释了其系列编译作品存在的合理性与必然性④；李平以林语堂的英文作品为例，通过比较其在中国以及国外出版情况，分析其成败原因，指出中国文化对外译介中出版社与编辑责无旁贷之责任等⑤。

六是林语堂中国文化海外译介及其作品回译策略研究。例如，冯智强从林语堂对编、译、创的汇通与整合，林语堂的"和谐"文化观与翻译观，其系统、通俗的翻译模式，其对外传播中国文化时的"中国腔调"，其对副文本的合理利用，其从国内到国际的合作形式等，深入研讨了林语堂跨文化传播为中国文化走向世界提供的重要参考⑥；黄忠廉在分析林语堂文化变译案例的基础上指出，林语堂堪称文化译出的典范，无论是在中国文化要由输入向输出转型的当下还是未来，都值得被学习和仿效⑦；杨士焯、周旭对林语堂"特殊的翻译"中的译文笔法进行了研究，揭示其中的翻译写作过程，并指出林语堂"特殊的翻译"对领会中英语性、把握翻译自由度、以翻译写作学为指导来学习翻译技巧，提高译文质量以及追求翻译艺术有重

---

① 汪宝荣：《寻求文化荣耀的译者姿态：〈浮生六记〉林译本文化翻译策略新解》，《外语学刊》，2017年第6期，第116-121页。

② 姜秋霞，金萍，周静：《文学创作与文学翻译的互文关系研究：基于林语堂作品的描述性分析》，《外国文学研究》，2009年第2期，第89-98页。

③ 褚东伟：《作家与译家的统一：对林语堂〈吾国与吾民〉"英文原著"的个案研究》，《开封大学学报》，2005年第4期，第69-72，77页。

④ 冯智强，朱一凡：《编辑出版家林语堂的编译行为研究》，《中国翻译》，2011年第5期，第27-33，96页。

⑤ 李平：《中国文化对外译介中出版社与编辑之责任：以林语堂英文作品的出版为例》，《天津外国语大学学报》，2018年第1期，第62-70，159页。

⑥ 冯智强：《"译可译，非常译"：跨文化传播视阈下林语堂编译活动的当代价值研究》，《外语教学理论与实践》，2012年第3期，第30-35页。

⑦ 黄忠廉：《林语堂：中国文化译出的典范》，《光明日报》，2013年5月13日，第5版。https://epaper.gmw.cn/gmrb/html/2013-05/13/nw.D110000gmrb_20130513_1-05.htm。

要借鉴意义[1]；吴慧坚指出，林语堂英文原著的现有译本，自有其优长，但不足之处甚多。根据翻译伦理对翻译行为的规范，汲取"筛选积淀重译论"的合理内核，将其具体化为"筛选—融汇—创新—超越"，为重译林语堂提供必要的理论指导，有助于林语堂英文原著汉语重译工作的开展，亦有助于国家文化发展战略的实施[2]；吴慧坚还通过对林语堂 Moment in Peking 的汉译本《京华烟云》进行分析，探讨了译者与出版机构的伦理责任[3]；武建国、牛振俊、冯婷从互文关联的角度分析林语堂作品外宣成功的原因，指出互文翻译策略能够为促进我国传统文化的外宣提供新的研究视角[4]。

（3）博硕士学位论文以及在此基础上拓展的课题研究或出版的专著。近年来，林语堂研究成为博硕士学位论文、科研课题的重要选题，相关论文呈不断上升趋势，角度也更加多元化，不少学者对林语堂文化译介思想及策略进行了开拓性研究，出版了相关专著。杨柳主要从审美现代性的角度，探讨了林语堂在翻译中与现代性相契合的叛逆与颠覆[5]；李平从目的论视角，用描述性研究方法，从翻译理论、翻译批评和翻译实践三个方面，对林语堂的"翻译遗产"进行了研究[6]；冯智强主要从跨文化传播的角度，探讨了林语堂跨文化传播中国智慧的历史文化语境、传播动因与内容、著译思想与策略、传播与接受效果等，阐释了林语堂的翻译观、语言观、文化观、美学观和文艺观及它们之间的互动关系，提出了中国文化语际传播的"林语堂模式"，并阐述了林语堂著译活动的当代价值[7]；吴慧坚以林语堂英文原著为依据探讨了其文化传播策略的得与失，提出了文化传播模式创新的构想，探讨了重译林语堂的意义，并对翻译学相关理论范畴进行了阐释和拓展[8]；王少娣从跨文化和互文性的角度，探讨了林语堂翻译研究[9]；赖勤芳从和谐文化、闲适文化、家族文化、传奇文化等方面探讨了林语堂身处西方文化语境，对中国文化进行重新编码，重构文化传统与文学经典，进而展示和传播中国文化的文学现

---

[1] 杨士焯，周旭：《林语堂"特殊的翻译"译文笔法探究》，《东方翻译》，2016 年第 2 期，第 15-24 页。

[2] 吴慧坚：《重译林语堂与筛选积淀重译论：兼论翻译伦理问题》，《广东第二师范学院学报》，2011 年第 1 期，第 97-101 页。

[3] 吴慧坚：《翻译与翻译出版的伦理责任：由译本〈京华烟云〉引发的伦理思考》，《广东第二师范学院学报》，2012 年第 4 期，第 79-85 页。

[4] 武建国，牛振俊，冯婷：《互文视域下中国传统文化的外宣：以林语堂的翻译作品为例》，《外语学刊》，2019 年第 6 期，第 117-121 页。

[5] 杨柳：《林语堂翻译研究：审美现代性透视》，长沙：湖南教育出版社，2005 年。

[6] 李平：《译路同行：林语堂的翻译遗产》，北京：中央编译出版社，2014 年。

[7] 冯智强：《中国智慧的跨文化传播：林语堂英文著译研究》，青岛：中国海洋大学出版社，2011 年。

[8] 吴慧坚：《重译林语堂综合研究》，广州：花城出版社，2012 年。

[9] 王少娣：《跨文化视角下的林语堂翻译研究》，上海：上海外语教育出版社，2011 年。

象[1]；刘彦仕以林语堂和辜鸿铭为例，探讨了译者的文化身份[2]；陶丽霞从文化观与翻译观视角，对鲁迅、林语堂文化翻译进行了对比研究[3]；江慧敏以《京华烟云》汉译本为案例，对林语堂无本回译进行了系统研究[4]；夏婉璐以林语堂作家、译家、文化使者三位一体的身份为切入点，探讨了林语堂的文化观、文学观对其翻译思想形成以及翻译过程中决策制定的影响，对林语堂的作品和译品进行了研究[5]；王绍舫从林语堂的文化自觉观探讨了其翻译思想[6]；王珏运用译创理论，对林语堂的译创动机、内容、思想、手段、效果及其对中国文化走出去的启示进行了研究和分析[7]；刘全国论述了林语堂翻译书写的思想浸淫、理论建构和文本个案[8]。

值得一提的是，郑锦怀的《林语堂学术年谱》[9]、钱锁桥的《小评论：林语堂双语文集》（*The Little Critic: The Bilingual Essays of Lin Yutang*）[10]及其出版的《林语堂传——中国文化重生之道》[11]为我们提供了翔实的研究语料和背景资料。此外，还有一些国家社科基金项目，如李平的"林语堂创作与翻译的互文关系研究"[12]、肖百容的"林语堂小说研究"[13]、张桂兴的"林语堂文献整理与中英文资料库建设"[14]以及宋丹的"日藏林语堂《红楼梦》原稿整理与研究"[15]等相关研究成果已发表或将陆续发表，必将为整个林语堂研究提供更加丰富的视角与思路。

1.1.2 海外研究综述

海外对林语堂的研究可以分为三类。

---

[1] 赖勤芳：《中国经典的现代重构：林语堂"对外讲中"写作研究》，北京：人民出版社，2013年。
[2] 刘彦仕：《寻找译者文化身份：以林语堂和辜鸿铭为例》，成都：西南财经大学出版社，2014年。
[3] 陶丽霞：《文化观与翻译观：鲁迅、林语堂文化翻译对比研究》，北京：中国书籍出版社，2013年。
[4] 江慧敏：《京华旧事 译坛烟云：林语堂 *Moment in Peking* 无本回译研究》，上海：上海人民出版社，2016年。
[5] 夏婉璐：《视角与阐释：林语堂翻译研究》，成都：四川大学出版社，2017年。
[6] 王绍舫：《林语堂文化自觉观与翻译思想研究》，北京：中国水利水电出版社，2018年。
[7] 王珏：《林语堂英文译创研究》，上海：上海交通大学出版社，2019年。
[8] 刘全国：《林语堂翻译书写研究》，北京：高等教育出版社，2020年。
[9] 郑锦怀：《林语堂学术年谱》，厦门：厦门大学出版社，2018年。
[10] 钱锁桥：《小评论：林语堂双语文集：英汉对照》，北京：九州出版社，2012年。
[11] 钱锁桥：《林语堂传：中国文化重生之道》，桂林：广西师范大学出版社，2019年。
[12] 李平：林语堂创作与翻译的互文关系研究，国家社科基金项目，项目编号：13BYY028。该项目结项成果已于2020年由浙江大学出版社出版。
[13] 肖百容：林语堂小说研究，国家社科基金项目，项目编号：13BZW109。
[14] 张桂兴：林语堂文献整理与中英文资料库建设，国家社科基金项目，项目编号：14BZW105。
[15] 宋丹：日藏林语堂《红楼梦》原稿整理与研究，国家社科基金项目，项目编号：16CWW006。

一是期刊论文、报纸文章或网站评论。截至 2024 年 9 月 4 日，笔者以 Lin Yutang 和 translation 为关键词，检索 Web of Science（科学引文网络平台），搜索到学术论文 117 篇，不过大多是中国学者在国际会议或国际期刊上发表的论文，主要涉及《〈道德经〉两个英译本的合文厚译》[1]、《生态翻译学视角下的林语堂〈京华烟云〉翻译研究》[2]、《翻译中国到大西洋西方：自我、他者与林语堂的反抗》[3]、《〈京华烟云〉中医术语的翻译》[4]、《跨文化视角下的文学翻译策略：以〈京华烟云〉为例》[5]、《〈吾国与吾民〉在中国的翻译与接受》[6]、《翻译伦理模式下的译者文化身份——林语堂〈庄子〉英译分析》[7]、《林语堂〈吾国与吾民〉及其两个中译本中 Mellow 的语境研究》[8]、《自译不符合翻译中的忠实》[9]、《儒家经典的翻译与现代化——林语堂编译的〈孔子的智慧〉解析》[10]、《林语堂的翻译思想》[11]、《林语堂〈浮生六记〉翻译变体

---

[1] Huang W X, Hoon A L, Hiong S W, et al., Text-close thick translations in two English versions of Laozi. *Asian Philosophy*, 2019, 29(3): 231-247.

[2] Lu X, Zhang S D, A study of Lin Yutang's translation of *Moment in Peking* from the perspective of eco-translatology. *Proceedings of the Seventh Northeast Asia International Symposium on Language, Literature and Translation*, 2018.

[3] Long Y Y, Translating China to the Atlantic West: Self, other, and Lin Yutang's resistance. *Atlantic Studies-Global Currents*, 2018(3): 332-348.

[4] Zhang X Y, On the translation of traditional Chinese medical terms in *Moment in Peking*. *DEStech Transactions on Social Science, Education and Human Science*, 2017(5): 79-83.

[5] Chen C, Ren X H, et al., On the strategy of literary translation from the cross-cultural perspective: A case study on *Moment in Peking*. *Proceedings of the 2nd International Conference on Globalization: Challenges for Translators and Interpreters*, 2017.

[6] Zhang X Y, On the translation and reception of My Country and My People in China. *Proceedings of 2016 PMSS International Conference on Teaching Research and Social Science*, 2016.

[7] Liu Y S, Translator's cultural identity from the perspective of the translation ethics model: Analysis of Chuangtse translated by Lin Yutang. *Proceedings of 2016 3rd International Conference on Management Innovation and Business Innovation*, 2016.

[8] Ma S, A contextual study of "Mellow" in Lin Yutang's *My Country and My People* and its two Chinese versions. *2016 2nd International Conference on Social Science and Development*, 2016.

[9] Zou C Y, Self-translation not answerable to faithfulness in translation. *Advances in Social Science, Education and Humanities Research*, 2017, 40: 347-450.

[10] Xia W L, Translation and modernization of Confucian classics: An analysis of *the Wisdom of Confucius* translated and edited by Lin Yutang. *Proceedings of 2015 ACSS International Conference on the Social Sciences and Teaching Research*, 2015.

[11] Zhang H R, Thoughts of Lin Yutang contribute on translation. *Proceedings of the 2014 2nd International Conference on Advances in Social Science, Humanities and Management*, 2014.

的另一种解释》①、《东西方背景下林语堂翻译的美学解读》②、《文化意识驱动下的选择与适应——〈京华烟云〉的文化翻译策略》③、《林语堂与郁飞：〈京华烟云〉的作者与译者》④、《文学创作与文学翻译的互文关系研究——基于林语堂作品的描述性分析》⑤等。此外，根据笔者的检索，1936～1954 年，《纽约时报》(*The New York Times*)刊登林语堂或有关林语堂的文章 102 篇⑥。从互联网搜索到林语堂网站，有来自 30 多个国家的网友参与了关于林语堂著译作品的讨论；从亚马逊网站搜索到林语堂图书，也有世界各国的读者参与图书评论（详见第 6 章）。

二是史料挖掘和文献整理性的纪念文章和传记等，例如朱传誉的《林语堂传记资料（1-5）》（1979～1981），秦贤次、吴兴文的《当代作家研究资料汇编·林语堂卷（1-11）》（1985～1987），林太乙的《林语堂传》（1989），穆雷·雷恩（Murray Rayn）的《点燃蜡烛，诅咒黑暗：林语堂简传》（*Lighting a Candle and Cursing the Darkness: A Brief Biography of Lin Yutang*）（2002），郭碧娥、杨美雪的《林语堂先生书目资料汇编》（1994），以及钱锁桥的《林语堂全集目录》（*Bibliography of the Complete Works of Lin Yutang*，2017）等⑦。

三是相关博士学位论文或著作。例如，美国学者阿瑟·詹姆斯·安德森（Arthur James Anderson）的《林语堂英文著作及翻译作品编目》（*Lin Yutang: A Bibliography of His English Writings and Translation*，1975），不过，该目录表没有涉及林语堂中文著、译、编成果；苏迪然（Diran John Sohigian）的博士学位论文《林语堂的生平与实践》（*The Life and Times of Lin Yutang*，1991）是第一部研

---

① Guan X Z, An alternative explanation for translation variations in *Six Chapters of a Floating Life* by Lin Yutang. *Perspectives*, 2014(2): 198-221.

② Zhang H R, Aesthetic interpretation of Lin Yutang's translation from the perspective of western and eastern cultural background. *Proceedings of the 2nd International Conference on Education, Management and Social Science*, 2014.

③ Li J, The selection and adaptation driven by cultural awareness: The cultural translation strategies adopted in *Moment in Peking*. *Proceedings of International Symposium on Globalization: Challenges for Translators and Interpreters*, 2014.

④ Wei X M, Lin Yutang and Yu Fei, the writer and translator of *Moment in Peking*. *Information Engineering Research Institute*, 2014(4): 200-203.

⑤ 姜秋霞，金萍，周静：《文学创作与文学翻译的互文关系研究：基于林语堂作品的描述性分析》，《外国文学研究》，2009 年第 2 期，第 89-98 页。

⑥ Murray R M, *Lighting a Candle and Cursing the Darkness: A Brief Biography of Lin Yutang*. http://groups.yahoo.com/group/linyutang/files/.

⑦ 郑锦怀：《林语堂学术年谱》，厦门：厦门大学出版社，2018 年。

究林语堂、具有传记性质的英文著作，不过没有出版；钱锁桥（原名钱俊）在林语堂研究方面成果突出，其博士学位论文《林语堂：东西方沟通中的现代性》（*Lin Yutang: Negotiating Modernity between East and West*，1996）、《自由普世之困：林语堂与中国现代性中道》(*Liberal Cosmopolitan: Lin Yutang and Middling Chinese Modernity*，2010）由荷兰莱顿（Leiden）的布里尔学术出版社（Brill Academic Publishers）出版，该书是理论导向的跨文化批评；2011 年，钱锁桥组办林语堂国际学术研讨会，并编著的论文集《林语堂的跨文化遗产（批评视角）》[*The Cross-Cultural Legacy of Lin Yutang（Critical Perspectives*），2015]由美国加州大学伯克利分校东亚研究所（Institute of East Asian Studies, University of California Berkeley）出版；此外，其另一本著作《林语堂及其研究的现代重生之追寻》（*Lin Yutang and His Research for Modern Rebirth*，2017）英文版由帕尔格雷夫·麦克米伦出版社（Palgrave Macmillan）出版[①]。

1.1.3　问题与不足

林语堂作为中国现当代史上"一捆矛盾""最复杂"的作家之一，对他的相关研究由最初的颇具争议，到如履薄冰，到改革开放后先是从中国文学界的"破冰"，再到近年来成果数量不断增加和质量不断提升，可以说取得了可喜的成就，也为本研究的开展提供了宝贵资源。不过，国内对林语堂的研究尚存在一些问题，概括来说，主要表现在以下几个方面。

一是总量虽然不少，但质量有待提高。关于林语堂的研究的论文的数量不少，但多数研究主要集中在对林语堂的翻译观及翻译技巧进行微观层面的评析，其中有不少重复研究。例如，对林译《浮生六记》的研究，对林语堂的论文《论翻译》进行就事论事式的解读或评述等。对林语堂"入西述中"策略的研究还比较零散，缺乏集中、深入的分析。事实上，有相当一部分文章或著述还停留在评介的层面，对林语堂的研究只是"点到为止"或"浅尝辄止"，还没有达到严格意义上的研究层面，角度新颖、论述深刻的研究依然偏少。

二是微观研究不少，宏观研究不够。整体而言，目前相关研究大多是依托个别译本的微观研究[②③]。在特定历史文化背景下，从中西文化交流的宏观角度研究

---

① 钱锁桥：《林语堂传：中国文化重生之道》，桂林：广西师范大学出版社，2019 年。
② 吴慧坚：《重译林语堂：从 *My Country and My People* 的翻译谈起》，《学术界》，2008 年第 6 期，第 194-199 页。
③ 江慧敏：《京华旧事 译坛烟云：林语堂 *Moment in Peking* 无本回译研究》，上海：上海人民出版社，2016 年。

林语堂传播文化的策略、影响和得失，从林语堂文化观、语言观的角度分析梳理其"入西述中"，特别是变译观嬗变的成果相对偏少。由于只见树木，不见森林，没有从宏观上、整体上研究林语堂现象，有些学者对林语堂的中国文化传译实践存在着某种程度的误解，评述带有片面性和主观性等。

三是尚存二元对立、非此即彼观念。对林语堂现象的态度表现出全盘接受或全盘否定的简单化倾向，缺乏理性的分析和思考。对于林语堂的"入西述中"，即中国文化传播方面的研究，以及由此衍生出来的关于翻译的定义、标准、原文与译文关系、译者主体性及主体间性等方面的问题，还存在着概念不够清晰、研究不够系统的状况，对中华文化走出去，是以原语文化为旨归（异化）抑或是以目的语文化为旨归（归化），还没有摆脱非此即彼、二元对立（dichotomy）[①]的绝对化倾向，对林语堂中国文化海外传播思想和实践进行反思、找出其贡献和不足的研究可谓凤毛麟角。

鉴于中华文化走出去战略及"林语堂现象"在国内外引起的诸多关注，针对在此过程中出现的见仁见智、众说纷纭的状态，我们有必要结合中国文化对外传播的现状和目标，认真解读、细致梳理、深刻剖析林语堂的文化观、语言观的嬗变过程，对林语堂的"中西融通"文化观、翻译观进行理论方面的探讨，对林语堂在中西方文化交流史上的特定时期所采用的"入西述中"策略及其影响进行系统研究，并由此探讨其对中华文化走出去的启示，这具有重要的理论和实践意义。

1.2 研 究 内 容

1.2.1 林语堂变译观的嬗变

林语堂具有中外文化交流使者、文学家、文艺批评家和翻译家等多维文化身份，因而其文化观、语言观、文学观、翻译观四位一体，相互影响、相互作用、相辅相成。本书以译者主体为切入点，结合林语堂的多维身份，探析其文化观及其影响下的语言观、文学观和翻译观，并归纳总结林语堂从"对西讲中"到"入西述中"，即图1.1展示的其变译观的嬗变过程。

[①] 功能主义目的论代表人物汉斯·J. 弗米尔（Hans J. Vemeer）曾论及这种现象，如果A、B二人对某事的观点不同，他们不仅会说明他们之间的不同，而且会认为对方的观点是"错误的""愚蠢的""不可信的""敌对的"等。

图 1.1　林语堂变译观的嬗变

1.2.2　林语堂"入西述中"策略

林语堂作为中国作家，其英文创作享誉天下，这在中外文化交流史上是独树一帜的。本书结合具体案例，对林语堂"入西述中"策略的具体方法进行分析研究，考察其"入西述中"活动与文本内外因素之间的互动关系，拓展林语堂"入西述中"策略研究的视野和空间，为促进林语堂著译作品研究以及中国经典文本英译和中华文化走出去战略研究提供实证性参照。图 1.2 对其"入西述中"策略进行了说明。

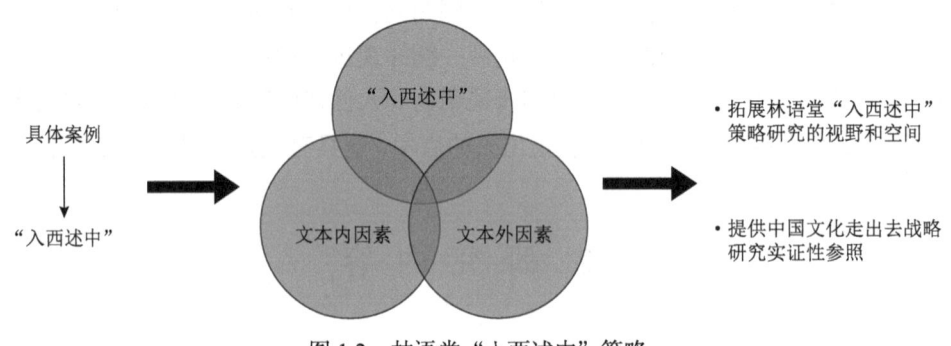

图 1.2　林语堂"入西述中"策略

1.2.3　林语堂译作与其他译者同类译作比较

林语堂作为学贯中西的翻译家，在翻译方面的成就也有目共睹，通过比较林语堂与国内外其他翻译名家的译作，如阿瑟·韦利（Arthur Waley）、詹姆斯·理雅各（James Legge）、刘殿爵、刘若愚（James J. Y. Liu）、杨宪益和戴乃迭、许渊冲等，考察（著）译者翻译目的、翻译策略、翻译方法、译文得失；同时考察林语堂英文作品中的隐性自译现象，对传统思维定式下的译者观进行再思考，对译者主体性重新定位，这有助于唤起译界对译者及自译的深入研究，为其提供基础和平台。图 1.3 展示了林语堂译作与其他译者同类译作的比较情况。

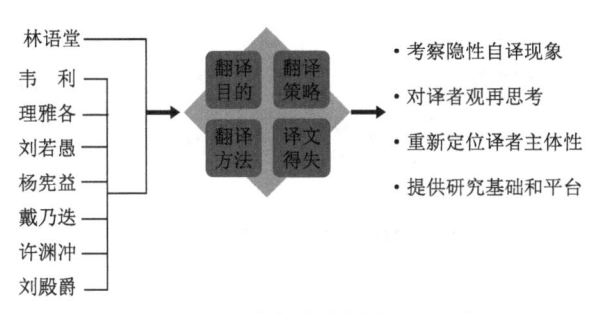

图 1.3　林语堂译作与其他译者同类译作比较

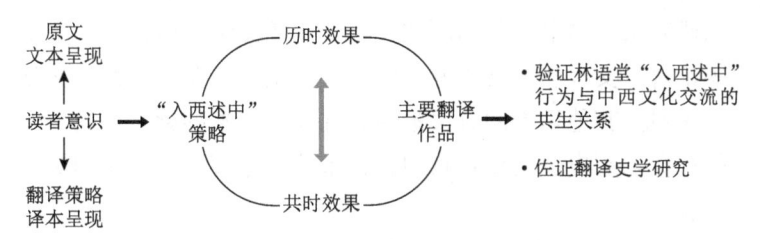

1.2.4　林语堂"入西述中"与文化回译比较

林语堂的"入西述中"作品多以英文创作形式出现，其读者意识在文本呈现上有何特点？这些文本被其他译者回译成中文的过程中，译者的读者意识在翻译策略和译本呈现上又有何特点？通过比较研究，系统考察林语堂"入西述中"策略及其作品的历时效果轨迹与共时效果关联，验证林语堂"入西述中"行为与中西文化交流的共生关系，为翻译史学的深入研究提供较为翔实的佐证。图 1.4 反映了林语堂"入西述中"与文化回译的比较。

图 1.4　林语堂"入西述中"与文化回译比较

1.2.5　林语堂作品传播及对中华文化走出去的启示

当下的翻译研究与文化研究呈现并轨趋势，翻译研究由单纯的语言内部研究转向将翻译置于更加宏阔的文化背景下的研究。本书结合翻译学相关理论，如文化学派翻译理论、目的学派翻译理论及变译理论等，从中西文化交流的视角考察林语堂作品在海外的传播情况，探讨其成功传播的内外部原因，对其"入西述中"策略得失进行分析和思考，进而探讨林语堂现象对中国文化对外传播的启示。图 1.5 梳理了林语堂作品传播及对中华文化走出去的启示。

文化学派
翻译理论   变译理论   中西文化交流视角

研究并轨趋势   ↓
翻译研究转向   林语堂作品海外
                                    传播情况
        目的学派
        翻译理论

探讨成功传播的内外部原因，分析"入西述中"策略得失，
探讨林语堂现象对中国文化对外传播的启示

图 1.5　林语堂作品传播及对中华文化走出去的启示

1.3　研究方法

所谓"方法，严格地说是'按照某种途径'（源希腊文'沿着'和'道路'），这个术语，是指某种步骤的详细说明，这些步骤是为达到一定的目的而必须按规定的顺序进行的"[①]。

本书也将会针对研究目的，采用一定的研究方法，逐渐展开论述。

（1）文献研究法：本书充分利用文化学、比较文学、语言学、文学、哲学、中外交流史等论著、文本和网络资源，结合林语堂本人关于语言、文化、翻译的文章、书评、序跋及其他学者的有关论述，并通过文本细读，把其主要著译作品还原到当时的社会、历史、文化背景中去，系统地考察这些作品的历时效果轨迹与共时效果关联。

（2）比较研究法：通过将林语堂著译作品中的翻译案例与其他译者同类译作、林语堂"入西述中"本与文化回译本进行比较，考察（著）译者的译介目的、翻译策略、具体方法和文本效果，总结林语堂等译者的译介行为的得与失，并对翻译的定义、标准、原文与译文关系、译者主体性以及交互主体性等提出观点。

（3）描写研究法：通过对林语堂主要英文作品中"入西述中"策略的描写研究，反思由此反映出来的关于中国文化海外译介过程中涉及的文本选择、目的设定、策略实施、编辑出版、宣传推介等，以史为鉴，思考当下，拓展中华文化走出去战略研究的视野和空间。

---

① 李承贵：《20 世纪中国人文社会科学方法问题》，长沙：湖南教育出版社，2001 年。

1.4 研究框架

第 1 章着重探讨选题背景和缘由、海内外相关研究综述、研究内容、研究方法和研究框架、基本观点。

第 2 章主要围绕本书涉及的国内外相关理论及核心概念进行综述，概述了翻译研究范式变迁的三个趋向——由语言研究到语言加文化研究、由原文导向研究到原文加译文目的导向研究、由全译研究到全译加变译研究，对林语堂的文化变译、"达旨术"、"对西讲中"、"入西述中"、文化回译等核心概念进行界定，以便为接下来的讨论奠定基础。

第 3 章在中西文化融通大背景下，以译者主体性为切入点，对林语堂的文化观和翻译观进行分析，进而分析了从"对西讲中"到"入西述中"——林语堂变译观的嬗变过程，从而为接下来的个案研究做好铺垫。

第 4 章在概述林语堂基于中西融通的文本选择和译介目的基础上，结合案例重点分析了林语堂"入西述中"的策略，如导语整合、阐释注释、互文类比、萃取拓展、亦译亦写等，对林语堂的"入西述中"思想和策略进行归纳总结，并由此对翻译定义、翻译分类、翻译标准、原文与译文的关系等相关问题进行探讨。

第 5 章主要探讨林语堂译作与其他译者同类译作比较研究，通过对《老子的智慧》《孔子的智慧》《苏东坡传》《红楼梦》等作品或译作中融入的翻译策略与其他译者同类译作的比较研究，反思林语堂翻译的得失，特别是对林语堂"入西述中"中的"隐性自译"进行了探讨。

第 6 章主要在探讨"入西述中"与文化回译、读者意识的基础上，以林语堂"入西述中"作品《苏东坡传》《武则天传》《朱门》为例，从中国特色文化内容翻译、贴近读者叙事风格、副文本使用、萃译方法运用、经典文本查阅等方面对林语堂英文作品及其汉译本进行比较研究，考察林语堂"入西述中"作品在回译成中文的过程中，译者读者意识的体现以及"文化回归"的路径，同时反观林语堂"入西述中"过程中所使用的各种策略，以期对中华文化走出去提供他者视角，验证林语堂"入西述中"活动与中西文化交流的共生关系。

第 7 章主要探讨影响林语堂"入西述中"作品传播和接受的内外部因素，如林语堂的中西文化观、翻译观念及翻译目的、社会环境和历史语境、发起人、赞助人及出版机构等，在此基础上分析了林语堂"入西述中"成功的原因，并对其得失进行思考和分析。

第 8 章为林语堂"入西述中"策略体系的启示部分,主要包括本书的研究发现、林语堂"入西述中"现象对中华文化"走出去"战略的启示、创新之处、研究局限及未来研究展望。

第2章 理论基础及概念界定

中国古代文学理论家、文学批评家刘勰用"时运交移，质文代变""文变染乎世情，兴废系乎时序"来说明时代不断地演进，质朴和华丽的文风也跟着变化，作品的演变联系着社会的情况，文坛的盛衰联系着时代的动态[①]。这里，刘勰探讨的是文学与社会现实的密切关系，但对我们探讨翻译研究与社会现实的关系也很有启迪意义。林语堂具有双重文化观和语言观，他的相当一部分英文作品是属于创作与翻译一体化的作品，林语堂使用的语言是英文，介绍的是中国文化，目标受众为西方读者，其边写边译，著中有译，夹叙夹译的风格，使其作品的属性长期以来难以界定，因而游离于主流文学研究和翻译研究的边缘地带，给我们的研究带来了很大的挑战。

随着中外人文交流的加深，人们对翻译问题的认识和研究不断得以深化和发展。文化学派的翻译研究范式，目的学派的研究范式，变译理论的研究范式，都从不同角度对翻译进行了重新定义，对绝对意义上的"忠实""对等"的翻译观提出了质疑，对译文功能、翻译目的、翻译行为参与者（发起人、译者、使用者、译文接受者）和翻译过程发生的环境条件（时间、地点、媒介）给予了更多观照，对原文与译文的关系进行了重新阐述，动摇了"原文至上"的传统翻译观念，扩大了翻译研究的范围。这就不但为我们客观评价那些"忠实"译本，而且为我们以更加多元化的视角评价那些"非忠实"译本提供了理论基础。近年来，学界同仁先后从不同的角度考察林语堂中国文化对外传译策略，并提出了颇有建树的学术思想和相关概念。本章将对本书研究涉及的相关理论范式和核心概念进行梳理、界定和解读，以便对林语堂著译作品的属性作出界定，为接

---

① 参见《文心雕龙·时序》，陆侃如，牟世金：《文心雕龙译注（下册）》，济南：齐鲁书社，1982年，第310-334页。

下来的研究和讨论奠定基础。

2.1 理论基础：翻译研究范式的变迁

当代西方翻译研究先后经历了语言学转向和文化转向，并实现了三大根本性突破。翻译研究开始从一般层面上的语言对等研究深入到对翻译行为本身的研究；不再局限于翻译文本本身的研究，而是拓展到对译作生产和消费过程的研究；不再把翻译看成语言转换间的孤立片段，而是把它放到一个宏大的文化语境中去审视[①]。近年来的翻译研究，经历了并经历着三个趋向：一是由单纯的语言研究拓展到语言加文化层面的研究，二是由原文导向研究拓展到原文加译文目的导向研究，三是由全译研究拓展到全译加变译研究。

2.1.1 由语言研究到语言加文化研究

中西方大规模的翻译活动都肇始于宗教文本的翻译，佛经和《圣经》的优秀翻译者们在翻译实践过程中进行了不断思考，产生了诸多卓越的翻译思想。无论是我国支谦的"因循本旨，不加文饰"、道安的"五失本、三不易"、鸠摩罗什的"依实出华"、玄奘的"五不翻"、严复的"信达雅"、傅雷的"神似"、钱钟书的"化境"，还是西方西塞罗（Marcus Tullius Cicero）的"作为解释员的翻译""作为演说家的翻译"、亚历山大·泰特勒（Alexander Tytler）的"翻译三原则"、尤金·奈达（Eugene A. Nida）的"动态对等""功能对等"、彼得·纽马克（Peter Newmark）的"语义翻译""交际翻译"，都在探讨如何在语言层面实现"忠实"与"对等"。

20世纪中期以后，翻译活动日趋复杂，无论是文本类型、传播渠道、目标读者、译文用途及接受环境还是翻译目的等，都发生了剧烈而多样的变化，传统的以语言层面研究为重点的翻译理论越来越难以解释丰富多彩的翻译现象。随着时间的推移，翻译学者开始意识到翻译不仅仅是语言转换的过程，也是文化交流的过程，不仅仅和原作者、原文有关，也和译者、译文接受者以及社会环境、文化背景、政治因素、意识形态、赞助人等其他诸多因素有关。因此，

[①] 谢天振：《当代西方翻译研究的三大突破和两大转向》，《四川外语学院学报》，2003年第5期，第110-116页。

"翻译研究开始越来越多地跳出原先局限于语言文字转换框架内的'术'的层面，而越来越多地上升到关于翻译的思想和原则的'学'的层面。"[1]在此背景下，人们对既定翻译行为、标准、方法等的看法发生了改变，传统的翻译定义、分类也随之而修正、完善，翻译的内涵也由原来的语言层面转换扩大到文化层面上的理解、阐释、交流和传播。20世纪六七十年代，许多西方翻译理论界的学者越来越意识到，不应当把翻译研究仅仅局限在语言学的范围之内，把其看作应用语言学或比较语言学的一个分支，而是应该把其作为一门独立的学科来对待。在译界学者的共同努力下，20世纪70年代，西方翻译研究出现了质的飞跃[2]。20世纪80年代以来，西方翻译研究出现的五光十色、异彩纷呈的译学思想和流派，如翻译研究学派、翻译科学派、文化学派、操纵学派、目的学派（功能学派）、交际学派、语篇语言学派、话语结构学派、释意学派、解构主义学派、多元系统学派等，"都是在翻译研究作为独立学科的理论共识下得到发展的"[3]。

在众多翻译流派中，以苏珊·巴斯奈特（Susan Bassnett）和安德烈·勒菲弗尔（André Lefevere）为代表的"文化学派"，将翻译研究从语言层面的规定性研究扩大到文化层面的描述性研究，从仅仅关注"怎么译"才能"忠实"和"对等"的问题拓展到"何为译""为何译""译为何"的问题，对翻译和译者的地位和作用重新认识，并将翻译研究的重点从作者转向读者、从原语文化转入译入语文化[4]。勒菲弗尔在《翻译、历史与文化：资料集》（*Translation / History / Culture: A Sourcebook*）中指出"翻译当然是对原文的改写。所有的改写，不管目的如何，都反映某种意识形态和诗学标准并操纵文学在特定的社会中以特定的方式起作用。重写就是操纵，是为权力服务的，在其积极方面来说，可以帮助文学和社会的进化。改写可以引入新概念、新体裁、新方式，翻译史也就是文学进化史，是一种文化对另一种文化的塑造权力史。但是改写也会阻碍进化，扭曲并包容，在越来越操纵的时代，关于翻译对文学操纵过程的研究能有助于我们以更开阔的

---

[1] 王东风：《跨学科的翻译研究》，上海：复旦大学出版社，2014年，第1-6页。
[2] 催生此次飞跃的是美籍荷兰翻译理论家詹姆斯·霍姆斯（James Holmes），他于1972年在哥本哈根"第三届国际应用语言学大会上"宣读论文"翻译研究的名与实"（"The name and nature of translation studies"），提出了把翻译研究作为一门独立学科的构想（参见谭载喜：《西方翻译简史（增订版）》，北京：商务印书馆，2004年，第9页）。
[3] 谭载喜：《西方翻译简史（增订版）》，北京：商务印书馆，2004年，第9页。
[4] Bassnett S & Lefevere A, *Constructing Cultures: Essays on Literary Translation*, Shanghai: Shanghai Foreign Language Education Press, 2001: 28.

角度看待我们所生存的世界"①。

按照勒菲弗尔的观点，翻译一定会受到译者或当权者的意识形态和诗学（即文学观）的支配，从而不能真正地反映原文的面貌，因此，他把翻译、编辑、文集编撰、文学史和工具书的编写等一律称为改写，而重写就是操纵，是为权力服务的有效手段②。重写指包括翻译在内的一系列过程，这些过程以某种方式对原文本进行重新解释、改变或操纵，而翻译研究需要探讨产生文本背后的那些制约文本的社会文化、意识形态与文学等方面的因素。

巴斯奈特和勒菲弗尔认为，翻译家、批评家、历史学家、教授以及新闻记者都是文本生产者，其作品都可以归为"重写"作品，因此，重写被界定为"所有有助于构建作者或文学作品'形象'的行为"③。所谓形象，就是原作或原作者在特定文化中的投影，其影响往往比原文还大④。勒菲弗尔认为"普通的"文学读者接触重写的作品远比接触原作更频繁⑤，这样重写便成了保证一部文学作品生存的一种方式⑥。重写者对文本进行改编与操纵所产生的文本往往反映了主流意识形态与诗学，因此重写与特定文化的政治、文学权利结构有着密切的联系⑦。由于该原因及其他原因，重写从来就"受到外界影响"，从这样的语境来看，翻译作为"一种最显而易见的重写类别"⑧，即通过调整原文本以适应两个重要的制约因素，一个是译者的（有意识的或无意识的）意识形态，另一个则是目标文化中占主导地位的诗学。

巴斯奈特和勒菲弗尔还从文化的角度提出一系列问题：一种文化为什么要通过翻译引进外国文本？这样做是否意味着自身文化不足？是谁为自己的文化引进了外国文化的文本？是谁翻译的？为什么要翻译？翻译的目的是什么？谁选择需要翻译的文本？有什么因素影响这种选择？⑨这些问题的提出，开阔了翻译研究视野，拓展了翻译研究范围，增加了翻译研究除语言之外的历史和文化维度，也为

---

① Lefevere A, *Translation/ History/ Culture: A Sorucebook*, London and New York: Routledge, 1992: xi.

② Lefevere A, *Translation, Rewriting, and the Manipulation of Literary Fame*, London: Routledge, 1992: 4-9.

③ Bassnett S & Lefevere A, *Translation, History and Culture*, London: Pinter Publishers, 1990: 10.

④ Lefevere A, *Translation, Rewriting, and the Manipulation of Literary Fame*, London: Routledge, 1992: 110.

⑤ Bassnett S & Lefevere A, *Constructing Cultures: Essays on Literary Translation*, Shanghai: Shanghai Foreign Language Education Press, 2001: 28.

⑥ 谭载喜：《西方翻译简史（增订版）》，北京：商务印书馆，2004 年。

⑦ Bassnett S & Lefevere A, *Constructing Cultures: Essays on Literary Translation*, Shanghai: Shanghai Foreign Language Education Press, 2001: 28.

⑧ Bassnett S & Lefevere A, *Translation, History and Culture*, London: Pinter Publishers, 1990: IX.

⑨ Bassnett S & Lefevere A, *Translation, History and Culture*, London: Pinter Publishers, 1990: 1.

我们重新解读林语堂中国文化传译策略提供了理论基础。

2.1.2　由原文导向研究到原文加译文目的导向研究

　　传统的翻译研究主要是以原文为导向的研究，人们一般奉原文为权威、圭臬，大多以译文是否忠实、对等于原文为评判译文优劣的标准。20 世纪 70 年代，一种"传统与现代""规定性与描述性"相结合的翻译理论——功能主义翻译目的论应运而生，翻译研究走出了静态的语言类型的分析，取而代之的是对译文功能和交际方法的研究。该派理论代表人物凯瑟林娜·赖斯（Katharina Reisse）的关于文本类型和翻译批评的早期研究，贾斯塔·赫兹·曼塔利（Justa Holz Mantari）的译者行动理论，赖斯和弗米尔的功能主义翻译目的论，诺德更为详细的以翻译为导向的文本分析模式组成了颇具特色的功能学派，即目的学派的翻译理论。

　　按照诺德的观点，翻译是指"根据特定交际目的，在目的语文化中，通过对原语文化中的文本所提供的信息进行处理，创作一个具有功能的文本的活动"[①]。这一定义可以解读为：翻译不是对原文的复制，而是对原文这个"信息来源"有选择地进行处理，然后在目的语文化中重新创作一个文本的活动。至于应该选择原文中的多少信息、哪些信息，则由译者按照目标文本的预期目的决定。诺德认为，翻译和专业技术写作很相似，因为后者也可以被界定为满足特定交际目的的功能性文本的创作，也包括处理"来源"信息的过程[②]。从这个意义上说，原文不再是"至高无上、不可改变的权威"，而是目的语文本的信息供源（information offer）。

　　按照这种思路，翻译的定义就比较宽松了。作为经验丰富的翻译家，诺德发现，"按照目的语文化的准则来调整或者'改写'原文，是每个专业译员日常工作的一部分"[③]。因此，她认为应把改写（adaption）也视为翻译的一种。她说："我怀疑（把翻译和改写区别开来）对我们有什么用处。我宁

　　[①] Nord C, Translating as a Text-Production Activity, *Proceedings of the On-Line Symposium on Innovation in Translator and Interpreter Training*, 1999. The original version of this paper was presented as a talk at the University de Vie, Caltalonia, Spain, in 1999.

　　[②] Nord C, Translating as a Text-Production Activity, *Proceedings of the On-Line Symposium on Innovation in Translator and Interpreter Training*, 1999.

　　[③] Nord C, *Text Analysis in Translation: Theory, Methodology and Didactic Application of a Model for Translation-Oriented Text Analysis*. London: Rodopi, 1991: 25.

愿把改写的特性纳入翻译的概念中，好让人们（也就是翻译的使用者和发起者）明白翻译究竟是怎么回事。"[1]诺德认为，任何一篇译文都包含相对比例的改写[2]。

曼塔利更是用"翻译行动"概念替代了传统的"翻译"概念，以便把各种各样的跨文化交际活动，如翻译、改编、编译，甚至包括那些不涉及原文与译文的活动，如与外来文化有关的编辑、查阅等活动都包含进来。在曼塔利的理论模式中，翻译被界定为"为实现信息的跨文化、跨语言转换而设计的复杂活动（a complex action designed to achieve a particular purpose）"[3]。这种现象通称为"翻译行动"（translational action）。翻译行动是指创造译文的协作过程，泛指译者在跨文化交际中可做的一切相关工作，而翻译只是转换文本时所做的工作，即翻译是翻译行动的一部分或一个方面。

玛丽·斯内尔-霍恩比（Mary Snell-Hornby）对曼塔利的"译者行动"是这样描述的：

> 译者行动不只是一个转换活动，而是一系列复杂的活动，这涉及各方面专家（从客户到接受者）之间的相互合作，译者在其中充当专家的角色。翻译同样被视为跨越文化障碍的交际活动，其标准主要是由译文的接受者以及译文的特定功能决定的。[4]

由此看来，狭义的翻译总是涉及对原文的使用，而广义的翻译，即翻译活动，包括在翻译这一跨文化交际活动中向委托者提出建议甚或是提醒委托者放弃原来的（跨文化）交际方式等，该行动可以由"跨文化顾问"（cross-cultural consulting）来完成，也可以包括跨文化技术写作（cross-cultural technical writing）。图2.1对此作了说明。

---

[1] Nord C, *Text Analysis in Translation: Theory, Methodology and Didactic Application of a Model for Translation-Oriented Text Analysis*, London: Rodopi, 1991: 25.

[2] Nord C, *Text Analysis in Translation: Theory, Methodology and Didactic Application of a Model for Translation-Oriented Text Analysis*, London: Rodopi, 1991: 30.

[3] Nord C, *Translating as a Purposeful Activity: Functional Approaches Explained*, Shanghai: Shanghai Foreign Languages Education Press, 2001: 13.

[4] Snell-Hornby M, *Translation Studies: An Integrated Approach*, Shanghai: Shanghai Foreign Language Education Press, 2001: 47.

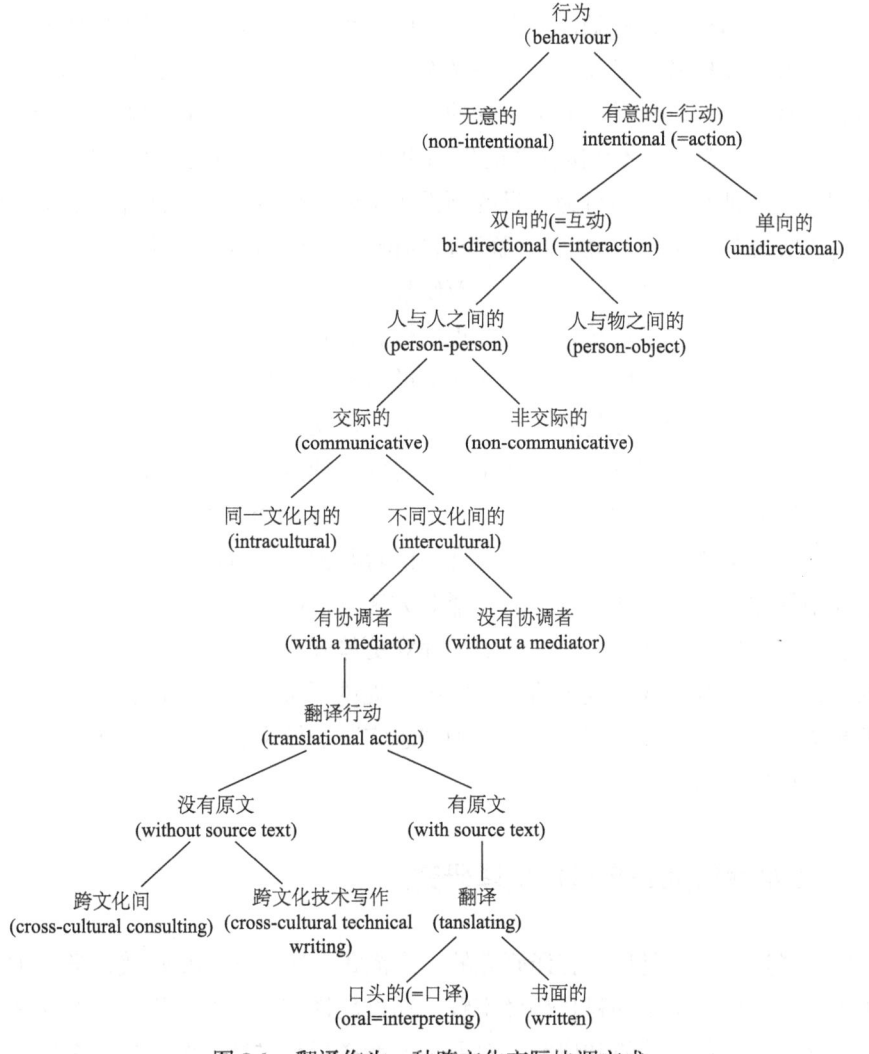

```
                        行为
                     (behaviour)
                    /          \
              无意的            有意的(=行动)
         (non-intentional)   intentional (=action)
                            /              \
                     双向的(=互动)           单向的
                  bi-directional (=interaction)  (unidirectional)
                   /            \
            人与人之间的       人与物之间的
           (person-person)   (person-object)
            /        \
        交际的        非交际的
     (communicative) (non-communicative)
       /        \
  同一文化内的    不同文化间的
  (intracultural) (intercultural)
                /          \
           有协调者        没有协调者
         (with a mediator) (without a mediator)
              |
          翻译行动
      (translational action)
         /         \
     没有原文       有原文
  (without source text) (with source text)
      /        \            |
  跨文化间   跨文化技术写作   翻译
(cross-cultural (cross-cultural  (tanslating)
 consulting)  technical writing)  /      \
                              口头的(=口译)  书面的
                           (oral=interpreting) (written)
```

图 2.1　翻译作为一种跨文化交际协调方式

功能主义翻译目的论主要有以下几个特点：一是研究视角的转换，不再把翻译看成是代码转换而看成是交际行动。二是研究重心的转移，翻译研究重心从语言转换到文化转换，注重目的语文本的功能（function of target text）胜于原语文本的规定（prescriptions of the source text），即在翻译中，前瞻式翻译优先于后顾式翻译。三是研究视点的变化，把文本看成是世界的一个组成部分（an integral part of the world）而不是一个孤立的语言标本（an isolated specimen of language）[1]。

---

[1] Snell-Hornby M, *Translation Studies: An Integrated Approach*, Shanghai: Shanghai Foreign Language Education Press, 2001: 3.

四是研究范围的扩大，将翻译看作一种人际互动行为，认为文本内外诸多因素，如原文作者、委托者（发起者）、原文发送者、原文、译者、目标文本使用者、目标文本接受者，以及目标文本接受的时间、地点、媒介等都影响着翻译策略的选择；其中委托者、译者和接受者的作用更加得以彰显。五是对翻译目的的重视，认为翻译是一种有目的的行为，目的预设了交际主体的意图，翻译目的就是帮助交际主体实现其意图[①]。功能主义翻译目的论强调翻译是目的性跨文化交际行动，突出翻译目的对翻译策略的影响，从而使翻译标准取向多元化。

该派理论既传承了传统译论的合理成分，又克服了"原文至上"翻译观的束缚，以其对等值观念的质疑，对译文功能的重视，对翻译目的的强调，对翻译的重新定义，对翻译行动参与者（翻译发起者、原文作者、译者、译文使用者、译文接受者）和翻译过程发生之环境条件（时间、地点、媒介）的观照以及对原文与译文关系的重新阐述动摇了"原文至上"的传统翻译观念，扩大了翻译研究的范围，增强了翻译理论对现实中翻译现象的解释力和评价的客观性，较好地解决了翻译中异化（包括直译、音译、不译等方法）、归化（包括意译、套译、改译等方法）策略的处理问题，使人们的翻译观更趋开放、宽松，不再纠缠于非此即彼的二元对立思维方式，这也给本书的研究提供了重要理论基础，使我们不再拘泥于林语堂的著译文本是否"对等"和"忠实"于原文，而把目光拓展到它们是否达到了传播中国文化的目的。

2.1.3　由全译研究到全译加变译研究

对全译进行研究是传统翻译研究的主流范式。20 世纪 90 年代，学者黄忠廉基于中外理论极其丰富的科技翻译实践，通过翻译变体研究，提出了变译理论。之后，又基于语料库分析和研究，对严复的翻译思想进行系统考证，提出"达旨术：变译的策略""信达雅：变译的思想"的观点，并考证了严复的变译思想及其来源[②]。变译理论是指"从变译实践中概括出来的反映变译本质和规律的科学原理和思想体系，它研究变译过程中的一般特点和规律，寻求适于一切变译方法的一般原理和方法，是关于变译的本质、特性、必然联系或操作规律的理性认识"[③]，

[①] 周红民，肖建安，刘南：《论翻译的功能观：也释德国功能派》，《零陵学院学报》，2004 年第 5 期，第 196-200 页。

[②] 黄忠廉：《严复变译思想考》，北京：商务印书馆，2016 年，第Ⅵ，Ⅶ页。

[③] 黄忠廉：《严复变译思想考》，北京：商务印书馆，2016 年，第 235，236 页。

将关注点从"理想中的翻译"转向了"现实中的翻译",在以下四个方面进行了理论探索。

一是对翻译的本质进行了再思考,对翻译进行了再定义。指出翻译是译者将原语文化信息转换成译语文化信息并求得二者相似的思维活动和语言活动。分为窄式翻译(全译,即严格意义上的翻译)和宽式翻译(变译,即宽泛意义上的翻译),前者指译者将原语文化信息转换成译语文化信息并求得风格极似的思维活动和语言活动;人或/和机器用乙语转化甲语文化信息以求信息量极似的智能活动和符际活动。后者指译者将原语文化信息转换成译语文化信息以满足读者特定需求的思维活动和语言活动;人或/和机器用乙语摄取甲语文化信息以满足特定条件下特定读者的特殊需求的智能活动和符际活动[1]。

二是对"原文至上"的忠实对等观提出了质疑。倡议译者改变过去对原作一味求忠、求等的心态,认为翻译活动以译者为主导,可以增加译者介入,原作的形式和内容可以为译者所用[2]。所谓的忠实、等值、信、等效或对等,都只是一种理想化的状态。不过,在翻译过程中,需要上述标准作为译事的动力或追求的目标,即:翻译"应该是什么"层面明示方向,翻译"是什么"层面反映实际的操作过程[3]。

三是对译者地位、读者要求、目标文本功能或目的给予了更多观照。旨在解放被语言绳索缚住的译者,使其地位和创造性得以提高,对原作不再是全译层面上的"毕恭毕敬",而是可以与原作竞争,可以超越、加入、修改等,以凸显接受者的不同需求,满足有特定需求的接受者,突出译文的有效供应[4]。认为翻译服务对象和翻译目的决定翻译方法,应把委托者的利益放在第一位,要顾及文化、语用、委托者的要求等决定翻译策略和评价译作的要素[5]。译作成功与否,关键在于策略的选择,而策略取决于取向:译文给谁用、怎样用,想取得何种效果,为何读者会乐于接受等[6]。

四是提出了较为开放、宽容、动态的翻译标准和多元化的翻译策略及方法。

---

[1] 黄忠廉:《变译理论》,北京:中国对外翻译出版公司,2002年,第77页;黄忠廉,等:《应用翻译学》,北京:国防工业出版社,2013年,第91,92页。

[2] 黄忠廉:《变译理论》,北京:中国对外翻译出版公司,2002年,第77页;黄忠廉,等:《应用翻译学》,北京:国防工业出版社,2013年,第272页。

[3] 黄忠廉:《变译理论》,北京:中国对外翻译出版公司,2002年,第238页。

[4] 黄忠廉:《变译理论》,北京:中国对外翻译出版公司,2002年,第78-80页。

[5] 周兆祥:《翻译与人生》,北京:中国对外翻译出版公司,1998年,第32页。

[6] 黄忠廉:《严复变译思想考》,北京:商务印书馆,2016年,第206页。

黄忠廉认为，"翻译工作有很多种类，在不同情况下做，有不同的标准……能够达到既定目标的译文，就是成功的译文，译者可以根据特定条件下读者的特殊需求，采用增、减、编、述、缩、并、改等变通手段摄取原作有关内容，进行翻译活动"[①]。

变译理论是对全译理论的有益补充，其将目光从理想中的翻译转向了现实中的翻译，对翻译的本质进行了重新思考，对传统的"原文至上"的忠实、对等翻译观进行了反思和质疑，对译者地位、读者要求、目标文本功能或目的给予了更多重视，提出了较为开放、宽容、动态的翻译标准，赋予了译者更多自由，使其能够选择各种翻译策略和方法，从而拓宽了翻译研究的范围。"宽式翻译"概念涵盖了全译之外的一切变译现象，从而为那些以往"难登大雅之堂"的非全译现象，以及那些"不忠、不信"但在特定历史时期促进社会文化交流的译者及其行为，如本书研究对象林语堂及其中国文化变译策略，提供了一个名正言顺的定位。

2.2　概 念 界 定

2.2.1　林语堂的文化变译

在林语堂创作的英文作品中，有许多是包含着节译或编译的中译英作品。如：《吾国与吾民》（1935）、《生活的艺术》（1937）、《孔子的智慧》（*The Wisdom of Confucius*，1938）、《老子的智慧》（1948）、《英译老残游记及其他选译》（*A Nun of Taishan and Other Translations*，1935）、《中国传奇小说》（*Famous Chinese Short Stories*，1952）、《古文小品译英》（*The Importance of Understanding: Translations from the Chinese*，1960）、《中国画论》（*The Chinese Theory of Art: Translation from the Master of Chinese Art*，1967）等。这种在特定时期中西方文化交流史上极为独特的现象，并没有引起翻译研究界足够的重视。如果我们用传统的翻译观去审视这些编译作品，就会发现，它们与原文在很大程度上是"不对等"的，然而这些作品又的确在中西文化交流史上产生了很大影响。在本书的研究中，笔者将根据文化学派翻译理论、目的学派翻译理论和变译理论对林语堂著译作品进行界定。

---

① 黄忠廉：《变译理论》，北京：中国对外翻译出版公司，2002年，第96页。

根据俄裔美国学者罗曼·雅格布森（Roman Jakobson）关于"语内翻译"（intralingual translation）、"语际翻译"（interlingual translation）和"符际翻译"（intersemiotic translation）的分类[①]，基于文化学派翻译理论、目的学派翻译理论、变译理论对翻译及翻译行为的界定和分类，笔者认为，林语堂基于中西融通的视角，为实现中西文化互鉴互促而"根据特定条件下特定读者的特殊要求，采用增、减、编、述、缩、并、改等变通手段摄取原作有关内容的翻译活动"[②]，就是一种特殊形式的文化翻译活动——文化变译。这一核心概念的界定就为我们解读、理解、阐释林语堂"入西述中"策略以及当下的中外翻译实践提供了有力的理论依据与可行的探讨路径。

2.2.2 "对西讲中"与"入西述中"

王一川先生在赖勤芳的专著《中国经典的现代重构——林语堂"对外讲中"写作研究》的序言中提出"对外讲中"和"入西讲中"两个概念[③]。对外讲中"意味着我向外国居民讲述中国，传者着眼于向受者传达中国，重心在传者；入西讲中，突出的则是传者移居到受者中间，面对或贴近受者需要而讲述中国，重心在传者与受者的互动"，即"对外讲中"与"入西讲中"是基于传播主体的不同传播视角与传播方向而产生的两种文化传播方式，或者说文化交流策略。"对西讲中"是"对外讲中"的一种具体化表现，与"入西述中"属于一体两面。王一川指出，林语堂并非一般地"对外讲中"，而是属于一种"入西讲中"，即以西方读者为阅读对象，主动移入西方语境本身，尽力按西方语境需要而讲述中国故事，使用娴熟英文，以中国文化为题材，以宣扬和传播中国文化为特色的写作或翻译活动[④]。

鉴于林语堂在20世纪30年代以后所做的工作，主要是面向以美国为代表的西方国家的读者，用英语陈述、叙说、述评、描述、论述、综述中国故事、中国智慧、中国文化，笔者以上述两个概念为基础，在本书的论述中，采用"对西讲中"和"入西述中"两个概念，而以"入西述中"描述林语堂的文化传译策略。

[①] Munday J, *Introducing Translating Studies: Theories and Applications*, Shanghai: Shanghai Foreign Language Education Press, 2010: 5.

[②] 黄忠廉：《变译理论》，北京：中国对外翻译出版公司，2002年，第96页。

[③] 赖勤芳：《中国经典的现代重构：林语堂"对外讲中"写作研究》，北京：人民出版社，2013年，第1页。

[④] 赖勤芳：《中国经典的现代重构：林语堂"对外讲中"写作研究》，北京：人民出版社，2013年，第3、16页。

"对西讲中"主要指传者站在中国文化的立场上对西方国家的人讲述中国,着眼于向对方传达中国信息、中国文化、中国故事,是一种以我为主的讲述方式;而"入西述中"指传者把自己当作目标受众的一员,设身处地、换位思考,了解并考虑目的语国家读者或受众的阅读习惯、审美趣味、目的语国家的意识形态、诗学观念,面对或贴近受众需要,制定自己的译介策略、方式和方法,讲述中国故事、传递中国声音、传播中国信息,重心在讲述者与受众的双向交流和互动。可以说,"对西讲中"主要是一种单向度的信息传递传达,侧重立足于中国语境向西方语境的自我描述,重在完成"一场叙述",是一种自说自话式的模式;"入西述中"指译者站在西方语境之下,传递来自另一种语境的信息。"移步"入"西方语境",强调的是讲述者与接受者的双向互动,而不是单纯讲述者与接受者的单向"听"授。林语堂"入西述中"策略是指其在充分消化吸收双重语境中文化质素的基础上,以易于目的语接受者理解的方式重塑中国经典,兼顾中国文化特质性与异域传播。也就是说,林语堂采取了与严复"达旨术"类似的策略,而正是采用了这种策略,"使林语堂用英语撰写的中国文化研究著述得以超越一般的'对外讲中'水平而开掘出新的文化亲和力及历史深度"[①]。

2.2.3 "入西述中":"达旨术"与变译

中西方大规模的翻译活动均始于宗教文本的翻译,前者始于佛经的翻译,后者始于《圣经》的翻译,在此过程中产生的翻译思想抑或是传统译论,一直对原文持有"毕恭毕敬""顶礼膜拜"的态度,受"原文至上"观念的支配,传统译论一直把"忠实""对等"于原文奉为圭臬。长期以来,我国翻译界一直把严复在《天演论·译例言》中提出的"信达雅"当作翻译的理想原则,亦作为评判翻译是否优秀的金科玉律。"信达雅"是严复在翻译《天演论》之后,在译例言中为自己"达"而"雅",然而并不"信"的译作,向读者所做的说明和解释,是对翻译过程中的困难、处理方法及其原因发出的感慨和感悟。原文是这样的:

> 译事三难:信、达、雅。求其信,已大难矣!顾信矣不达,虽译尤不译也,则达尚焉。海通已来,象寄之才,随地多有,而任取一书,责其能与于斯二者,则以寡矣……译文取名深义,故词句之间,时有所颠

[①] 赖勤芳:《中国经典的现代重构:林语堂"对外讲中"写作研究》,北京:人民出版社,2013年,第1页。

倒附益，不斤斤于字比句次，而意义则不倍本文。题曰达旨，不云笔译，取便发挥，实非正法。什法师有云：学我者病。来者方多，幸勿以是书为口实也……《易》曰："修辞立诚。"子曰："辞达而已。"又曰："言之无文，行之不远。"三者乃文章正轨，亦即为译事楷模。故信达而外，求其尔雅。此不仅期以行远已耳，实则精理微言，用汉以前字法句法，则为达易；用近世利俗文字，则求达难。①

严复的"信"主要指忠实于原文，"达"指译文通顺畅达。"雅"主要指"用汉以前的字法句法"。严复译文的主要读者是晚清士大夫顽固派，"为对付这帮'非先秦笔韵不读'的顽固分子以及他们在中国广大社会中的应和者，严复唯有采取'以其人之道治其人之身'的策略，不如是，则断乎不足以发聋振聩，影响其时中国文坛、政坛与学术界于万一"②。可见，"雅"字的提出，是与严复所处的历史时代相关的，当时的中国内外交困，亟须引进外来思想，唤起民智，改革图新，而要做到这一点，主要是需要更新当时在中国具有话语权的封建士大夫们的思想和理念，那就需要用他们能听得懂、看得懂的方式，用他们所熟知的汉以前的字法句法，即古雅的文言文来进行翻译③。实际上，严复是把"信达雅"作为翻译的困难提出来，为自己在翻译《天演论》过程中因为中西差异不得已而采取的"不信"的处理方法——达旨的方法，做解释和说明用的。

达旨（paraphrase），又作达恉，源自《晋书·裴頠传·崇有论》，意为"表达意旨"或者说"表达意思之所在"。从翻译的角度来看，达旨就是表达原文的意思。严复在《天演论·译例言》中指出"不斤斤于字比句次，而意义则不倍本文。题曰达旨，不云笔译，取便发挥，实非正法"，意思是说"译文不斤斤计较逐字逐句的对应，而意义则不使违背原文。我之所以说这是达意，而不称笔译（笔者按：严格意义上的翻译），只是取其便于正确发挥，但实际上不是

---

① 罗新璋，陈应年：《翻译论集（修订本）》，北京：商务印书馆，2015年，第202页。

② 刘宓庆：《翻译美学导论》，北京：中国对外翻译出版公司，2005年，第67页。

③ 有学者指出，他关于"雅"的论述与辩解，仍然存在问题。一是他在有关论述中确实流露出盲目崇古的错误倾向；二是他将雅和俗绝对对立起来，有违于辩证法。（参见陈福康：《中国译学理论史稿》，上海：上海外语教育出版社，2000年，第110，111页。）也有学者指出，批评者往往脱离当时的社会实际情况，认为严复用古文而不用白话文译书是复古思想的表现。其实，用白话文写的文章中又何尝没有宣扬封建复古思想，更何况我国的白话文运动是在1919年前后的事，其时严复已到垂暮之年，1921年他就病逝了。（参见孟昭毅，李载道：《中国翻译文学史》，北京：北京大学出版社，2005年，第61，62页。）

正确的翻译方法"①。

　　历来学者们对严复的"信达雅"虽仁者见仁、智者见智，却大都给予了高度评价。梁启超曾说过："近人严复，标信达雅三义，可谓知言。"郁达夫指出："信达雅的三字，是翻译界的金科玉律，尽人皆知。"郭沫若说："原则上说来，严复的'信达雅'说，确实是必备的条件②。"然而，曾经一度，学界一般认为"达旨术"这种译法不可取，如傅斯年在《译书感言》一文中所说："严几道先生那种'达旨'的办法，实在不可为训，势必至于'改旨'而后已。"范存忠在《漫谈翻译》一文中也说道："严氏所谓'达旨'，所谓'发挥'，一般理解为意译，实际上是编纂，完全超出了翻译的范围。"③所幸还是有一些学者对严复的用心给予了历史语境中的理解和解读④。贺麟认为严复的"达旨"译法，"'引喻举例多用己意更易'的译法，实在为中国翻译界创新方法。……若能用得恰当，也是译外国书极适用的方法"⑤。黄忠廉更是从译学本体角度，用语料库方法对严复的"信达雅"背后的"达旨术"——变译思想进行了深入考究，总结归纳了增、减、编、述、缩、并、改这七大达旨术，并在此基础上，探讨了"达旨术"和"信达雅"的关系："达"决定了"信"，也决定了"雅"，为"信"即为"雅""达"，"达"是三字的核心，而"达旨术"是严译《天演论》及其他七部著作的实践策略。"信达雅"与"达旨术"天然统一，是思想原则与实践策略的有机统一⑥。

　　按照后人认为严复提出的"信达雅"的标准，林语堂且译且述、杂糅型的中英著译实践，显然无法得到合理的解释，也无法从严格意义上翻译的角度进行探讨。而根据上文所述，从严复身体力行采用的"达旨术"的角度来看，又能发现，林语堂的"入西述中"（向西方讲述中国思想）与严复的"达旨术"（向国人介绍西方思想）策略有着异曲同工之妙。透过严复的"信达雅"，考察严复的"达

---

①　方梦之：《译学辞典》，上海：上海外语教育出版社，2004 年，第 65 页。
②　林煌天：《中国翻译词典》，武汉：湖北教育出版社，2005 年，第 785 页。
③　刘宓庆：《翻译美学导论》，北京：中国对外翻译出版公司，2005 年，第 65，115 页。
④　陈子展：《近代翻译文学》，见罗新璋：《翻译论集》，北京：商务印书馆，1984 年，第 202 页；王佐良：《严复的用心》，见中国翻译工作者协会：《翻译研究论文集（1949—1983）》，北京：外语教学与研究出版社，1984 年，第 483 页；劳陇：《"雅"义新释》，《中国翻译》，1983 年第 10 期，第 13-16 页；刘宓庆：《现代翻译理论》，南昌：江西教育出版社，1990 年；王克非：《论严复〈天演论〉的翻译》，《中国翻译》，1992 年第 3 期，第 6-10 页；沈苏儒：《论信达雅：严复翻译理论研究》，北京：商务印书馆，1998 年，第 56，57 页。
⑤　贺麟：《严复的翻译》，见罗新璋、陈应年：《翻译论集（修订本）》，北京：商务印书馆，2009 年，第 219 页。
⑥　黄忠廉：《严复变译思想考》，北京：商务印书馆，2016 年，第 10-155 页。

旨术",我们可以对林语堂"入西述中"策略,即其变译策略,包括增(写、释、评)、减、编、述、缩、并、改等做出合理的界定和阐释。

2.2.4 "入西述中"与文化回译概念界定[①]

如前所述,林语堂多重身份集于一身,用英语创作了大量中国文化题材的作品,如《京华烟云》(1939)、《风声鹤唳》(*A leaf in the Storm*, 1941)、《朱门》(*The Vermilion Gate*, 1953)、《苏东坡传》(*The Gay Genius: The Life and Times of Su Tungpo*, 1947)等,在这些英文著译作品中,林语堂翻译和写作并行,边译边介,讲述中国故事,传播中国语言文化,文本呈现出创作与翻译难解难分、水乳交融、互为补充、相得益彰的特点。

王宏印曾把林语堂的英文著译作品称为"异语创作"作品,并把这类非典型、并无同一语言原本的"异语创作"文本之回译称为"无根回译",后来又修正为"无本回译",因为它是有根的,它的根就是"中国文化"[②],而像林语堂这种"用一种外语描写本族文学场景的则可以称为'异语书写'",或者"异语创作",由此产生翻译上的回译,叫作"异语回译"。在本书的讨论中,我们采用"入西述中"作品及其文化回译这两个概念。

关于"入西述中",上文已专门讨论过,在此不再赘述。这里重点讨论文化回译。"回译"是对译文进行再次翻译,把自己或别人的译文翻译回原文[③],是指"通过回溯拟译文本与目的语文本间内在的语言和文化联系,把拟译文本中源自目的语的语言文化素材或文本重新译回源语的翻译活动"[④]。陈志杰和潘华凌认为,回译不是简单地回归原文的翻译过程,并且原文本与目的语文本间存在"内在的语言和文化联系"[⑤]。而林语堂著译作品的回译,即其用英文创作的以中华民族文化为题材的作品,再译回到我们本民族语言的活动,我们称为文化回译。

---

① 栾雪梅,卞建华:《译底与译心:从〈朱门〉行香子词的回译看中国经典的回归》,《中国翻译》,2020年第1期,第139-144页;栾雪梅,卞建华:《从〈苏东坡传〉看作者和译者的读者意识》,《外国语言与文化》,2018年第2期,第93-103页。
② 王宏印:《从"异语写作"到"无本回译":关于创作与翻译的理论思考》,《上海翻译》,2015年第3期,第1-9页。
③ 贺显斌:《回译的类型、特点与运用方法》,《中国科技翻译》,2002年第4期,第45-48页。
④ 陈志杰,潘华凌:《回译:文化全球化与本土化的交汇处》,《上海翻译》,2008年第3期,第55-59页。
⑤ 陈志杰,潘华凌:《回译:文化全球化与本土化的交汇处》,《上海翻译》,2008年第3期,第55-59页。

2.3 小　　结

　　本章我们结合当代翻译研究范式出现的三个趋向，即由语言研究扩大到语言加文化研究，由原文导向研究扩大到原文加目的导向研究，由全译研究扩大到全译加变译研究，对本书研究涉及的相关理论，如翻译研究的文化学派（尤其是改写理论）、功能主义翻译目的论、变译理论对翻译及其分类的界定进行了梳理。上述这些研究范式扩大了翻译研究的范围，开阔了翻译研究的视野，使我们不再只拘泥于语言文字层面的研究，不再只把目光锁定于那些严格意义的"翻译"，不再只把"忠实"和"对等"作为定于一尊的翻译标准，这就为本书的研究和讨论提供了理论基础。本章还对本书涉及的相关核心概念，如林语堂中国文化变译、"对西讲中""入西述中""达旨术"、变译策略、文化回译等进行了界定，以利于接下来的相关研究和讨论。

　　我国清代文论家叶燮说，做学问要"先辨其源流本末，而徐以察其异轨殊途，固不可执一而论"[①]。因此，在下一章，笔者将把本书的研究还原到一定的历史语境中去，考察林语堂变译观的嬗变，即林语堂从"对西讲中"到"入西述中"的过程。

[①] 刘宓庆：《中西翻译思想比较研究》，中国对外翻译出版公司，2005年，第252页。

第 3 章 从"对西讲中"到"入西述中"：林语堂变译观的嬗变

林语堂具有多维文化身份，他不仅是文学家、翻译家，也是文艺批评家，因而其文化观、语言观、文学观、翻译观四位一体，相互影响、相互作用、相辅相成。中西方文化通过影响林语堂的观念体系来影响其创作与翻译。如果说文学场域彰显中西文化之特质，翻译场域演绎着中西文化之博弈，那么文学创作、译学实践与文艺批评赏鉴则会作为一个一以贯之的"连续统"，共同反映"主体的创作体系与思想"。这些复杂纷繁的因素中，最为关键且能动者，便是作为创作者的译者。译者主体性的觉醒程度直接介入了译文文本的生成。宏观视之，译者受到原语言语境、目的语语境双重的文化观念与诗学传统等因素的影响；微观视之，译者在观念影响下的语言观、文学观直接映射在译作中，表现为语言风格、翻译策略、文化因子的选择等。

因此，我们研究林语堂各种观念之发展流变以及其对翻译文本的最终形态的影响，应以译者主体为切入点，文化观之研讨为先，翻译观次之，"入西述中"解读又次之。

3.1 林语堂文化观分析

我们形容林语堂，常会想起有关他"两脚踏东西文化，一心评宇宙文章"这类评述，这不仅是他人生经历的缩影，更是他"行文作译"的思想写照。我们如何理解这类评述与林语堂翻译观之间的关系呢？又或者说，为何我们研究林语堂翻译观思想需要立足于语言、文学的深厚社会语境呢？

文学既是现实生活的反映，又预示一种非经验性的事实。翻译受到广义文学，尤其是诗学传统的影响，不存在"零度"的状态，故而既是语际转换中的再阐释，又是再创作。因此，任何脱离语境的阐释都有如无本之木，缺乏历史的、具体的方法论支撑，而我们在面对具体问题时也应该坚持"知人论世"的原则，回到具体的历史场域中寻求它的合理性与必然性，以此寻求翻译自身的发展规律。文化语境是翻译阐释的最大场域，而文化语境的探析最终凝结成为文化观在一个人的思想体系中发挥作用，故而林语堂之翻译观研究始于其文化观的探析。

3.1.1 林语堂的文化观

我们总是提到文化观，那么应该如何理解文化观呢？文化观是文化空间之于主体观念的一种映射。我们可以借助奥地利哲学家卡尔·波普尔（Karl Popper）的"三个世界"理论来理解这一问题，他曾在《客观知识——一个进化论的研究》中提出"三个世界"的概念。

> 第一，物理客体或物理状态的世界；第二，意识状态或精神状态的世界，或关于活动的行为意向的世界；第三，思想的客观内容的世界，尤其是科学思想、诗的思想和艺术作品的世界。[1]

第一种世界即我们身处其中的物质世界，包含一切的物理现象的物质世界。第二种世界是与物质世界相对的人的主观精神世界，包括一切意识形态、心理状态、主观体验下的心理印记等。它包含两重意义：既是个人化的一种精神状态的呈现，又是群体化的精神形态的表达。第三种世界是精神世界的客观表达，或者说是第二世界这一精神世界的产品的集合，是精神产物的世界，比如客观的知识体系、客观的艺术作品。

这三个世界彼此关联，相互作用。第一世界与第二世界的相互作用，类似于物质与意识的关系，物质决定意识，意识反作用于物质，第一世界是我们生活的物质世界，是我们面对的各种现象的物理世界，它促使我们的大脑机能不断运转，从而产生意识的世界，或者说精神的世界；与此同时，精神的世界也在向第一世

---

[1] 卡尔·波普尔：《客观知识：一个进化论的研究》，舒炜光，等译，上海：上海译文出版社，1987年，第114页。

界输送能量，表现为第二世界能帮助我们更好地认识第一世界，解决第一世界中的种种问题，而且物理世界中的种种现象不仅是问题的起源，也是最终检验问题、升华认识的归宿。第二世界与第三世界也相互作用，进行能量传输，第二世界的精神诉诸客体表达，无论是抽象的客体还是实在的物质性的客体都是第三世界的精神产品，以"成果"的形式记录着第二世界，通过获取间接经验，指导体验，从而扩充深化第二世界。通过与第二世界发生关联，第一世界与第三世界也处于一种交流状态，主要表现在第三世界精神产品的物质载体层面。

这三重世界共同构成了我们所处的世界，无论是已知的层面还是未知的领域。正如"文化"的界定，无论如何都难以尽述其内涵，文化观之内涵也包罗万象。若以波普尔的三重世界观为阐释域，则三个世界生生不息的动态互动正是"文化"界定之难的症结。如果将由精神活动及其产物构成的整体视为"三重世界"，那么三重世界内的所有存在，以及各世界间的互动关系，共同构成了文化的范畴。据此，文化观可定义为主体对第二世界、第三世界及其动态交互过程形成的系统性认知。因此，我们在讨论文化观的时候，不是干枯地讲述观念是什么，也不是状似合理地描写观念的时代背景是什么，而是充分重视文化观念的生产机制，以及生产出的文化观如何在思想观念的不同层面发生作用。

因此，我们对林语堂的研究，无论是其作为作家、译者，还是其作为文学批评家、文艺理论家，无论是其文学创作、翻译作品，还是其创办或参与的刊物，无论是其政治观点、史论、策论，还是其文艺理论、译学批评，统御者皆是文化观。文化观不仅是第二世界与第三世界的集中映射，更是三个世界相互交流沟通、动态平衡之下的反映。那么我们如何来理解林语堂的文化观呢？

> 林语堂在早期和中期，尤其是中期，虽然已经将着眼点放在了文化间的比较取舍之上，但出于现实需要，他关心的仍主要是如何使本民族实现现代化。移居美国后，他的读者群已不再是中国人，而作为中国人的他又始终不能进入美国文化的中心，其结果便是促使他真正地站到了"两脚踏东西文化"的制高点上，从世界文化的整体眼光来评价中西文化；其次，中西融合论只能产生在相信世界各文化平等互通的基础之上，这一点林语堂虽然在中期就曾提及，但中期的平等思想主要还是从民族自尊生发的情感意向，而到了后期，这一观点获得了理论基础，即他对文

明与文化的区分。①

首先,林语堂在其青年时代,精神状态呈欧化倾向,因而其早期的文化观也偏重西方。林语堂生于1895年,即清光绪二十一年。这一年签订了《马关条约》,三年后光绪皇帝颁布"明定国是"诏书,宣布变法。戊戌变法促进了民主思想的进一步传播,新旧思想在激烈碰撞。年少时期,林语堂在中国接受了较为系统而全面的西方教育。他生于福建龙溪(今漳州),父亲是一位牧师,故而其自幼便受到了基督教启蒙。1912年,林语堂进入上海圣约翰大学神学系学习,后转入文艺科,接受了较为系统而科学的西式教育。这种西式教育对其影响之大,以至于他在年少时期的身份认同是偏重西方一脉。

自19世纪末20世纪初起,尤其是20世纪以来,中国社会面临严重的自我认同危机,这种危机最先表现为民族认同与文化认同。在对传统民族认同与文化认同的双重解构之下,新、旧科学之间,新、旧文学之间,新、旧知识分子之间,乃至外来文化与传统文化之间,不同维度的博弈共同引发了这一时期中国语境的焦虑与困境。在寻求自救的过程中,中国学人面临两种自救方法:其一,反溯自身,在我们传统的诗学体系中寻求自我超越;其二,通过接受外来文化,即西方文化,通过借鉴和学习"他者"实现自我超越。须知无论是传统西方文化,还是新兴的西方文化,对中国文化而言皆是携带新的文化质素的存在。于是我们有了"反传统""反孔教""反文言"的新文化运动,并在五四运动之后涌现出多个文艺社团,无论是文学观念层面还是创作手法层面,皆为中国文学拓展出更大的空间。

面对两种文化系统的思潮,中国的学人大体分为两派:一派主张挖掘中国本土语境下的文学价值,比如"戊戌的一代"知识分子;另一派中有部分知识分子主张在批判的基础上继承传统文化,比如"五四的一代"知识分子。此外,这种划分也并非绝对。在五四时期,还存在"旧派中的新派"(如梁启超)和"新派中的旧派"(如杜亚泉),他们在文化态度上呈现出复杂多样的特点。

林语堂1911年从厦门教会学校"寻源书院",毕业后考入上海圣约翰大学。他在那里生活了5年,之后离开上海赴北京,执教于清华大学。正是他那种独特的教育背景与个人经历,以及一南一北的文化反差,使林语堂开始遭遇一种关于自我认同的精神困境,并由此转向一种不同于往时的新的文化观。

---

① 戴从容:《林语堂的中西文化观》,《福建师范大学学报(哲学社会科学版)》,1997年第3期,第55-62页。

自新文化运动以来，中国境内面临前所未有的精神困境，在各种各样的新思想观念面前，传统的思想观念与价值体系受到前所未有的挑战。自古至今统御中国人心灵世界的儒、释、道在某种程度上面临一种被"驱逐"的境地，而新文化运动以来所倡导的"德先生"与"赛先生"似乎又远远不足以填补这种心灵空缺。在这一时期，传统文化固然失去了活力，然而单纯的西方文化又无法解决中国的精神困境。面对这种不知所措、无所适从的窘境，林语堂有一种较为清晰的认识，因为这也是他文化认同与自我认同危机的最大症结所在。

> 思想意识上，他们可能接受西方资产阶级文化；可感情趣味上，总摆脱不了几千年积淀下来的东方文化的制约。理性和感情不统一，必然无法建立牢固的世界观……徘徊于东西文化之间的痛苦，逼着他们尽快抱住一点固定的东西……五四思想解放的大潮退下以后，一大批知识分子纷纷自觉或不自觉地寻求向传统复归，这本是十分自然的现象。只是由于现代中国历史的特殊性，使这种必然的复归带上悲剧的色彩。[①]

中国强盛了千百年，在现代文明冲击我们的传统文化与体制之前，我们在中西方的文化交流中充分显示了文化自信，而近世以来不得不承认我们逐渐失去了昔日高势能文化的优越。传统文化固然精华糟粕并存，一味肯定或一味否定都必然失之偏颇，但在根深蒂固的传统文化面前，我们不能全力地倡导新文化，那么五四运动以来的全部成果必然会面临旧文明、旧文化的极大压制。故而最科学的方法就是在中西之间找到一个平衡。于是乎，20世纪30年代的林语堂对中与西的文化观较之青年时代发生了较为明显的转变，他不再排斥和轻视中国文化，积极接受和"弥补"空缺，重读中国传统文化；与此同时，他又受到周作人和沈启无的影响，开始对明代后期"公安派"与"竟陵派"的散文感兴趣。他开始以静观之姿态，重新审视中国文化。这也是林语堂对新一层面的身份认同问题的策略，而凝结在他思想中的"东方主义"色彩也于此肇基，不断丰蕴。因此，相较于年轻时的西化文化观，20世纪30年代又逐步重视的传统文化观，林语堂慢慢走向一种中西融通的文化观。那么林语堂如何来界定与实现两种文化观之间的平衡呢？

面对现代性带来的一系列身份危机与自我认同的挑战，林语堂经历了"推崇西化""平视互补""文化回归"三个阶段。早期的林语堂常站在一种为国人"医

---

① 陈平原：《林语堂与东西方文化》，《中国现代文学研究丛刊》，1985年第3期，第77-102页。

病治弊"的立场,故而彼时其文化观大有偏颇的倾向。"中西文化的平视过程始于他赴美之前,1934 年他曾忏悔回国后所做之文患有哈佛病,声调太高,这是他在比较之中或之后对中国文化的重识……"①1936 年,林语堂携全家赴美,站在纯粹美国化的场域中,近距离面对异域语境下的接受者、接受心理、社会环境、意识形态、审美诉求等一系列问题之后,复来反观中国文化;再加上彼时的西方社会也在面临一种内在与外在共同的巨变,正如德国历史哲学家奥斯瓦尔德·斯宾格勒(Oswald Spengler)在《西方的没落》(*The Decling of the West*)②中揭示的那样,西方文明的没落之势已清晰呈现,西方社会也在寻求一种自我救济、自我救赎的道路,以期在新的变化中重新建立其文化认同与自我认同,而这时的林语堂则发现,正如五四时期的中国学人寻求自我救赎之路一样,单纯地反溯自身以及单纯地向外学习都无法从根源上解决这一问题,于是最好的方式便是改变既定的、传统的、一种竞争化的中西对比视角,寻求中西融通的方式,使两种文化在交流中彼此勾连、相互借鉴,发挥文化的最大价值。一如波普尔所言之三个世界之间的相互交流,尤其是第二世界与第一世界的正向动态能量互换。

于是,林语堂在这一时期不仅以英文创作了大量以中国为背景的作品,还积极致力于一种新型的翻译方式。

> 在美国期间,林语堂向西方大量输入中国文化,不但撰写了《生活的艺术》、《中国的生活》、《京华烟云》、《苏东坡传》等著作,描绘介绍中国的文化精神和生活方式,还将不少中国古代作品译成英文,如《浮生六记》、《寡妇、尼姑与歌妓》(包括《全家村》、《老残游记》、《杜十娘》三篇)、《古文小品》(陶潜等著)、《冥寥子游》(屠隆等著),以及经过选择加工的《孔子的智慧》《老子的智慧》等。这些创造与翻译不但与他这时期的中西文化观相呼应,而且对促进西方人了解中国有着不可忽视的贡献。③

当然,由于这种特殊的历史环境与个人经历,林语堂的一些作品,都不可避

---

① 黄忠廉:《林语堂:中国文化译出的典范》,《光明日报》,2013 年 5 月 13 日,第 5 版。https://epaper.gmw.cn/gmrb/html/2013-05/13/nw.D110000gmrb_20130513_1-05.htm?div=-1。

② 奥斯瓦尔德·斯宾格勒:《西方的没落》,吴琼译,上海:上海三联书店,2006 年。

③ 戴从容:《林语堂的中西文化观》,《福建师范大学学报(哲学社会科学版)》,1997 年第 3 期,第 55-62 页。

免地带有东方主义倾向。所谓东方主义，即"是西方世界自有殖民活动以来对待东方世界的一种机制，即将东方学视为西方用以控制、重建和君临东方的一种方式"[①]。然而，林语堂并没有加剧这种东西方之间不平衡的话语权的偏颇程度，反而尽力弥合文化间距、审美间距造成的认同疏离。这种独特而新颖，矛盾而合理的文化观渗透在其语言观、文学观以及翻译观当中。如果说文化观是后三者的主要塑造力，那么语言观、文学观又在语言生成与转化机制中极大地影响了翻译观的呈现。

3.1.2 林语堂文化观影响下的语言观

翻译离不开语言层面的考量，就必然受到语言学的规约，其研讨就必然涉及语言学维度。

我们可以从三种视角来分析林语堂的语言观：其一，统御其所有语言观念与书写风格的语言哲学；其二，其年幼时期便肇基的基督教背景与圣约翰大学求学时期经历对其语言观的塑造；其三，同时期的诗学背景中语言传统对林语堂语言观的影响。

首先，如果我们在具体研讨林语堂语言观的各种层次之前需要在整体上对林语堂语言观做出一种把握，那么显然统御各种语言观念与实际运用的即为其语言哲学，而对林语堂语言哲学观产生重大影响的是著名英国籍分析哲学家路德维希·维特根斯坦（Ludwig Wittgenstein）。林语堂曾在《论东西思想法之不同》的演讲中大加赞赏维氏，并指出后者思想与庄子相通之处："维特根斯坦1928年重新研究哲学，其代表作《哲学研究》放弃了对科学语言的追求，回到日常语言的大地，通过语言批判，进入哲学批判，终至形成了独特的西方文化批判，最后同东方的庄禅境界合流。"[②]

维特根斯坦师承伯特兰·罗素（Bertrand Russell），故而在其哲学研究前期维氏属于逻辑经验主义阵营，强调对科学语言的分析。1921年，维氏发表《逻辑哲学论》（*Tractatus Logico-Philosophicus*），认为世间所发生的一切均为"事实"，即"原子事实"，而"事实"构成了我们的世界；事实的逻辑形象即我们的思想，而思想诉诸有意义的命题得以表达；故而，命题与事实对应，而语言与世界关联。

[①] 爱德华·W. 萨义德：《东方学》，王宇根译，北京：生活·读书·新知三联书店，1999年，第3,4页。
[②] 陈旋波：《林语堂的文化思想与维特根斯坦的语言哲学》，《华侨大学学报（哲学社会科学版）》，1994年第1期，第87-93,68页。

对世界的逻辑分析，当始于对语言的探究，逻辑上完美的语言，毫无疑问，更适宜于界定哲学的界限。1928年，受到直觉主义等思潮影响，维特根斯坦逐步意识到科学主义之于人文领域的局限性，摒弃了先前的研究思路。他发现了日常语言无限的生命活力，以及创造一套精密严谨的语言体系来表达哲学的想法有如空中楼阁，故而回归到"日常语言的大地"。

林语堂的思想发展历程也与维氏如出一辙，即由科学主义向人文主义的转化。其前期和他所处时代的绝大多数译者一样都笃信"赛先生"，即"科学主义"。所谓科学主义，是20世纪西方思想史发展的总体倾向。17世纪起，西方现代科学技术开始逐步发展，这不仅带动了生产力的解放与提高，也极大地影响了我们审视世界的视角和方式。相较于虚无缥缈的人类心灵与意识层面，直观且易于量化、演绎、推演与论证的科学更易于证实我们所面对的世界。然而，哲学领域很快发现了科学主义的边域，以及人类主体心灵无涯，一味以科学主义视野来衡量人文科学，就会产生自然主义似的僵化理解。于是在20世纪的西方哲学体系内掀起了思潮：反对科学主义，以及向东方哲学取经。林语堂的语言哲学观，受到这种思潮的浸染。

> 哲学以个人为开端，亦以个人为皈依。个人便是人生的最后事实。他自己本身即目的，而绝不是人类心智创造的工具……社会哲学的最高目标，也无非是希望每个人都可以过着幸福的生活。如果有一种社会科学不认为个人的生活幸福是文明的最后目标，那么这种哲学理论是一个病态的、不平衡的心智产物。①

因此，林语堂认为，相较于逻辑严密、理性至上的科学主义，以人为核心的哲学才是有温度的哲学，才是哲学的终极使命。无论经济基础之上的文化，以何种面貌显现在人类生活，哲学的、文学的、历史的、民俗的，归根结底是为了阐明个人原则。

林语堂1919年秋赴美国哈佛大学文学系学习，1922年获文学硕士学位，同年转赴德国入莱比锡大学，专攻语言学，1923年获博士学位。他深受中国传统文化的熏陶，同时也接触了西方的各种思想流派，包括在哈佛大学受到白璧德新人文主义理念的影响，故其思想呈现出一种人文主义色彩。他对中西哲学的挖掘，总是带有心灵解脱的自由模因，而中西文化的博大语境正是这种模因的承载者。

---

① 林语堂：《生活的艺术》，越裔译，长沙：湖南文艺出版社，2018年，第88页。

尽管林语堂的语言哲学观多少带有一些乌托邦色彩，却不可忽略文学本身就是来源于生活又高于生活，文学语言源自日常语言，又经过"陌生化"的包装。这种语言哲学观深刻影响着林语堂所建构起的整体语言文学系统的特点。

其次，林语堂年幼时与基督教的接触，以及其在圣约翰大学求学时期的经历对其语言观的塑造不可小觑。林语堂年幼时受到基督教文化的启蒙，他认为基督教最大的意义就在于找出一个人身上最好的东西，并且在其困境时起到支撑作用[1]。西方文化的两大源头，即"二希"，一是古希腊罗马文化，二是希伯来文化，也就是基督教文化体系。理解了基督教也就理解了西方的精神世界。故而林语堂年幼时期的基督教文化启蒙对其后来在圣约翰大学的学习，对西方文化的理解，及对其日后的中西贯通视角，都打下了深厚的基础。与此同时，林语堂年幼时并非绝缘于中国传统文化的领受与学习。

> 我说过父亲是一位牧师并不表示他不是一个儒家，当我们男孩擦好地板，女孩子洗完了早餐的碗碟后，铃声一响，我们就爬上围着餐桌的位子，听父亲讲解儒家的经典《诗经》，其中包含许多首优美的情歌（记得有位害羞的年轻教师，当他不得不讲解那些孔子自选的情歌时，满面通红）。[2]

尽管林语堂在其自传中提及自己在圣约翰大学期间，缺少国学教育的熏染，说"使巴勒斯坦古都耶利哥城陷落的约书亚将军的号角，我都知道，我却不知道孟姜女的眼泪冲倒了一段万里长城"[3]。然而，这些说法极易于指称一种标签化的认知偏差。事实上，无论圣约翰大学之前的林语堂，还是圣约翰大学时期的林语堂，其国学教育都并非空白，且年少时其种种经历就为日后"中西融通"的视角埋下了伏笔。

比如，如上所言，林语堂认为基督教是"知识所不及的剩余区域"。

> 我们在这里面对着一种宇宙的奇怪的事实，就是人有纯洁的，神圣的为善之欲，而爱人及助人是不需解释的事实。人努力趋向善，而觉得内心有一种力量逼他去完成自己，差不多像鲑鱼一样本能地要到上游产

---

[1] 林语堂：《童年及少年时代》，参加林语堂：《从异教徒到基督徒：林语堂自传》，西安：陕西师范大学出版社，2007年。
[2] 林语堂：《从异教徒到基督徒：林语堂自传》，西安：陕西师范大学出版社，2007年，第15页。
[3] 林语堂：《从异教徒到基督徒：林语堂自传》，西安：陕西师范大学出版社，2007年，第86页。

卵。信仰的欲念，是否也能像叔本华求生及生殖的愿望，是种族的基本冲动之一呢？①

他在阐释基督教的时候，认为我们不能单纯地用信仰来标注之，因为信仰是一种不需要服从推理习惯的，不能被数学逻辑裹挟的知识之外的区域，它的最大价值在于激发人性中美好的东西；然而，须知林语堂幼年由父亲所授之《诗经》中的话"一言以蔽之，曰'思无邪'"，也是在人伦纲常之外充分尊重人之为人的自然情感状态。《诗经》是一种对"自然的人化"初期景观的描述，并呈现出一种与道家学说渐渐相容的"人的自然化"倾向。无论"思无邪"，还是"人的自然化"与"自然的人化"相容，归根结底都在认可发乎情的人缘关系，与此同时尝试以一种不同于"礼"与"人伦"的限制的方式，将人情、人欲引入善途。

因此，基督教文化与以儒、道为核心的中国传统文化自启蒙起，便以一种相互碰撞、融合的姿态暗含于林语堂的思想体系中。在圣约翰大学学习过程中，林语堂身上的两种文化特质先后被激发。

众所周知，圣约翰大学作为一所教会学校，其对西方神学与西文教育的重视必然远胜于中文。根据《圣约翰大学堂章程汇录》中的记载，我们可知圣约翰大学将学科分为"西学斋"与"中学斋"两部分，二者又分别设立预科和正式教学，称之为"备馆"与"正馆"。西学斋中设有"文艺科""道学科"等。②林语堂1912年2月进入圣约翰大学"道学科"（即神学科）学习，后因质疑课程中各种神迹的超自然化宣传等原因，转入文艺科。

笔者查阅1912.9—1916.7的《圣约翰大学章程汇录》，发现在林玉堂就读"文艺科"的这四年中，作为主干学科的"文学部"的主要课程，全部都是文艺复兴直至近现代以来的欧美代表性作家作品的研读和相关文学史的梳理，课程包括"英文小说""英学文萃""莎士比亚剧本""英文散体文""英文诗歌""英国文学史""作文总类""注解"等……③

林语堂在圣约翰大学时期的主要课程体系几乎是西方视角的，全然西方文化

---

① 林语堂：《从异教徒到基督徒：林语堂自传》，西安：陕西师范大学出版社，2007年，第143页。
② 凤媛：《林语堂圣约翰时期的语言文学观考论（1911—1916）》，《华东师范大学学报（哲学社会科学版）》，2019年第1期，第83页。
③ 凤媛：《林语堂圣约翰时期的语言文学观考论（1911—1916）》，《华东师范大学学报（哲学社会科学版）》，2019年第1期，第82-91，172页。

为导向的教育模式。这种模式不乏其科学之处，主要表现在三点，即课程体系设置的相对完备、英语文学种类的全面，以及教授方式从"经验事实到理性梳理"的相辅相成；然而，这种模式固然可以帮助学生建立一套相对全面而完备的西方文化接受模式，却失之偏颇，因为缺少了与之对应的中文语境。当时的校长卜舫济（Francis Lister Hawks Pott）很快提出完善这种教育模式的策略，即以英文、中文功底皆深厚的圣约翰大学毕业生陈宝琪为国文科教务长，重视学生对儒家经典的学习。

> 备馆文学科之目的，在使学者熟悉近世英文，以启发其思路，并令有用之之能力，正馆则在使学者，得能升堂入室，通晓文中所表之高贵意义以及悲乐感情，此教以人情之法，即正馆之目的也。①

卜舫济一直强调儒学文化对中国发展的重要作用。"他认为儒家经典是中华民族未来发展的命脉所系，必须重视中国语言和文化的学习"②。

林语堂在圣约翰大学期间接受过系统而全面的、不囿于语言技能层面的西方文化教育，与此同时，由于圣约翰大学对中文教育的逐步重视，林语堂等学人的中文教育迟到却并未缺席。圣约翰大学的校内刊物《约翰声》，最初为全英文写作，后于1907年设立"中文部"，即中文写作专栏，倡导文言文写作，"占据刊物很大比重的还是师生发表史论和考据方面的论文，比如'韩信不用蒯徹论'……同时，圣约翰学生还经常发表关于国文学习、国学教育的相关讨论文章"③。林语堂在此期间，也发表译作与文章，均为文言文所书。

无论是对幼年林语堂的基督教启蒙与《诗经》教育，还是圣约翰大学求学时期对于其基本中西方文化观的塑造与初步定型，中英文并行并生的学习方式都始终伴随。这种教育模式，不仅为林语堂奠定了坚实的语言文化功底，而且伴随林语堂的成长，中西对比之下的冲突与融合，最终为其后来中西融通的文化观埋下伏笔。

林语堂所处的年代适逢中国文学场域的巨变。林语堂属于"论语派"作家，

---

① 凤媛：《林语堂圣约翰时期的语言文学观考论（1911—1916）》，《华东师范大学学报（哲学社会科学版）》，2019年第1期，第82-91，172页。
② 凤媛：《林语堂圣约翰时期的语言文学观考论（1911—1916）》，《华东师范大学学报（哲学社会科学版）》，2019年第1期，第82-91，172页。
③ 凤媛：《林语堂圣约翰时期的语言文学观考论（1911—1916）》，《华东师范大学学报（哲学社会科学版）》，2019年第1期，第82-91，172页。

"论语派"生成于20世纪30年代的上海。这一时期，语言书写体系，既有传统的文言书写体系，又有新兴的现代汉语书写体系。

1915年，主要由陈独秀发起，李大钊、鲁迅等人参与的新文化运动，公开强调"反传统""反孔教""反文言"，倡导白话文写作，革新了人们对于广义"文学"的思想观念；而1919年的五四运动，不仅强化了新文化运动中的新文学观念，也开启崭新的文学创作革新之旅。于是这一时期，就书写形式而言，不仅有在中国传承数千年的传统文学书写体系——文言文，也有白话文的书写方式。这一时期，现代汉语尚且处于发展的初期阶段，不够成熟，且在新旧语言观念不断碰撞的当口，外来文化也在不断冲击我国的语言体系。这种冲击主要是以外来词汇的翻译为表现形式，刺激中国语言体系的更新与丰富。

林语堂不仅受到正规而体系化的西方文化教育，而且接受传统文化的熏染，故而其语言风格偏重平实易懂一派。这与其恬淡、幽默的性格结合，形成了他特有的语言文学特点。

3.1.3 林语堂文化观影响下的文学观

林语堂所处的年代，适逢中国文学场域之巨变。书写体系上，文言文与白话文并存；文学思潮上，出现强调"文学阶级性"的左翼革命文学思潮，以及一系列坚持"人文传统"的其他人文主义文学思潮，比如京派文学、海派文学；文学标准上，政治标准与文艺标准孰为上的争论一直如火如荼；文学体裁上，散文中的小品文开始受到青睐。

林语堂是"论语派"作家的典型代表，致力于诸般限制中寻找文学自由。"论语派"，以1932年在上海创刊的《论语》这一期刊而得名，林语堂为其第一任主编。他提倡作文以文学[①]自身发展的规律为衡量准则，即以文艺标准为先，反对文以载道，反对文学艺术政治化倾向。

> 曾经是"语丝派"猛将之一的林语堂，进入20世纪30年代后，虽然思想不再激进，但对文学事业还有一番"剪拂"的作风，即想在文坛上实施他的文学抱负与一番轰轰烈烈的作为。1932年9月创办《论语》，1934年4月创办《人间世》，1935年9月创办《宇宙风》；他通过办小

[①] 注：本处所指"文学"，即为一种广义的文学概念，即文章之学，不囿于其文体，不限于其内容，包含各种文学创作与翻译。

品文刊物，吸引和接纳一大批小品文作家，在他主编的刊物上发表作品。林语堂不仅自己身体力行，创作了《大荒集》和《我的话》两集中的很多作品；更令人注意的是，他还推出了实施其闲适话语的理论主张。除《人间世》之《发刊词》而外，先后还在自己办的刊物上，发表了《论幽默》、《论文》、《〈作文六诀〉序》、《小品文的笔调》、《小品文之遗绪》等等文章，表达了他的审美理想，以此策动与彰显"论语派"的审美思潮，并试图以他的闲适话语，掌控30年代小品文创作的话语权。[①]

中国现代文坛充斥各种思潮，这种思潮与传统文学碰撞之下产生各种文学流派，"语丝派"就是20世纪20年代中国文坛中的一个流派，以散文写作为主，主张针砭时弊，反映社会问题，用讽刺与幽默的言辞写作短小精悍的杂文，代表人物除却林语堂，还有鲁迅、周作人等。到了20世纪30年代，林语堂的文学观在此基础上进一步深化，成为"论语派"代表，提倡一种深受英式随笔（essay）影响的写作风格，即小品文。小品文既是林语堂写作的主要文体，也是塑造、介入、干预林语堂翻译观的主要力量之一，更是林语堂书写体系中最具显著特征的代表。那么林语堂怎样由"语丝派"进一步转为"论语派"的呢？他的文学观念在这一过程中又是如何深化发展的呢？更具体而言，他对小品文的写作偏爱与其文学观、翻译观的关联是什么呢？

中国自古便有小品文的传统。须知小品文属于散文，散文有两层含义：广义而言之，散文是与韵文、骈文相对的，不要求对仗，也不在韵律上做过多要求的一种文体；狭义而言之，散文是一种现代意义的文学体裁，与小说、诗歌、戏剧并称为现代文学"四大体裁"。

1932年2月25日至4月28日，周作人受沈兼士之请赶赴辅仁大学就"中国的新文学运动"做了八场演讲，当年9月北平人文书店将周作人全部演讲内容整理出书，书名与讲座主题相同，是为《中国新文学的源流》。作为周作人四大弟子之一的沈启无，同年，分别出版了《近代散文钞》上、下册，该书以明代后期以及清朝初期公安派、竟陵派两大文学流派所作散文为主。师徒二人直接推动了这一时期的晚明清初小说研读热潮。林语堂深受这股潮流的影响，结合英文的随

[①] 吴周文，张王飞，林道立：《关于林语堂及"论语派"审美思潮的价值思辨》，《中国现代文学研究丛刊》，2012年第4期，第198-208页。

笔式散文,他提出"在提倡小品文笔调时,不应专谈西洋散文,也须寻出中国祖宗来,此文体才会生根"①。

"公安派"主张"性灵说",提倡"和者,乐之所由生""人心畅适之一念",提倡以"真"为前提的性情与心;顺着"公安派"袁中道"独抒性灵,不拘格套"的观点发展出"竟陵派",其主张"幽情单绪""静好柔厚"。深受这股晚明小说热潮的影响,或者说受到了公安派、竟陵派的影响,林语堂思想观念中尊重生命自然生长的力量,或言之合于人情、近于人情的一面被逐步激发出来。我们在很多林语堂的文章中都可以感受到其对人之真性情的书写与维护,比如他在《人生不过如此》的序言中提到有一群"和蔼可亲的天才和我合作",比如袁中郎、李卓吾②;比如在《从异教徒到基督徒:林语堂自传》中探讨了宗教与科学的关系,以及他在不同宗教和哲学体系中的思考。

> 今天在宗教上,方法的讨论是最重要的。因为现代人碰到宗教时的迷惑,大部分是由于基本方法上的错误,且可归因于笛卡儿的方法得势,导致过度把重心放在以认识理性为首要这方面……因为在物质知识或事实的科学知识的范围里面,用时间、空间、活动,及因果关系等种种工具、推理是最好及最没有问题的,但在重大事情及道德价值的范围——宗教、爱、及人与人的关系——里面,这种方法奇怪地和目的不合,且其实完全不相关③。我颇想用柏拉图的对话方式写这本书。把偶然想到的话说出来,把日常生活中有意义的琐事安插进去,这将是多么自由容易的方式。……我引用的当中如果有出名任务,那也不过是我在直觉的认可下接受他们的观念,而并不是震于他们的大名。④

如上可见,林语堂认为的宗教与科学是两种完全不同的方法论体系,笛卡儿所谓的数理逻辑化的方法论是科学领域的标尺与工具,但对宗教以及宗教化的事物仍依靠的是"全意识直觉地认知的天赋才能",是"道德的天性而对宇宙所作的全身反应"。依靠笛卡儿的方法论,只能压抑真正适用于道德知识范围的方法。

---

① 林语堂:《小品文之遗绪》,见佘树森:《现代作家谈散文》,天津:百花文艺出版社,1986年,第119页。
② 林语堂:《人生不过如此》,西安:陕西师范大学出版社,2007年。
③ 林语堂:《从异教徒到基督徒:林语堂自传》,西安:陕西师范大学出版社,2007年,第127,128页。
④ 林语堂:《从异教徒到基督徒:林语堂自传》,西安:陕西师范大学出版社,2007年,第1,2页。

换言之，人自身关于道德知识，即心灵与宗教等层面的问题，只能依托于人本身的性灵。

这一时期，中国文学面对一场政治标准与文学标准的争论。所谓政治标准，即接受权力场对文学作品的干预，比如这一时期著名的两个口号之争，即"国防文学"与"民族革命战争的大众文学"之争。无论是哪一种口号，过分重视政策等政治化效应则势必难以兼顾文学作品蕴含的个人体验，而个人体验的无功利性与不可复制性正是文艺作品艺术审美的来源。"'两个口号'之争，在表面的宗派或者误会之下，折射出来的政治政策和作家个人主体性之间的冲突。"[1]若以政治标准为评判艺术作品的第一要则，则忽视了对文学作品自身规律的研讨，各种阐释失之科学。林语堂的文学写作方式在这样的历史背景中，被归结为"言志派"，长期以来他那种闲适中带有睿智，幽默中夹杂嘲讽的写作风格，一直被学人诟病。

> 以鲁迅为首的"载道"派，把为封建政治、文化、道德、伦理服务的"载道"，置换成新的革命文学的话语，是无可厚非的内容革命，也是多元审美中的一种政治属性；但疏离了第一个十年所建立的"自我表现"的科学观念，使小品文作为"美文"的艺术性及娱乐性大为削弱，革命话语的功利性遮蔽了创作主体的抒情性。以林语堂、周作人为首"言志派"继承并发展"自我表现"的观念，以艺术性和娱乐性抗拒政治诉求，但在理论上盲视表现社会、人生等方面的"载道"内容，也容易滑向无功利主义的"纯艺术"之泥潭。两者应该规避各自审美救赎与审美独立的错位而进行互补，这是历史留给今天的思考价值。[2]

这些批判林语堂的人大都把目光集中于林语堂以及"论语派"诸人物的阶级属性、革命立场、政治觉悟等方面，以此做出判断认为林语堂及"论语派"格调较低。事实上，这些说法大都脱离文学场域，过分强调权力场域对文学本身的介入与干预。20世纪90年代以后，随着现代主义、后现代主义、文化研究等新兴文学思潮传入中国，我们对这一问题的看法逐步平和，渐显多维。

林语堂提出将闲谈体（familiar style）作为审美维度的标准，受到中国诗学的

---

[1] 张武军：《1936年：20世纪中国文学发展道路中的转捩点》，《东岳论丛》，2016年第5期，第103-109页。

[2] 吴周文，张王飞，林道立：《关于林语堂及"论语派"审美思潮的价值思辨》，《中国现代文学研究丛刊》，2012年第4期，第198-208页。

影响，倡导"以自我为中心，以闲适为格调"①。这种写作方式与审美格调的诉求在其翻译中得到了充分体现，或言之，这种广义的"文学观"深深干预了其翻译观的塑造。

3.2 林语堂翻译观分析

林语堂一生的成就是十分综合而全面的。年幼和少年时代的经历为他日后的发展奠定了坚实基础。

3.2.1 译学无成规

"两脚踏东西文化，一心评宇宙文章"是林语堂一生的理想，也是他一生对文学事业的承诺。他曾说，"我的最长处是对外国人讲中国文化，而对中国人讲外国文化"。然而，对不同文化语境中的人讲述异域文化不仅仅是一种语言技能层面的问题，更是两种文化体系间的博弈。

两种文化的交流，不是止步于认知层面的了解，而是在认知的基础上的相互欣赏与相互借鉴。"林语堂认为，在认识中国文化时，应持'既能欣赏，又能批判，既用理智，又用情感'的态度。"②在这种观念的影响下，传统的翻译方法在解决现实问题前略显吃力与不济，于是林语堂创造了一种特有的翻译方式——创译。

> 林语堂的创作与翻译界限模糊，相互交织杂糅，译中有创、创中有译，形成了创译一体的特殊风格。这种书写特色开创了中国文化对外传播的"林语堂模式"。林氏几乎所有的著译作品，从《吾国与吾民》到《生活的艺术》，无一不是这种创译杂糅的形式，《京华烟云》《风声鹤唳》《苏东坡传》等小说和传记也都满布翻译的"痕迹"。文中引文翻译随处可见，诠释话语不计其数，体现出创与译的交融和合。③

---

① 参见佘树森：《现代作家谈散文》，天津：百花文艺出版社，1986年，第95页。
② 夏婉璐：《视角与阐释：林语堂翻译研究》，成都：四川大学出版社，2017年，第151页。
③ 冯智强，庞秀成：《宇宙文章中西合璧，英文著译浑然天成：林语堂"创译一体"的文章学解读》，《上海翻译》，2019年第1期，第11-17页。

第 3 章 从"对西讲中"到"入西述中":林语堂变译观的嬗变

单纯的翻译,对不同文化与语言的接受者而言只能是浅层面的认知,并不能起到相互理解的作用,遑论相互借鉴。前文已论,在林语堂所处的时代,无论中国还是西方世界都面临着严重的精神危机,需要重构我们赖以生存的价值体系,实现自我认同。于是林语堂以"创译"尝试搭建两种文化沟通的桥梁。那么何为创译呢?事实上,"创译"一词古已有之。

创译,最早始自佛经翻译,明代的李之藻、清末的梁启超都曾对此有过论述,但是内涵与林语堂所言,以及我们现在意义上的"创译"不尽相同。"创"本意指开始,早期佛经翻译中的"创译"指开始翻译事业。李之藻在其译作《寰有诠》中提到的"创译",与另一个概念"嗣译"相关。创译,即"开启翻译事业,开始翻译行为","嗣译"指"继续翻译,接着从事翻译"。嗣,即接续、继承之意。梁启超笔下的创译多与佛经有关。[①]

林语堂所言之"创译",如参考文献所言,是一种创作与翻译兼而有之的写作行为。他认为直译与意译的二元对立关系不足以阐释翻译行为,亦不足以搭建中西融通的桥梁。对当时讨论得如火如荼的翻译问题"直译与意译",林语堂提出"字译与句译"的概念,企图规避直译与意译可能引起的概念断层问题。

他认为"句译"比"字译"重要。字是最小的语言意义单位,"字译"就意味着以"字"解"字",缺乏一种基本的意译全局观念,因为"字"本身就是一个自洽的意义结构。在"字"组成句子的过程中,我们通常需要使用的是"字"所指系统中的一重含义,正是这一重含义与其他"字"等意义单位,共同构成一个更大的意义结构,也就是人类依托文字尝试表达的含义。但是"字译"背后"以字解字"的语际转换机制,实际上是关注"字"背后的意义系统。这个意义系统与"字"所参与的文本意义系统并不是对等的关系,它们的关联仅仅在于"字"于文本这一细小语境中所使用的一层含义而已。换言之,以"字"解"字"难以避免翻译中的概念的偏颇。那么,"句译"则如何呢?

> 句译家对于字义是当活的看,是认一句为有结构有组织的东西,是有集中的句义为全句的命脉;一句中的字义是互相连贯互相结合而成一新的"总意义"(Gesamtvorstellung),此总意义须由字的活用和字的连贯上得来。[②]

[①] 注:关于"创译"的概念流变问题不是本文论述重点,故不再赘述。参见杨全红:《"创译"之创造性误读及其他》,《中国翻译》,2016 年第 6 期,第 82-85 页。

[②] 林语堂:《林语堂名著全集(第 19 卷)》,长春:东北师范大学出版社,1994 年,第 310 页。

对此，王秉钦在《近现代中国翻译思想史》中如是阐释：

> 也就是说，字义，不能看作死的，固定的，分立的，须当做活的，有连贯的，不可强为分裂的东西。因此，译者无字字对译之必要，字字对译常是不可能之事。在此理解基础上，"译者将原文全句意义详细准确的体会出来，吸收心中，然后将此全句意义依中文语法译出……行文时须完全依据中文心理"。①

由是可见，"句译"并不是字面含义，而是与"字译"对应的单纯句子的翻译。它包含了作为句子的整体而存在的文段的翻译。读者，无论是原语言语境还是目的语语境，在接受过程中，首先都是立足于一种整体而关注文本意义的。从翻译实操角度而言，译者着眼于"字"，困于其义，而失之整体观念。以此为基础，在面对"句译"时，也极易因循于因"字"成"词"、因"词"成"句"的顺序，忽略句子之间的关系。事实上，文本是句子依靠衔接和逻辑形成的语篇。"句译"强调的并非单纯的"字"的堆砌，而是一种"字""字"成"句"之后形成的质变转化。

无论是"创译"的选择，还是"句译"的提倡，林语堂大变前习，一直尝试探索一条不同于前人的译学之路。在这种译学实践之下，其逐渐形成了独特的翻译思想与批评理论。

3.2.2 翻译三标准

作为文学家，林语堂强调艺术之为艺术的相对独立性，认为翻译是一种艺术。如第一节中语言观部分的分析，我们不难发现林语堂坚持在写作中使用平实的日常语言，这与其闲适幽默的格调浑然一体，也使其对"文"的观念在翻译作品与翻译批评中得以延续与加强。林语堂一生有大量译作问世，并且在长期的翻译实践中形成了一套自己特有的译学批评体系。

早在 1924 年，林语堂就在《晨报》上发表了《对译名划一的一个紧要提议》，他涉及翻译理论的其他论著还有《我所得益的一本英文字典》《旧文法之推翻及新文法之建造》《答青崖论"幽默"译名》《说孽相》《国语文法的建设》《论译诗》《译东坡"行香子"二首》《译乐隐词》《英译黛玉葬花诗》《尼姑思凡

---

① 王秉钦：《近现代中国翻译思想史》，上海：华东师范大学出版社，2018 年，第 149 页。

第3章 从"对西讲中"到"入西述中":林语堂变译观的嬗变

英译》等等。这些文章或从语言学理论方面进行评述,或从实例出发进行剖析,都展现了其中英文的深厚基础。然而林语堂于1937年为吴曙天编著的《翻译论》作的序,即为近万言的《论翻译》(后又收入其《语言学论丛》一书),是他最系统、最全面论述翻译理论的文章[①]。

林语堂的翻译思想主要体现在其《论翻译》[②]一文中,其中他提出了著名的"忠实""通顺""美"三原则。这一标准常常被用来阐释严复的"信达雅"。事实上,尽管林语堂也说其所提出的三重翻译标准,与严复所谓之"译事三难"大体是正相比符的,"信达雅"分别对应"忠实""通顺""美",不过,这两套标准所标注的评价标准是两种相近却并不重合的向度。

如前所述,严复所谓之"信达雅","信"是原文信息传递得真实无误;"达"是文辞通常,而"雅"实际是指符合旧式知识分子审美取向的古朴文雅之趣味。须知严复所言"用汉以前字法句法,则为达易;用近世利俗文字,则求达雅"。这种表述极易引起误解,就连梁启超也认为严复的要求"太务渊雅",没有必要刻意追求先秦文体之古朴。其实大家都忽视了严复提出此论时潜在意旨的文体是"外国学术著作",也就是哲学社会科学类作品。它们不像通俗文学或者宗教文学,必须喻俗。这种精理幽微的著作确然适宜相对严谨的语言。就文体与功用而言,"渊雅"之言确实更加合适。不过严复并未指明翻译对象以及标准范围问题,所以引起误读。

此外,后世有很多人在"信"与"雅"的关系上做文章,认为风格论也在"信"的维度。换言之,如果把包括信息、语言、风格、审美、读者接受等所有因素在内的连续统看作整体,作为"信"的内核,那么失之于"雅"就必然失之于"信"了。显然,这种观点误解了严复的初衷,其本意就是从三个层面去论述翻译问题。由于这三个层面彼此勾连,相辅相成,难以截然分开,所以我们在面对"译事三难"这一问题时,常常忽略了严复的所指范围与三者之间的区别。

较之严复,林语堂的翻译观诸概念则相对明晰得多。虽然其涉及较多维度,但是其所有的翻译思想都统御在其所秉承的"翻译即艺术"翻译观之下。这种统御表现为三种情况:

第一,译者对于原文文字上及内容上透彻的了解;第二是译者有相

[①] 陶丽霞:《文化观与翻译观:鲁迅、林语堂文化翻译对比研究》,北京:中国书籍出版社,2013年,第125页。

[②] 注:吴曙天编著:《翻译论》,上海:光华书局,1937年。林语堂为其作序名为《论翻译》,后此文收入其《语言学论丛》一书。

当的国文程度，能写清顺长达的中文；第三是译事上的训练，译者对于翻译标准及手术的问题有正当的见解。①

由此可见，林语堂对翻译的评述，围绕"原文""译文""译者"展开且深刻注重翻译主体。是故，对林语堂的翻译观，可以从三个方面来理解：翻译标准论、翻译主体论、翻译审美问题。

关于翻译的标准问题，他提出"忠实""通顺""美"。所谓"忠实"，即信。"忠实"的程度可以分为四种：直译、意译、死译、胡译。直译与意译无须多言，死译与胡译其实是直译与意译的不同程度而已。一味追求直译，臻至极致则是死译；一味追求灵活，臻至极致变成了胡译。死译和胡译、直译与意译，两组概念之间是灵活的限度问题。如何把握其中限度？林语堂提出四种衡量标准，即非字译、须传神、非绝对、须通顺。

所谓"通顺"，即"达"。关于这一点，林语堂从心理学角度做出阐释，他认为句译是达到通顺的不二法门。若求通顺，必以句本位为归旨。与此同时，要时刻把握中文心理。"译者心中非先将此原文思想译成有意义之中国话，则据字直译，似中国话而实非中国话，似通而不通，决不能达到通顺结果。"②

所谓"美"，对应"雅"，但实际上其内涵要远远大于"雅"所包孕的古雅内涵。他之所以提出"美"，与他一以贯之的文学观是相互映衬的。在前文中我们已经论述过林语堂的文学观，不同于左翼文学一派，他认为文学是相对独立的存在。无论是作为"语丝派"代表，还是"论语派"领军人物，他都坚持以文艺标准为先来衡量文学作品。文学作品归根结底要接受的不是功用论的检验，而是审美维度的审查。即言之，文学作品，包含翻译作品在内，最终都要接受审美的阐释。

在这三重标准之外，林语堂又从翻译主体的视角对翻译问题提供了一种"参与者"视角下的解释说明，即翻译主体论。他又从另一种角度将这三条原则说成译者的三种责任。

第一是译者对原著者的责任，第二是译者对中国读者的责任，第三是译者对艺术的责任。三样的责任心备，然后可以谓具有真正译家的资格。③

---

① 陈福康：《中国译学史》，上海：上海外语教育出版社，2022年，第237页。
② 陈福康：《中国译学史》，上海：上海外语教育出版社，2022年，第240页。
③ 陈福康：《中国译学史》，上海：上海外语教育出版社，2018年，第272页。

林语堂的翻译观从整体而言，每一个部分都是一种相互配合。翻译即美学之下，是既有译者主体性的揭示，又蕴含读者意识，统归翻译的审美主体。林语堂的审美主体进一步呼应着林语堂译学体系另一大概念——翻译即创作。

3.2.3 翻译即创作

翻译与创作的关系如何界定呢？

反观现当代文学史，我们不难发现，大多数译者首先是一个合格的作家，作家同时也是译者，在漫长的创作与翻译生活中，他们又会衍生出批评家的身份。这种身兼数职的现象尤为普遍，比如梁启超、严复、鲁迅、成仿吾、朱光潜、梁宗岱、贺麟、周作人等。翻译与创作的关联似乎是不言而喻。

无论翻译即理解、翻译即换符、翻译即译义，还是翻译即重构，翻译即征服、操纵与改写[1]，翻译都不是一种自洽自为的绝缘体。乔志高（George Kao）评价林语堂说"翻译中有创作，创作中有翻译"[2]。林语堂的翻译与写作界线十分模糊，两种形式杂糅交织、浑然一体。那么林语堂的翻译与创作为何难以截然分开呢？

首先，翻译的过程与创作的过程背后的终极原型是一致的。

> 整个翻译过程是由原作作者、原作、译者、译作与目的语读者组成的一个"链条"，环环相扣，其中译者是这个链条的中心[3]，但连著名翻译家杨绛也认为译者是"一仆二主"中的仆人，应当服从于"两个主人"：一是目的语读者，另一个是原作[4]。韦努蒂认为"译者隐形"体现在：一是要求译者努力使译文语言地道通顺，可读性强；二是出版商、评论家和读者因喜欢通顺的译文而要求译文读起来不像是翻译。[5]

翻译与创作归根结底都是一种创造性的书写活动。它们需要在一种全局观念的支配下，运用诗学传统支配下的书写体系，将某种情志予以表达和记录。唯一的不同是创作者的书写原型是人与环境的关系，无论这种关系是人与人的社会关

---

[1] 朱湘军：《从客体到主体：西方翻译研究的哲学之路》，上海：复旦大学博士学位论文，2006年。
[2] 乔志高，本名高克毅，乔志高是他的英文名 George Kao 的中译，也是他的笔名。
[3] 温秀颖：《翻译批评：从理论到实践》，天津：南开大学出版社，2007年。
[4] 杨武能：《再谈文学翻译主体》，《中国翻译》，2003年第3期，第10-13页。
[5] 魏鸿玲：《译者主体性在林语堂汉译英作品中的体现》，福州：福建师范大学硕士学位论文，2013年，第5页。

系，还是人与环境的社会化的自然关系；而翻译的书写原型是原作所记录的原作者与其所处的环境的关系。更具体而言之，翻译的依据看似是原作，其实是原作所承载的作者与环境的关系。于是，我们也可以把翻译看作一种别样的书写活动，即运用原语言与目的语，共同描述"作者与环境关系"的一种活动。只不过，如何获得"作者与环境关系"呢？原作由作者在亲历"历史"的体验之下直接书写，而译者则需要透过原作所提供的所有记录、描述来还原两者之间的关系，进而以目的语重新书写。

其次，创作与翻译所赖以完成的心理体验如出一辙。他在《论翻译》中提到，"其实翻译上的问题，仍不外乎译者的心理及所译的文字的两样关系，所以翻译的问题，就可以说是语言文字及心理的问题"。我们在写作的时候，先有总体意念，再有言辞组织；翻译亦然，先有总体概观，再有文字调用。译者在进行语际转换中，首先要通过文字，体会作者曾有过的"心灵体验"，感受"心灵印迹"。由于个人成长环境、知识结构、兴趣爱好等在环境的干预下各不相同，所以面对同样的事物所形成的"心灵体验"也不尽相同。即便译者可以完全体会作者所描述的各种情形与观点，也会无法避免地附加于"自我"之于"他者"的评价。这也解释了为何说不存在"零度的翻译"。

最后，无论是原语言语境中创作的作品，还是目的语语境下的译作，都必须受到本语言语境中诗学传统的规约与评价。无论是创作还是翻译，都必须依托于其所秉承的书写系统。如果两种语境中的诗学传统与书写系统较为接近，那么语际转换就会变得容易，而两者的诗学传统与书写系统差距较大，则语际转换就会变成一件复杂的事。

因此，如果译者个人知识储备丰富，学养扎实，对双重文化语境都较为了解，那么其对"书写-译介"的原型认知便会更加准确，对"心理体验"之下的"心理印迹"的辨识也相应更加清晰，进而对两种语言中选取何种文化因子，诉诸何种语言表达更有把握。

林语堂"两脚踏中西文化"，具有多重文化身份的他，在两种文化与翻译场域的博弈中采取了一种全新的方式来弥合差异，消解矛盾，平衡交流。早期的基督教启蒙以及圣约翰大学求学时期的西方文化赋予林语堂坚实的英文背景；大学毕业后赴清华大学任教期间，他深刻意识到中国传统文化的重要性，以及欠缺传统文化对学问的制约，遂奋力学习中文知识。在其赴欧美留学，以及后来定居的过程中，林语堂逐步意识到无论是单纯的中国文化还是西方文化都不能解决当下人们面临的精神困境与身份危机，要重塑符合时代的价值体系，只能依靠中西文化乃至世界各种文化精华的相互配合与融通。于是，在长期的写作与翻译过程中，林语堂形成了自己独特的译写风格——书写似的翻译。在这种书写风格中,译者既是语际转换机制的操作者,又是创作者。

在林语堂的译写中,还有两个特征不可忽视,其一是书写中的自我意识;其二是西方审美标准的尺度。

关于"自我意识"对翻译的塑造,表现为自由主义、个人主义与东方主义在林语堂的作品中的伸展,其中前两者尤为明显。

> 总的来说,"五四"时期的"人的学问"以启蒙为己任,引导人们关注并思考人生的目的、意义和价值等,注重的是在思想范围里解决问题。探寻人生的目的和意义、追寻人的精神自由及人的尊严和人格平等成为五四创作的主题。如鲁迅在五四时期特别注重社会批判,注重伦理道德的探索,以思想启蒙、改变人的精神世界为目的,将文学作为"立人"的一种重要途径。他的一系列批判国民性的文章就是这一思路的典型代表。林语堂也认为,艺术的目的除艺术本身之外,还有另一个目的,即认识人生。在《且说〈宇宙风〉》一文中,林语堂指出:"文学不必革命,亦不必不革命,只求教我认识人生而已。"[①]

新文化运动后期,文学阵营分化尤为明显。主张文学要反映社会功用的,与主张文学要坚持文学自身发展规律与文艺标准至上的论战不断。林语堂作为"语丝派"阵营的主将,坚定地认为文学艺术不应该前置任何功利性的写作目的,他与"语丝派"群体一直是"自由主义"拥护者,认为文学应该是超越政治的。一如"语丝派"一贯的主张:自由思想、独立判断与美的生活。也正是在这种主张之下,林语堂的"忠实""通顺""美"的翻译观最终落实于"美"之上,也形成了他译写的另一大特征,即"美译"。

> 所谓体裁问题,不可看得太浅。体裁有外的有内的(outer form and inner form)。外的体裁问题,就是如句之长短繁简及诗之体格等;内的体裁,就是作者之风度文体,与作者个性直接有关系的,如像理想,写

---

① 夏婉璐:《视角与阐释:林语堂翻译研究》,成都:四川大学出版社,2017年,第234页;林语堂:《且说〈宇宙风〉》,见陈子善:《林语堂书话》,杭州:浙江人民出版社,1998年,第440页。

实，幻象，奇想，乐观，悲观，幽默之各种，悲感，轻世等。①

林语堂显然受到了传统诗学的影响。《论语·雍也》有言："质胜文则野，文胜质则史。文质彬彬，然后君子。"其中，暗含了一种传统诗学观念，即"文质"关系。如果内涵淳朴而实在，却缺乏文采滋养，则失之粗疏；如果文采藻饰太盛，却缺乏实在的内核支撑，则流于虚浮，华而不实。所以好的文章，要"文"与"质"恰适配合在一起。林语堂对译文的评价立足于内外两方面。所谓"内"即上文所言之书写的原型，译者与作者正是透过这种原型表达机制联系在一起；所谓"外"，即心灵体验印迹的表达，这与双重语境中的语法规则、诗学传统、文化语境等因素相关。文学在林语堂看来是一种超越于政治，且需要认识自我的所在。故而，最终译文呈现出的整体感觉，要符合接受者认知之后的审美诉求。如果说对各种"作者与环境关系"的描述，包括客观环境与心灵体验，属于认知范畴，那么接受者透过认知而最终获得的审美体认则属于"文学之所以为文学"的审美范畴。

认知与审美正是衡量译文成功与否的标准。认知即认知双重语境的差异与趋同，认知自我，认知世界，以及认知自我与世界之间的关系；审美即超越，超越当前"境"而趋向升华。

3.3 林语堂的变译观与"入西述中"策略

林语堂的写作方式与文化观分为前后两个阶段。1936年之前，林语堂虽然受到了较为严格的西式教育，但毕竟生活在中国语境下，其教授英文，写作仍以中文为主，这个阶段其"对中国人讲外国文化"；移居美国后，写作以英文为主，一直探索"对外国人讲中国文化"的路径。

早期我们对林语堂在后一阶段的描述多用"对外讲中"。所谓"对外讲中"，"是指林语堂以西方读者为对象，以娴熟英文向西方宣扬中国文化的创作实践。以此为进路，林语堂在中西文化交流与沟通中的'桥梁'或'使者'作用能够得到充分展示"②。"对外讲中"这种说法，看似合理，描述了一种从中文语境远赴西

---

① 林语堂：《论翻译》，见罗新璋，陈应年：《翻译论集（修订本）》，北京：商务印书馆，2015年，第506页。
② 董燕：《评赖勤芳〈中国经典的现代重构：林语堂"对外讲中"写作研究〉》，《中国现代文学研究丛刊》，2014年第8期，第210-213页。

方语境的叙述事件,事件暗含了一种单一向度的倾向。于是近来,"入西讲中"的说法越来越普遍,两者一字之差,内涵却有较大区别。如上文所述,考虑到林语堂大多数文本是用英语陈述、叙说、述评、描述、论述、综述中国故事、中国智慧、中国文化,在本书中,笔者更倾向于用"入西述中"来替代"对西讲中"这个概念。

"对西讲中"与"入西述中"是两种不同向度的表达。前者是一种单向度的信息传递传达,它侧重立足于中国语境向西方语境的自我描述,重在完成"一场叙述"。后者将"对"改为"入",强调站在西方语境之下,接受来自另一种语境的信息。"移步"入"西方语境",强调的是讲述者与接受者的双向互动,而不是单纯讲述者与接受者的单向"听"授。

那么是什么促使林语堂"入西述中"呢?我们可以从三个方向来梳理、认识这一问题:其一,西方世界普遍存在的东方主义倾向;其二,西方世界与中国共同面对的文化危机和身份认同危机;其三,在新的时代语境中,世界文化自身发展规律使然的"中西融通"倾向。

林语堂后期的写作,也就是开始进行"入西述中"的写作,始于《吾国与吾民》,此书是其前后两时期更替之间的作品。得益于此书的成功,林语堂及家人移居海外。当时的人们对于中国历史、传统、民俗、现状等皆带有一种偏见化的"他者想象"色彩。

> 那时候的美国是白人的天下,白人种族歧视很深,对黄种人与对黑人一样,简直不把他们当作人看待。他们称中国人为 Chinaman 或 Chink,而不说 Chinese,是一种鄙视。他们对中国人的认识很浅……他们想起中国时,会想到龙、玉、丝、茶、筷子、鸦片烟、梳辫子的男人、缠足的女人、狡猾的军阀、野蛮的土匪、不信基督教的农人、瘟疫、贫穷、危险。[①]

从林语堂女儿林太乙的描述中,不难发现彼时的美国社会对中国的现状究竟是什么并不关心,他们只希望看到符合他们想象与期待的描述。西方社会陷入一种对东方的群体想象,不管这"想象"与现实相差多远,他们只愿意接受符合其期待的"他者形象"。这种偷窥神秘古老"异域文化"的欲望与"想象"形成的

---

① 林太乙:《林语堂传》,北京:中国戏剧出版社,1994年,第132,133页;另见林太乙:《林语堂传》,西安:陕西师范大学出版社,2002年,第130页。

"期待视域"亟待验证与满足。历史与社会现实导致的殖民主义势必发展"东方主义"这种以民族文化的优越感为内核的偏执与自负。

> 首先是指欧洲和亚洲之间不断变化的历史和文化关系,一段具有四千年历史的关系;其次是指发端于西方19世纪早期、人们据以专门研究各种东方文化和传统的科学学科;最后是指有关世界上被称作东方的这个目前重要而具政治紧迫性地区的意识形态上的假定、形象和幻想。①

美国后殖民主义学者爱德华·W. 萨义德（Edward W. Said）在1978年所作的《东方学:西方对于东方的观念》(Orientalism: Western Conceptions of the Orient)一书中,提出"东方主义"这个术语,用来描述中西方之间落后的后殖民关系。东方主义是西方世界特有的对待东方昔日"被殖民国家"的一种机制。西方总是以一种强权的形象在实际的"殖民"之外,不停企图精神控制与制裁落后国家。在东西方不平等的话语关系中,地处远东的中国也是西方歪曲和贬毁的对象。尤其到了晚清,随着国势的减弱,中国逐渐沦为西方列强掠夺殖民的对象,其形象日益遭到西方学术著作及其他精神层面的解构与妖魔化建构。

> 文艺作品的扭曲。欧美人眼中的中国被刻画成一个沉睡的怪物,不仅民族文化封闭落后,而且国家也无改革创新的能力;中国人惟利是图,缺乏诚信。相反,欧美人则被刻画成充满理性和智慧,道德完美,成熟可靠的形象。这种模式化的扭曲的东方形象远远偏离了事实,所以在中国学界对中西方文化的研究中,"东方主义"是一个频频被提及的术语。②

首先,虽然林语堂的作品中也不可避免地带有一些东方主义倾向或者色彩,但归根结底,林语堂尝试建构东方主义下的一些偏见,为中国建立起一种良好而真实的形象。在这种观点下,结合如前所述之创译、译写等策略,林语堂不得不诉诸一定程度的文化妥协。这也是有人会对此进行激烈抨击的原因。

其次,如前文中所述,这个时代节点风起云涌,无论西方世界还是中国社会都随着现代性进一步发展而进入一个新的时代。旧有的价值观念被时代解构,旧

---

① 罗钢,刘象愚:《后殖民主义文化理论》,北京:中国社会科学出版社,1999年,第4页。
② 王少娣:《林语堂的东方主义倾向与其翻译的互文性分析》,《解放军外国语学院学报》,2009 年第 2 期,第 55-60 页。

有的价值体系已失去活力，无法帮助人们解决当下的问题，于是东方、西方都面对不可解的精神困境而积极寻求解决方案。

林语堂敏锐地发觉在强势的西方文化中心主义之下是一种脆弱的文化自信。西方世界对东方哲学、宗教总带有一种暗暗的憧憬、崇拜与向往。于是，他尝试用一种"以中疗西"的方法帮助西方摆脱困境。比如，中国的闲适文化就为现代西方人摆脱精神困境提供了一个东方方案。

再次，文化发展规律决定了我们的文化必然呈现出融通的趋势。

> 人类文化和自然现象毕竟是不同的，因为人类文化有一个自我积累并抵制淘汰的内在特性。但是总的来说，地球——甚而至于整个宇宙——它本身的发展就是循环的，因此人类的文化从宏观的走势来看，当人类自身对环境条件的干预能力较弱的时候，其早期发展也就必然是循环性。[①]

我们面对"入西述中"这一问题的时候，常常着眼于东西文化诉求，以及林语堂个人成就与贡献，却忽视了一个问题，即文化发展自有规律。

文化是人与环境互动的产物。不同的区域，有不同的区域文化，而跃出区域的边界，文化在更大范围因循规律而时刻演进发展。不同的文化系统，兼容于更大范围的文化系统，这种兼容就表现为对内部不同，甚至彼此冲突的文化子系统的包容性。而子系统之间彼此区别又彼此融合。东西方文化虽然各有不同，但都属于世界文化。作为统御世界文化的两个子系统，东方文化系统与西方文化系统既相互区别，又在世界背景下相互转化，甚至在某些方面呈现出相互趋同的倾向。这种倾向发展到一定阶段，就是东西方的相互融通。

> 虽然中西文化都各自兼有理性因素和非理性因素，但东方文化的非理性因素较显著，而西方文化的理性因素较显著。非理性文化综合性强，直观性强，重宏观，轻微观，因而常常有见大不见小的弊端。理性文化则分析性强，逻辑性强，轻宏观，重微观，因而常常囿于见树不见林的迷津。没有西方文化近现代发展，古代东方文化中诸多深刻的思想和命题将很难得到证实和理解。没有东方文化的开拓和启示，西方文化将误入歧途而无法自拔。东方文化能起死回生，将主要依赖西方文化在现当

[①] 辜正坤：《中西文化比较导论》，北京：北京大学出版社，2007年，第3页。

代发展的结果；当代西方文化能走出迷津，将主要依赖借鉴东方文化的诸多合理因素。①

中西方文化虽然各有特质，各有所擅，然而于彼所短，即为于己所长，两者相互借鉴，取长补短，便形成了整体效应。辜正坤将中西方文化演进总结为七大规律，即中西文化之间的互根律、互构律、互补律、互抗律、互彰律、互证律、阴阳互进律②。

无论东方文化还是西方文化，抑或是世界上任何一种形态的文化，一旦立足于对比之境地审视"他者"文化，就会处于建构视角。不管本族文化是强势还是弱势，是高势能文化系统还是低势能文化系统，双方都会自发地依据自身固有模式尝试认识对方、改造对方、指引对方、规训对方。在这一动态而潜在的过程中，相互转化的双方都会发现对方系统中崭新的文化模因，从而刺激本文化系统产生新的文化品质。挖掘、吸收新模因的过程，就是趋同与融合的过程。在先前的研究中，我们大都着眼于东西文化中的不同，以及极易引起冲突、对抗的部分，忽视了适量的对抗引起的"自我更新"，以及自我优越性的彰显。

因此，林语堂之"入西述中"，不仅是面对中西方文化认同危机与自我价值消解之下的应对策略，更是受到了中西方文化演进规律的感召。与此同时，这为林语堂作品所流露出的"东方主义"色彩，以及其文化观与文化观影响下的翻译观之形态，提供了生长的语境与解释的权域。

3.4 小　　结

"两脚踏东西文化，一心评宇宙文章"，这句话极为贴切地描述了林语堂的中西双重文化背景，以及中西融通视角对其文学创作与翻译的影响。早期的林语堂，面对中国社会的一系列现实问题，以及由现实问题引发的"文化认同"与"自我认同"危机，倾向于利用西方文化解决中国"价值体系"的解构与重塑问题。中期的林语堂携全家赴美定居，深入接触欧美社会之后，发现西方社会的旧有价值

---

① 王少娣：《林语堂的东方主义倾向与其翻译的互文性分析》，《解放军外国语学院学报》，2009 年第 2 期，第 55-60 页。

② 王少娣：《林语堂的东方主义倾向与其翻译的互文性分析》，《解放军外国语学院学报》，2009 年第 2 期，第 55-60 页。

观念也是"死气沉沉"，缺乏活力与朝气，无法从根本上解决现实的精神困境，而中国文化的精华恰恰能够弥补西方文化的不足，这为解决西方世界的认同危机提供了一个东方方案。至此，林语堂发现，单纯的西方文化或是东方文化都无法依靠自己的力量实现完全的"自我救赎"，这为其下一个阶段的"中西融通"埋下了伏笔。这种"中西融通"依靠全新理念指导下的"翻译"，以及"入西述中"的策略。

林语堂的翻译观念体现在两大方面：其一，其所从事的翻译实践；其二，其对翻译实践的反思，即翻译批评。对翻译实践而言，译文归根结底以文本为展现形态，是故文化观影响下的语言观与文学观对翻译研究不仅是应有之义，更是先导性、前置性的考量因素。在文化观或明或暗地介入中，林语堂形成了"幽默""闲适"的独特小品文文风和以"创译"为代表的翻译风格——翻译即创作。对翻译批评而言，其提出"忠实""通顺""美"的标准，充分发挥翻译审美的主体能动性，以及"美译"。翻译是中西方之间相互借鉴、学习、交流、博弈的最佳场所。

林语堂"入西述中"看似是传播中国文化的手段，事实上，其所寻求的是传播背后的"中西融通"。一直以来，中西方之间都是一种竞争式的相处模式，鲜少在一种平等的场域或背景下寻求交流与合作。这是中西方之间彼此缺乏对异域文化的认知与认同造成的。于是林语堂寻求一种从"中西比较"向"中西融通"之后的创作观与翻译观。尽管林语堂的作品不可避免地带有"东方主义"倾向，但同时须认识到现代性的不断发展对那个时代价值体系的冲击，导致思想界各种观念的间或分布，各种概念与观念，各种高势能文化与低势能文化之间相互学习交流并在某种程度上相互转化。在这种文化背景下，各种思潮涌动，林语堂及其所处时代的作者都受到了这种思潮涌动的感召，被带入中西文化相互融通的视角，同时其创作与翻译又呼应这种思潮，助益于这种思潮。

综上而言，译者主体是我们研究林语堂多维身份的最佳切入点，是探析文化观以及文化观影响下的语言观、文学观，最终至翻译观的重要依凭。文化观通过塑造语言观、文学观，介入了翻译观的生成；语言观、文学观体现在翻译观之中；翻译观不仅呼应语言观与文学观，更加反向塑造着文化观，形成一个高效运转的四位一体的语言文化体系。

第4章 林语堂"入西述中"策略分析

如前所述，林语堂的中西融通文化观、翻译即创作翻译观及其寻求"中西融通"的"入西述中"目的构成了其"入西述中"文化变译实践的基础。林语堂在《谈中西文化》一文中指出，"处世哲学社会制度终归东西不同……西方主动，东方主静；西方主取，东方主守；西方主格物致知之理，东方主安心立身之道；互相调和，未尝无用"①。的确，中西民族之间除了语言文字、风俗习惯、历史传统不同之外，两者的审美心理、思维方式、阅读期待等都不尽相同。因此，林语堂在"入西述中"过程中，表现出强烈的读者导向或读者友好意识，从选材、创译到出版等各个环节，都精心策划，用心揣摩，并对中国文化进行了有的放矢的译介。在强调尊重多元文化的今天，林语堂丰富的"入西述中"策略虽因历史原因而存在局限性和不足之处，但也多有可为今天中华文化对外传播提供借鉴之处。笔者在本章将在相关学者[②][③]研究基础上，探讨林语堂基于中西融通的文本选择和译介策略，并结合具体案例对林语堂"入西述中"策略加以分析。

---

① 林太乙：《林语堂传》，见林语堂：《林语堂名著全集（第18卷）》，长春：东北师范大学出版社，1994年，第107页。

② 吴慧坚把林语堂的变译策略归纳为"整合变译策略、关联变译策略、阐释变译策略、拓展变译策略"四种。参见吴慧坚：《林语堂中译外实践研究与变译策略的推演》，《兰州文理学院学报（社会科学版）》，2018年第3期，第104-109页。

③ 冯全功把林语堂的翻译观归纳为"互文翻译观、丰厚翻译观和译创一体翻译观"三种，参见冯全功：《中华翻译家代表性译文库·林语堂卷》，杭州：浙江大学出版社，2022年。

4.1 基于中西融通的文本选择及译介

林语堂在中国文化对外译介过程中，对文本的选择目标明确、涉猎广泛。梅中泉曾用"涉猎的非凡广度""阐释的非凡精度""开掘的非凡深度""行文的自由度"来评价林语堂系列著译作品，并从"学科涉猎之广、内容涉猎之广、文体涉猎之广、创作方法涉猎之广"[①]探讨了林语堂文本特有的品格。林语堂治学文、史、哲三管齐下，特别是在语言学方面学问广博、造诣高深；他总是以全球意识甚至超全球意识研究相关学科，无论是东方的还是西方的，均力求全面透彻地了解。因此，其著译作品内容特别丰富，如《京华烟云》堪称近现代中国之百科全书。林语堂涉猎过散文、评论、传记、小说、诗歌、戏剧等各种体裁；其著作讲究精确、言之有据，深度挖掘、域外观照，其行文方式"言必己出，把圣贤和八股先生置之度外"[②]，其行文方式的特有价值就在于"对外国人讲中国文化，对中国人讲外国文化"。20世纪20年代初，林语堂主要是"对中国人讲外国文化"，从20世纪30年代《吾国与吾民》开始，林语堂二三十年的系列著译作品，主要是"对外国人讲中国文化"，这使其成为国际文化名人。其实，与林语堂同时代的国学大师大有人在，他们的论著也被译成了外文，却并没有像林语堂的作品那样如此引起广泛关注。究其原因，就在于林语堂的选材和译介方式既是其个人"幽默""性灵""闲适"文学观、"翻译即创作"翻译观的体现，又正好契合了当时西方社会人们的文化需求和接受心理。在儒、道、释三家中，林语堂谈论儒家的地方最多，用力最大，也给予了更高的重视[③]。林语堂提倡"幽默"，主张"性灵"，乃至提出"以自我为中心，以闲适为格调"的说法。在诸多文学流派中，他对性灵派古典文学作品情有独钟，中国古代文人墨客中，林语堂中意的作家包括"八世纪的白居易，十一世纪的苏东坡，以及十六、十七两世纪那许多独出心裁的人物——浪漫潇洒，富于口才的屠赤水；嬉笑诙谐，独具心得的袁中郎；多口好奇，独特伟大的李卓吾；感觉敏锐，通晓世故的张潮；耽于逸乐的李笠翁；

[①] 梅中泉：《林语堂名著全集》总序，见林语堂：《林语堂名著全集（第1卷）》，长春：东北师范大学出版社，1994年，第5-11页。

[②] 梅中泉：《林语堂名著全集》总序，见林语堂：《林语堂名著全集（第1卷）》，长春：东北师范大学出版社，1994年，第9页。

[③] 王兆胜：《林语堂与中国文化》，北京：社会科学文献出版社，2007年，第13页。

乐观风趣的老快乐主义者袁子才；谈笑风生，热情充溢的金圣叹"[1]，以及淡泊的庄子、闲适的陶渊明等。林语堂选择的题材多半是表达中国人旷怀达观、陶情遣兴的生活方式和浪漫高雅的东方情调的文本，崇尚中庸之道，致力于中国经典重构，即按照目标读者的阅读期待，以及自己对原文的消化和理解，对中国文化加以重新编码和阐释，使其焕发出现代灵性。

4.2　林语堂的"入西述中"策略

林语堂摒弃机械的"忠实观"，秉承"译学无成规""翻译即创作"的译学思想，在融化、吸收中国文化的基础上，通过导语整合、互文类比、阐释注释、萃取拓展、亦译亦写等策略，将中国智慧创造性地介绍到西方语境，表现出强烈的"读者意识"，这些"入西述中"策略完美地诠释了其"翻译即创作"的译学思想。

4.2.1　导语整合

在著译作品中，译者用前言、引言或序言来引导读者阅读是一种常见的方法。其功能通常是介绍内容、作者生平，或解释翻译的动机、版本的选择等。林语堂在其著译作品之前大多增加了前言、序言，对相关主题进行导读和介绍，并对其译介的典籍融汇于心，重新排列整合，以便为目标读者提供更加有利的解读语境。

4.2.1.1　《孔子的智慧》及其导语整合

该书是林语堂向西方读者译介孔子思想之作，于1948年由兰登书屋（Random House）出版，被列入美国"现代丛书"（The Modern Library）。儒家经典《论语》被称为"东方的《圣经》"[2]或孔学上的《圣经》，是一套道德的教训，是我国在海外传播较多的一部著作，汉学家和翻译家向西方读者介绍孔子，大多会选择翻译《论语》，西方人对孔子的认知也主要靠这部书。孔子的思想学术体系博大精深，而像《论语》这部经典，在表述风格上恰如林语堂所言："零星断片而

---

[1] 林语堂：《生活的艺术》，越裔译，长沙：湖南文艺出版社，2018年，第4页。
[2] 余世存，李克：《东方圣典》，北京：北京联合出版公司，2013年。

飞跳飘忽"[1]，毕竟只是孔子零散对话的语录，这使得不少西方读者心目中的孔子只是一位满口格言和警句的学究式智者。实际上，"孔子的思想构成了中国文化的骨架，中华民族共同的心理素质和语言体系"[2]。林语堂清楚地认识到，孔子的思想之所以能被历代统治者用来统治中国，不是仅靠《论语》中一套格言和警语，而是靠思想上更为深奥统一的信念和系统。因此要让西方读者全面系统了解孔子的思想和道德教训，还需要介绍孔子思想在《礼记》中的体现和在《孟子》中的发展。

为纠正西方人将《论语》作为孔子思想的集中体现这一习惯看法及其对孔子形成的保守、刻板、难以取悦的学究印象，林语堂用自己的视角重新整合了《史记》《中庸》《大学》《论语》《孟子》等文本的相关内容，给读者呈现了一个深切关注现实人生世界、富有人性、爱憎分明、机智幽默的智者，并以凸显古代孔子思想对当代世界的普遍意义为目的，编译出《孔子的智慧》一书。林语堂为书中每一章都写了导言，帮助读者阅读、理解，每一章又分了若干节并加了标题，使全书及每章节主题的逻辑关系清晰地呈现出来。谈及编译此书的原因，林语堂写道：

> 如此将《论语》一句一句译出，尽管是堆金砌玉，必不足以引起现代读者兴趣……然《论语》之外，孔经中固有成篇成段文字，较合近世读者习惯者，《大学》、《中庸》是已。《中庸》一书且深合立学哲理，尤合西人脾胃，若"自诚明谓之性，自名诚为之教"且真能当得"其味无穷"四字"考语"，故以中庸为发端。[3]

林语堂在第一章长达万言的导言中，介绍并阐释了孔子思想的特点、孔子的品格、孔子教义的核心理念，该书的来源及计划，以及该书的翻译方法等。他归纳出孔子思想的特点，即："政治与伦理合一""礼——理性化的社会""仁""修身为治国平天下之本""士"，有利于读者在整体上对儒家思想有所认识和把握。接着，林语堂评述了孔子的品格，他摒弃了以往对孔子神化的描述，指出"孔子的人品声望使人倾慕"，学问渊博，温和高雅，但他也是一个活生生的"真人"，能歌唱、能演奏乐器，有深厚的艺术气质，毕生好学，和悦可亲，

---

[1] 林语堂：《圣哲的智慧》，西安：陕西师范大学出版社，2002年，第4页。
[2] 余世存，李克：《东方圣典》，北京：北京联合出版公司，2013年，第381页。
[3] 林语堂：《在美编〈论语〉及其他》，见林语堂：《林语堂名著全集（第18卷）》，长春：东北师范大学出版社，1994年，第325-326页。

富有风趣，谦恭有礼，和蔼温逊，热情快乐，也能像普通人一样恨人、鄙视人[①]，这样的描述，把孔子由高高在神坛之上的圣人，恢复到其本真的面目，成为一个有血有肉、有情有义、有滋有味的人，从而拉近了与目的语读者的距离，使读者对孔子以及儒家思想事先有一个全面了解和整体意识，特别与接下来每一章的导读相互配合，为进一步文本阅读扫除障碍，为读者真正进入"孔子世界"提供了保障。

第二章翻译了司马迁的《史记·孔子世家》，取题目为《孔子传》，并分为若干章节，予以标题，以便读者查阅。林在导言中简要介绍了司马迁及《史记》的权威性，使读者通过司马迁这篇具有客观性、可靠性的传记对孔子有了初步的、感性的认识。然后，考虑到西方读者的阅读习惯，根据主题关联度对相关信息进行了重组。原文《史记·孔子世家》没有小标题，林语堂在这一章中按时间将孔子的经历和作为划分为八个阶段，分别添加小标题，使全章内容重点突出、脉络清晰，大大提高了文本吸引力和可读性。

第三章借用了辜鸿铭翻译的《中庸》（当然他对辜鸿铭的译本做了细微的调整，如替换、增加、删减等，所采用的翻译方法基本上是释译，这一点林语堂本人进行了说明）[②]。林语堂在导言中提到原文作者、孔子之孙子思是曾子门生和孟子之师，此外还强调了把《中庸》这部书置诸儒家典籍之首的原因，即：研究儒家哲学自此书入手，最为得法[③]。

第四章翻译的是《礼记》中的《大学》，题为《伦理与政治》，介绍儒家伦理与政治思想如何贯穿于青年的教育过程。第五至第十一章按不同主题选译了《论语》、《礼记》和《孟子》部分内容。第六章导言中，强调了孔子主张的"礼"对古今社会的普遍意义：孔子之所以提倡"礼"，其目的在于"通过对社会地位及其具体的责任义务给予简明而清晰的定义，建立全国完整的道德体系，从而为国家的政治秩序提供道德基础。虽然建立封建秩序的主张已经过时，但人际关系的和谐哲学仍有益于现代的中国，事实上，这也是中国人特质的基础"[④]。

显然，林语堂不是简单地通过翻译《论语》来展现孔子形象，而是围绕如何完整阐释孔子思想和学说这一中心目标，整合各种相关材料，着力萃取提炼出对

[①] 林语堂：《圣哲的智慧》，西安：陕西师范大学出版社，2003年，第12-21页。
[②] 刘彦仕：《寻找译者文化身份：以林语堂和辜鸿铭为例》，成都：西南财经大学出版社，2014年，第172页。
[③] 林语堂：《林语堂名著全集（第22卷）》，张振玉译，长春：东北师范大学出版社，1994年，第77页。
[④] Lin Y T, *The Wisdom of Confucious*, Beijing: Foreign Language Teaching and Research Press, 2000: 4.

西方读者有吸引力的内容，把《论语》中表现孔子真性情的一些言论集合在一起进行集中翻译介绍。林语堂在编译此书时的整体思路就是运用导语整合"入西述中"策略：译介目的明确，瞄准目标读者，并以实现与目标读者有效交流为中心任务，通过序言介绍、标题引导，将相关信息重新排列组合，再进行创造性翻译，正如杨平所言"林语堂翻译独特的地方，就是能够彻底消化了原文，然后夹叙夹议，用自己的创意炮制一番，既能抓住原文的形式和精神，又容易让一般的西洋读者了解"①。

4.2.1.2 《老子的智慧》及其导语整合

该书于1948年由兰登书屋出版公司出版，"思想与文笔深刻闲雅，乃近代有名的《老子》译本，在西方享有盛誉，也深具影响"②。为帮助读者理解文章的主要部分，林语堂补充了一些材料，他首先介绍了老子与孔子的区别，"研究东方哲学的学者中崇敬老子的人比尊敬孔子的还要多。因为孔子的学说固然通达明理，但论思想深湛机妙则当数老子"③，旨在强调老子思想的浪漫性，道教思想正是当时西方浮躁社会的人们所需要的学说。同时指出，庄子的思想可以用来解释老子的思想。林语堂写道：

> 历代各家注解精芜驳杂，窃以为若以老子最伟大的信徒，道家最伟大的阐扬者——庄子的学说注释《道德经》，以他们思想之几乎同一以及时代的接近而言，这当远较韩非的《解老》《喻老》或他人的注释为接近老子原意，而道家之由最初之被称为黄老之学转而为被称为老庄之学，虽与庄文的雄奇跌宕，恣睢横肆有关，但主要恐还是两者思想的根本和观念的性质是相同的缘故。④

接着，系统阐述了老子思想产生的背景和道家思想的具体内涵。然后，对老子思想进行了高度赞扬。最后，阐述了其翻译动机和特点。

---

① 杨平：《中西文化交流视域下的〈论语〉英译研究》，北京：光明日报出版社，2011年，第168页。
② 龚鹏程：《如何阅读林语堂〈老子的智慧〉》，见老子：《老子的智慧（上、下册）（汉英对照）》，林语堂译，合肥：安徽科学技术出版社，2012年，第10页。
③ 林语堂：《译者序》，见老子：《老子的智慧（上、下册）（汉英对照）》，林语堂译，合肥：安徽科学技术出版社，2012年，第1页。
④ 林语堂：《译者序》，见老子：《老子的智慧（上、下册）（汉英对照）》，林语堂译，合肥：安徽科学技术出版社，2012年，第1，2页。

林语堂将《道德经》原本的上下经八十一章分为七卷，即道的性质（The Character of Tao）、道的教训（The Lessons of Tao）、道的摹描（The Imitation of Tao）、力量的源泉（The Source of Power）、生活的准则（The Conduct of Life）、统治的理论（The Theory of Government）及格言（Aphorisms），借以帮助读者掌握每卷各章的主要观念。林语堂认为，最初四十章阐述老子哲学的原则，其余各章则叙释其于人生各项问题之应用。他在每一章老子语之下，分别系以庄子说，以庄解老，颇有层次。他评述《道德经》的章句，只是和所有编辑一样，只限于指出其与经文的关系或其要点，而不发表自己的意见。林语堂以《庄子》的《天下篇》为绪论，目的是使读者知道老子、庄子时代的学术背景，特别是庄子对其本人和老子哲学观念的描述[①]。谈及翻译，林语堂说，在这本书里，他修订了其在1942年《中国印度之智慧》（The Wisdom of China and India）中《庄子》部分的一些译文，有些是新的移译，所选译注释《道德经》的章句虽然都是片段，但相当代表庄子的文笔和思想。特别值得一提的是，在引言中，林语堂介绍了读者在阅读时应该注意的问题，并提供了具体的阅读方法。林语堂对道家和儒家思想的系统而准确的理解、消化、总结、归纳、提炼与重述，反映了其对中西文化的深刻理解，为目标读者提供了准确的阅读指导，促进了文本与读者的交流。

此外，林语堂在《生活的艺术》《吾国与吾民》《苏东坡传》《浮生六记》等著译作品中均有精彩的前言进行主题导读，内容丰富多样，极具研究价值。

4.2.2 互文类比

互文性是"语篇的一个基本特征，构成语篇分析的重要方面，指语篇生成过程中各种语料相互交叉的、复杂的、异质的特性。一个文本与其他文本之间的相互影响与联系，与之有关的其他文本就是互文（intertext）"[②]。互文性分"宏观互文性和微观互文性。宏观互文性是指一个文本的整个写作手法与另一个或多个文本具有相似或相关之处，是文本在宏观上与其他文本的联系。微观互文性是指一个文本的某些词句或某些段落的表达与另一个或几个文本相关。由于文化交流，互文性的出现不仅仅局限于同一文化，一个文本，也会与其他文化中的一个或几

[①] 林语堂：《译者序》，见老子：《老子的智慧（上、下册）（汉英对照）》，林语堂译，合肥：安徽科学技术出版社，2012年，第3页。

[②] 方梦之：《译学辞典》，上海：上海外语教育出版社，2004年，第208页。

个文本相关"①。而"互文翻译就是译者在翻译一部文学作品时广泛参照和利用相关互文资源,在借鉴其他文本的基础上力争产生精品译文"②,其中的互文资源包括某一文本的现有译文、对这一文本的研究成果以及其他相关文本或研究资源。类比是基于两种不同事物或道理间的类似,借助喻体的特征,通过联想来对本体加以修饰描摹的一种文学修辞手法。

互文类比主要指林语堂经常把经典格言、文化负载词、历史典故和诗词曲赋嵌入自己的"入西述中"作品中,或者把圣哲思想相互印证、解读和对比,或对前人译文及相关研究加以借鉴和利用,或把中西方人物和思想进行比较和类比。

在阅读林语堂的中国文化著译文本时,确实可以感受到同时期和不同时期的经典格言、文化负载词、历史典故和诗词曲赋的多重交织③。这种互文性特征在林语堂的英文作品中十分明显,主要体现在林语堂把一些相关文本或文本片段或隐或显地植入到自己的行文中,如在《生活的艺术》《吾国与吾民》《苏东坡传》等作品中,互文现象尤为突出。《京华烟云》在情节设置、人物塑造等方面对《红楼梦》的互文借鉴也非常典型,该小说还多次借人物之口明确提到过《红楼梦》。此外,互文性还表现在圣哲思想的相互印证、解读和对比,如《老子的智慧》和《孔子的智慧》中对庄子、孟子等人论著的借用;对前人译文的借鉴,尤其是典籍的翻译,如《孔子的智慧》中《中庸》部分,直接修改并借鉴了辜鸿铭的译文④,在《老子的智慧》中,对韦利《道德经》译文以及对 H. A. 翟理斯(H. A. Giles)《庄子》译文的借用等;对相关研究资源的吸收和利用,主要集中在借鉴前人,如荣格(G. G. Jung)等对典籍的解读等⑤。

在《老子的智慧》中,为了便于西方读者理解老子的思想,林语堂常用西方读者熟知的西方思想来做类比。如用神秘主义、自然主义来形容老子,用上帝形容天,说老子描述道的"希夷微"接近希伯来古音的耶和华,说庄子讲的"心斋"近乎早期瑜伽学说等⑥。他还把老子和庄子与西方的著名人物进行类比。

---

① 方梦之:《译学辞典》,上海:上海外语教育出版社,2004 年,第 208-209 页。
② 冯全功:《中华译学馆·中华翻译家代表性译文库·林语堂卷》,杭州:浙江大学出版社,2022 年,第 10 页。
③ Barthes R, *Image-Music-Text*, New York: Hill and Wang, 1977: 158-160. 转引自任东升,卞建华:《林语堂英文创作中的翻译现象》,《外语教学》,2014 年第 6 期,第 95-99 页。
④ 如前所述,林语堂对辜鸿铭的译文做了修改。
⑤ 冯全功:《中华译学馆·中华翻译家代表性译文库·林语堂卷》,杭州:浙江大学出版社,2022 年,第 11 页。
⑥ 龚鹏程:《如何阅读林语堂〈老子的智慧〉》,见老子:《老子的智慧(上、下册)(汉英对照)》,林语堂译,合肥:安徽科学技术出版社,2012 年,第 12 页。

例 1　Laotse was like Whitman, with the large and generous humanity of Whitman; Chuangtse was like Thoreau, with the ruggedness and hardness and impatience of an individualist. To go back to the period of the Enlightenment, Laotse was like Rousseau in his harking back to nature; Chuangtse was like Voltaire in the sharpness if his sting.①（若说老子像惠特曼，有最宽大慷慨的胸怀，那么，庄子就像梭罗，有个人主义粗鲁、无情、急躁的一面。再以启蒙时期的人物作比，老子像那顺应自然的卢梭，庄子却似精明狡猾的伏尔泰。）②

此外，林语堂还将老子的思想与爱默生（Ralph Waldo Emerson）的思想进行了比较。

例 2　Probably the best approach to Laotse's philosophy is through Emerson in his important essay on "Circles", which is fundamentally Taoist. Emerson uses the apostrophe, "O circular philosopher." From the philosophy of "circles", Emerson derives exactly the same consequences as Laotse. Emerson taught that "every end is beginning; that there is always another dawn risen on midnoon, and under every deep a lower deep opens…". Emerson produced Laotsean paradoxes. "The highest prudence is the lowest prudence", "The virtues of society are the vices of the saint", "people wish to be settled; only as far as they are unsettled, is there any hope for them." For the above Emersonian paradoxes, the reader will be able to find exact, and sometimes verbal, parallels in the selection from Chuangste. Emerson's two essays, "circle" and "the Over-soul", are completely Taoist, and one appreciates them better after reading Laotse.③（另一种研究老子之法，乃从爱默生的短文"循环论"着手。这篇文章的观点，基于道家思想，爱默生运用诗歌顿呼语"循环哲学家"中之"循环"，导出了与老子同样的

---

① Lin Y T, *The Wisdom of Laotse*, Beijing: Foreign Language Teaching and Research Press, 2009: XVII.
② 林语堂：《圣哲的智慧》，西安：陕西师范大学出版社，2003 年，第 183 页。
③ Lin Y T, *The Wisdom of Laotse*, Beijing: Foreign Language Teaching and Research Press, 2009: XXI-XXII.

思想体系……艾默生发展了一套类似于老子的反论:"最精明即最不精明""社会的道德乃圣者之恶""人渴望安定,却得不到安定",读者可在庄子的精选中,发现艾默生的这种论点。)[①]

爱默生的这些类似的语句都可以说是道家的反语,在庄子书中不难找到同类或一样的说法。林语堂这种比较为理解老子哲学提供了一个新途径,即在目标文化中找到一个读者熟悉的哲学家,通过互文和类比的方式激活目标读者已有知识储备,使中国文化和智慧传播与目标读者的认知结构建立关联,唤起读者相关联想,实现与读者的共情。

《老子的智慧》的一个最重要的特点是"以庄释老",即通过庄子思想来解释老子思想。林语堂重视老子与庄子的比较,增加了老子与孔子的时空对话。在序言中,他说:

例3 The fundamental basis of thinking and the character of ideas of the two philosophers were the same. But while Laotse spoke in aphorisms, Chuangtse wrote long, discursive philosophical essays. While Laotse was all intuition, Chuangtse was all intellect. Laotse smiled; Chuangtse laughed. Laotse taught; Chuangtse scoffed. Laotse spoke to the heart; Chuangtse spoke to the mind.[②] (一般来说,老庄思想的基础和性质是相同的。不同的是:老子以箴言表达,庄子以散文描述;老子凭直觉感受,庄子靠聪慧领悟;老子微笑待人,庄子狂笑处世;老子教人,庄子嘲人;老子说给心听,庄子直指心灵。)[③]

林语堂认为老子和庄子这两位哲学家有着相同的思想,但又有不少相异之处。这种比较研究是林语堂独有的。

在《吾国与吾民》第三章,谈到中国人的心灵之智力以及中国人一般崇尚用智慧牢牢地控制住周围的未知世界,而对单纯体力上的强健采取蔑视的态度,林语堂也用类比的方式,拉近与目标读者的距离,他写道:

---

① 林语堂:《圣哲的智慧》,西安:陕西师范大学出版社,2003年,第185-186页。
② Lin Y T, *The Wisdom of Laotse*, Beijing: Foreign Language Teaching and Research Press, 2009: XVII.
③ Lin Y T, *The Wisdom of Laotse*, Beijing: Foreign Language Teaching and Research Press, 2009: 17.

例 4 Confucius long ago condemned the Jack Dempsey type of Physical courage in his disciple Tzulu, and I am sure he would have preferred a Gene Tunney who could be at home in circles of educated friends as well.（孔子在很早之前就对门徒子路那种杰克·邓姆普赛型的勇猛体魄表示过嗤之以鼻的态度。我相信孔子更嘉许一个与有教养的朋友在家里谈天说地的基恩·腾尼。）[1]

在《孔子的智慧》第一章，谈及孔子的可爱之处，林语堂把其比作苏格拉底；谈及孔子像普通人一样有喜怒哀乐，把其比作耶稣。在第五章，林语堂在导言中指出，人们一般把《论语》看作儒家至高无上的经典，就犹如西方基督教的《圣经》一样，孔子如耶稣……西方人读《论语》，就好像读巴特利特（Barlette）[2]的《引用名言集》（*Familiar Quotations*），会觉得那些警语名句津津有味，有无限沉思想象，而对那些才子的文句，会禁不住惊讶其异，而会窥求探究其含义之所在。

例 5 Reading the Analects is like reading Barlette's Familiar Quotations, an exciting taste of bits of choice sayings, giving the reader plenty of room for meditation, imagination and wonder as to what variety of brilliant writers really mean.[3]

林语堂又说，"《论语》之美正如英国十八世纪包绥艾[4]所写的《约翰逊传》（*Life of Samuel Johnson*）一书之美妙动人一样。而与孔夫子在一起的那批人物，他的弟子，他的朋友，也是与约翰逊周围那些人物一样富有动人之美……孔夫子与约翰逊的武断偏执之论，永远有动人的力量，因为这两位先哲把自己的见解都

---

[1] 杰克·邓姆普赛（Jack Dempsey, 1895—1983），美国拳击手，1919~1926年世界重量级冠军。基恩·腾尼（Gene Tunney, 1897—1978），美国拳击手，1926~1928年世界重量级冠军。参见林语堂：《中国人》，郝志东，沈益洪译，上海：学林出版社，2001年，第87页。

[2] 约翰·巴特利特（John Bartlett, 1820—1905），美国出版家和编辑，编纂出版有《引用名言集》和《莎士比亚戏剧诗歌语词索引大全》。林语堂原文如下：It is essentially like the charm of Boswell's Johnson, and of the entire Johnsonian circle, here represented by the circle of Confucius' disciples and friends.（Lin Y T, *The Wisdom of Confucius*, Beijing: Foreign Language Teaching and Research Press, 2011: 120）

[3] Lin Y T, *The Wisdom of Confucius*, Beijing: Foreign Language Teaching and Research Press, 2011: 120.

[4] 詹姆斯·鲍斯韦尔（James Boswell, 1740—1795），苏格兰作家，著有《约翰逊传》和《科西嘉岛纪实》（*An Account of Corsica, The Journal of A Tour to That Island*）。

表现得那么断然无疑，那么坚定有力，其势堪称咄咄逼人"①林语堂把其弟子子路比作圣·彼得（St. Peter），把子思与孟子比作圣·约翰（St. John），把荀子比作圣·杰姆斯（St. James），而且着眼于共通的品格，把孔子和约翰逊这两位不同时空的人联系起来，后来他在《在美编〈论语〉及其他》中写道：

  弟故知圣人之与我同类也，因其同类，而后其悲欢离合之际啼笑歌哭之情与我共，与我共而后觉其蔼然可亲矣。故第五章选译《论语》，显出一个活跃纸上的人来。弟将孔子喜怒悲笑等处汇集一节，而题曰 The Johnsonian Touch，盖谓孔子讨厌人时，亦会不留情面当面指斥如约翰逊也。②

如前所述，林语堂把曾子、孟子和荀子与西方社会里的著名人物圣·约翰、圣·杰姆斯进行了类比。

例 6 Just as St. John developed the idealistic side of Jesus' teachings and added a little of his own, so we see, for instance in the chapter on "Central Harmony", how Tsesze developed the philosophic "the true self." Briefly, we may compare Tsesze and Mencius to St. John and Hsuntse to St. Hames.③（正像基督教中圣·约翰发展了耶稣教义的理想一面，当然其中也增加了圣·约翰自己本人的一部分思想，所以，我们在《中庸》一书中可以看出来，看得出曾子把《中庸》里的哲学，人道精神，与中和诸重要性，予以发展引伸了。一言以蔽之，我们可以把子思与孟子比做耶稣的门徒圣·约翰，把荀子比做圣·杰姆斯。）④

再如：林语堂把孔子与西方社会中的著名人物萧伯纳（Bernard Shaw）、柴斯特顿（G. K. Chesterton）、托马斯·阿奎纳（Thomas Aquinas）以及门肯（H. L. Mencken）作比：

---

① 林语堂：《圣哲的智慧》，西安：陕西师范大学出版社，2002年，第102，103页。
② 林语堂：《在美编〈论语〉及其他》，见林语堂：《林语堂名著全集（第18卷）》，长春：东北师范大学出版社，1994年，第329-330页。
③ Lin Y T, *The Wisdom of Confucius*, Beijing: Foreign Language Teaching and Research Press, 2011: 122.
④ 林语堂：《林语堂名著全集（第22卷）》，张振玉译，长春：东北师范大学出版社，1994年，第110页。

例 7　With his wit and without his scholarship, Confucius would have been at best a Bernard Shaw, or a G. K. Chesterton, instead of a Thomas Aquinas. After all, this body of historic scholarship was to Confucius what "the American language" is to H. L. Mencken-within the scope of their respective personalities.[孔子若徒有机智而缺乏实学，充其量，它只不过像英国的萧伯纳（Bernard Shaw），G. K. 柴斯特顿（G. K. Chesterton），决不能成为托玛斯·阿奎纳（Thomas Aquinas）。总之，历史方面的学问之于孔子，正犹如美国语文那套学问之于H. L. 门肯（H. L. Mencken）一样，那套专门学问都是他们受人仰望不可或缺的条件。]①

此外，林语堂在刻画描述人物时，也喜欢从西方读者的角度出发，用他们熟悉的人物作类比，使他们可以由此及彼，轻松获得对一个人或一种人物关系的总体印象。如他在《苏东坡传》中介绍苏东坡时也采用了类比的方法：

例 8　Su Tungpo was forever young. He was as a character more like Thackeray, in his politics and poetic fame more like Victor Hugo, and he had something of the exciting quality of Dr. Johnson. Somehow Dr. Johnson's gout is exciting to us even today, while Milton's blindness is not. If Johnson were a Gainsborough at the same time, and also a Pope making criticism of current politics in verse, and if he had suffered like Swift, without the growing acidity of Swift, we would have an English parallel.②[苏东坡则始终富有青春活力。以人物论，颇像英国的小说家萨克雷（Thackeray）；在政坛上的活动与诗名，则像法国的雨果；他具有的动人的特点，又仿佛英国的约翰逊。不知为什么，我们对约翰逊的中风，现在还觉得不安，而对弥尔顿的失明则不然。倘若弥尔顿同时是像英国画家庚斯博罗，也同时像以诗歌批评英国时事的蒲柏，而且也像英国饱受折磨的讽刺文学

---

① 参见林语堂：《林语堂名著全集（第22卷）》，张振玉译，长春：东北师范大学出版社，1994年，第133页。笔者稍作修改。

② 林语堂：《苏东坡传（*The Gay Genius*）（中英双语）》，张振玉译，长沙：湖南文艺出版社，2019年，第18页。

家斯威夫特，而没有他日渐增强的尖酸，那我们便找到一个像苏东坡的英国人了。]①

苏东坡是宋代大文豪，他是一位多才多艺的天才，具有深厚、广博的学识，诙谐幽默，智力超群，天真淳朴，拥有一颗赤子之心，诗词书画无所不能。林语堂先后把他和英国小说家威廉·梅克比斯·萨克雷（William Makepeace Thackeray）、法国大文豪维克多·雨果（Victor Hugo），以及英国大文豪塞缪尔·约翰逊（Samuel Johnson）进行了类比。不过，同是大文豪的约翰逊在其他方面却无法和苏东坡相媲美，所以林语堂说如果约翰逊同时具备了托马斯·庚斯博罗（Thomas Gainsborough）的绘画天才、亚历山大·蒲柏（Alexander Pope）用诗歌来批评时事政治的才能以及乔纳森·斯威夫特（Jonathan Swift）擅长讽刺文的能力，那我们就找到一个和苏东坡相媲美的英国人了。用西方读者耳熟能详的名人进行类比，这样的行文使英语读者很容易产生共鸣，脑海里关于才子苏东坡的形象立刻就鲜活、丰富起来②。

林语堂在写到苏东坡和其弟苏辙时，也用到了类比的方法。兄弟俩在几十年的人生历程中，风雨同舟，相互扶持，成为历史上的一段佳话。除个性不同外，两人在文学风格上也不同——就像美国的威廉·詹姆斯（William James）和亨利·詹姆斯（Henry James）兄弟一样。东坡像威廉，弟弟像亨利。林语堂的这一类比也非常贴切，因为威廉和亨利兄弟俩在美国赫赫有名。从各自的天分来看，威廉似乎应该写小说，亨利应该写心理与哲学性的论文，而事实上却恰恰相反。同样，苏辙和哥哥苏轼个性虽不相同，文学风格也不一样，但是却各有各的风采，苏辙虽然没有哥哥名气大，但他也位列唐宋八大家，在中国文学史上占有十分重要的地位。

像上述这样的互文和类比现象在林语堂的著译作品中比比皆是，可见，林语堂译介中国文化、传播中国智慧、描述中国人物时，非常重视通过互文类比的方法，为目标读者搭建恰当的认知空间，帮助读者在熟悉和陌生的信息之间建立有效关联，降低读者理解陌生信息的难度，从而唤起读者的共情，提高信息传播的效果。

---

① 林语堂：《苏东坡传（*The Gay Genius*）（中英双语）》，张振玉译，长沙：湖南文艺出版社，2019年，第4页。

② 栾雪梅，卞建华：《从〈苏东坡传〉看作者和译者的读者意识》，《外国语言与文化》，2018年第3期，第93-103页。

4.2.3 阐释注释

乔治·斯坦纳（George Steiner）说，"理解即翻译"，"语言永远处在一个动态变化之中，而在语言的历时和共时现象中，解释或翻译活动始终如一地贯穿其中，即一切交际或交流都是通过解释或翻译来实现的"[①]。由于中西文化在诸多方面存在差异，阐释注释型策略成为中国文化对外译介过程中最常用的策略之一。阐释注释型"入西述中"策略，指的是"以具体的中国文化主题为脉络、以'文内注解'、'文外加注'的解释性策略为手法，对所涉及的文化内容进行'译介'或'重写'。"[②]这种策略的使用主要是因为原语读者和目的语读者存在语境视差，所以要补充相关信息，旨在为目的语读者提供更有利的理解环境。

在《生活的艺术》中，林语堂根据中国文化的真实情况和英语读者的文化认知能力，以译介中国文化、促进东西融通为目标，结合本人对生活的独特认识和亲身体会，向英语读者展示了一幅幅生动形象的中国文化画卷。这部著作对中国传统风俗、人文景观、生活起居等典型文化内容的描述使西方读者接触到了原汁原味的中国文化饕餮大餐，因而具有深刻的"入西述中"文化翻译性质。林语堂借助巧妙的篇章构思和叙述视角，创造出大量起解释作用的上下文语境，对所要讨论的各种主题，如觉醒、关于人类的观念、我们的动物遗产、论近人情、谁最会享受人生、生命的享受、悠闲的重要、家庭之乐、生活的享受、享受大自然、旅行的享受、文化的享受、与上帝的关系、思想的艺术等进行有效阐述。

在该书最后一节"近情"中，林语堂交替选用了"be reasonable""reasonableness"来解释说明中国的"近情"所蕴含的意思，力图缩小中西文化差异、拉近中英语言表达距离，并通过《吾国与吾民》"中国人的心灵"中的相关内容加以引述：

例 1 For a Westerner it is usually sufficient for a proposition to be logically sound. "For a Chinese it is not sufficient that a proposition be logically correct, but it must be at the same time in accord with human nature. In fact, to be '<u>in accord with human nature</u>', <u>to be chinch'ing (i.e.,to be human)</u>, is a greater consideration than to be logical." "The Chinese word for '<u>reasonableness</u>' is <u>ch'ingli</u>, which is composed of two elements, <u>chi'ing</u>

[①] Steiner G, *After Babel: Aspects of Language and Translation*, Shanghai: Shanghai Foreign languages Education Press, 2001.

[②] 任东升，卞建华：《林语堂英文创作中的翻译现象》，《外语教学》，2014 年第 6 期，第 95-99 页。

(jench'ing) or human nature, and li (t'ienli) or eternal reason. Ch'ing represents the flexible, human element, while li represents the immutable law of the universe."① (对西方人来讲,一个观点只要逻辑上讲通了,往往就能认可。对中国人来讲,一个观点在逻辑上正确还远远不够,它同时必须合乎人情,即"近情",这比合乎逻辑更重要。Reasonableness 译成中文为"情理",包含两方面的内容,"情"即"人情",或"人性";"理"即"天理",或"外部原因"。"情"代表着可变的人的因素,而"理"代表着不变的宇宙的法则。)②

这里林语堂交替使用 in accord with human nature、to be chinch'ing、to be human 来解释"近情"在中国文化中的含义和重要性。为了把"近情"解释得更加清楚,林语堂还专门做脚注,对"确实不可译"的"人情"和"天理"再进行解释:

Jench'ing is really an untranslatable word. Anything which helps to cement social affection or lubricate social friction is called jen'ing. Sending flowers and birthday gifts is "to make jench'ing" and giving a friend's nephew a job, or saving him from the usual punishment for an offence, is to "present jench'ing" to the offender's uncle. Anything which is normal in human passion, e.g., the desire for revenge, is defended by saying that it is jench'ing or "merely human." (Lin Yutang, 1998: 426)

可以看出,林语堂在"入西述中"的过程中,交替使用异化和归化策略,灵活选取全译和变译手段,除行文流畅地道、贴近英文读者习惯之外,也非常善于以"原汁原味"的形式把一些具有中国语言文化特色的表达习惯呈现给西方读者,同时以自己独特的、符合目的语读者阅读期待的诠释方式来处理可能会因文化差异造成的阅读障碍和文化误读。

中西方文化传统多有不一致甚至相冲突之处。林语堂用文内注释和文外加注对中国某些特色文化现象进行解释,既保留了中国特色,让西方读者品味到了原汁原味的中国文化,又能让西方读者顺利跨越文化差异,使中西文化间的对话顺利进行。以《生活的艺术》第二章"关于人类的观念"(Views of Mankind)中探讨不同文化传统时对中国传统文化中"魂""魄"观的传译为例:③

---

① Lin Y T, *My Country and My People*, Beijing: Foreign Language Teaching and Research Press, 2000: 88-89.
② 林语堂:《中国人》,郝志东,沈益洪译,上海:学林出版社,1994年,第100-101页。
③ 任东升,卞建华:《林语堂英文创作中的翻译现象》,《外语教学》,2014年第6期,第95-99页。

例 2　When this spirit becomes incarnated in a human body, it is called p'o; when unattached to a body and floating about as spirit it is called hwen (A man of forceful personality or "spirit" is spoken of as having a lot of po'li, or p'o energy.)（Lin Yutang, 1998: 20）（附在人身上的这种灵性叫做"魄"；离开人身随处飘荡时叫做"魂"，一个人有坚强的个性或是精力充沛时，便称之为有"魄力"。）①

林语堂分别对中国意蕴深厚的词语"魂""魄"进行了解释，用音译法保留了这两个字的"中国腔调"，又将英语解释融合到具有中国特色的文化背景下，起到了很好地沟通东西方文化的作用。

同样是"魂魄"的翻译，林语堂在《老子的智慧》第十章第四节"人生短促"（Human Life Is Short）中，采取了与《生活的艺术》第二章"关于人类的观念"（Views of Mankind）不同的处理方式。

例 3　Human life in this world is but as the form of a white pony flashing across a rock crevice. In a moment it is gone. Suddenly waking up, all life is born; suddenly slipping off, all silently creep away. With one change, one is born; with another, one dies. Living creatures moan, and mankind weeps. Remove its bondage, slip off its skin-carcass, and curling up, where shall the soul of man go and the body go with it? Is it perhaps on the great journey home? (footnote: The Chinese conception of the soul divides it into two kinds, Hwen, which corresponds to the conscious mind, and p'o, which corresponds to the deep unconscious, according to G. G. Jung's interpretation of these two Chinese words in *The Secret of the Golden Flower*.)②（人生天地之间，如白驹过隙，忽然而已。注然勃然，莫不出焉；油然漻然，莫不入焉。已化而生，又化而死，生物哀之，人类悲之。

---

① 林语堂：《生活的艺术》，越裔译，长沙：湖南文艺出版社，2018 年，第 39 页。
② 老子：《老子的智慧（上、下册）（汉英对照）》，林语堂译，合肥：安徽科学技术出版社，2012 年，第 632，633 页。

解其天弢，随其天袤，纷乎宛乎，魂魄将往，乃身从之。乃大归乎！）①

这里，林语堂在文中把"魂魄"意译为 the soul of man，但在脚注中，借用前人的研究，对魂魄进行了解释："根据 C.G.Jung 在 *The Secret of the Golden Flower* 一书中的解释，中国人的灵魂观念是将之分成两类：一是魂，相当于自觉的心神；一是魄，相当于深沉的无意识"②。这种处理方式加深了西方读者对魂、魄这两个字的理解和对东方文化的接受。

此外，林语堂经常利用文内加注和脚注的形式对中国译介过程中的一些文化专有项或特殊文化现象进行诠释。例如，《生活的艺术》第五章"谁最会享受人生"（Who Can Best Enjoy Life），在谈及16世纪和17世纪的伟大浪漫天才、著名学者金圣叹时，林语堂写道：

例 4　Chin Shengt'an (literally "the sign of the sage", a name he gave himself because he said that when he was born, a mysterious sigh was heard in the village temple of Confucius).［金圣叹（他自号"圣叹"，据他说，当他出世时，孔庙曾发出一阵神秘的叹息）］③

这里，林语堂解释了金圣叹的名字及其中国文化中的特殊含义，加深了西方读者对这个名字的理解和对中国文化的接受。

由于中英双语存在着巨大差异，林语堂在《老子的智慧》正文中增加了许多脚注来解释正文的含义。据统计，大约有179个脚注，其中有97个脚注直接解释了中国哲学的特殊术语。

例 5　谷神

谷神不死，是谓玄牝；

玄牝之门，是谓天地根。

绵绵若存，用之不勤。

The spirit of the Valley never dies.

---

① 老子：《老子的智慧（上、下册）（汉英对照）》，林语堂译，合肥：安徽科学技术出版社，2012年，第632页。

② 老子：《老子的智慧（上、下册）（汉英对照）》，林语堂译，合肥：安徽科学技术出版社，2012年，第632，633页。

③ 林语堂：《生活的艺术》，越裔译，长沙：湖南文艺出版社，2018年，第226，227，234页。

It is called the Mystic Female.

The Door of the Mystic Female

Is the root of Heaven and Earth.

Continuously, continuously,

　　It seems to remain.

　　Draws upon it

　　And it serves you with ease.

脚注：（1）The Valley, like the bellows, is a symbol of Taoistic "emptiness".（山谷和风箱一样，是道家"虚空"思想的象征。）（2）The principle of yin, the negative, the receptive, the quiescent.（指阴的原则，消极，容纳，静止的事物。）（3）He who makes use of nature's laws accomplishes results "without labor".（能够顺应使用自然法则的人，可以"不劳"而有成果。）[①]

　　这句话的意思是说，世界永远在变，这是做母亲的大门。母性之门是天地之根。这里，"谷"是一个中国哲学术语，象征着"虚空""空洞"或者"道"，代表世界万物的子宫和母亲，代表阴或"牝"，后者在汉语中也是一个独特的词汇，指的是女性或母亲。在《生活的艺术》第五章"谁最会享受人生"里，林语堂也曾介绍过老子的思想，他说："以牝来代表东方文化，而以牡来代表西方文化，这不会是牵强附会之谈吧。无论如何，在中国的消极力量里，有些东西很像子宫或山谷，老子说：'……为天下谷；于天下谷，常德乃足'。"原文本包括整洁和平衡的形式。为了使译文流畅，林语堂在正文后加了注释。在这个例子中，林语堂通过采用脚注来解释重要的概念，以保持句子结构与原文的一致。脚注进一步解释了哲学术语的含义，如"山谷（谷）""尹（阴）"，这可以帮助读者深刻理解文本的含义。他直接翻译专有名词，保留了原文的特点。

　　再以《老子的智慧》卷四"力量的源泉"第三十章为例：

[①] 老子：《老子的智慧（上、下册）（汉英对照）》，林语堂译，合肥：安徽科学技术出版社，2012年，第100，101页。

例 6

不用强

以道佐人主者，

不以兵强天下。

其事好还。

师之所处，荆棘生焉，

大军之后，

必有凶年。①

善有果而已，

不敢以取强。

果而勿矜，

果而勿伐

果而勿骄，

果而不得已，

果而勿强。

物壮则老，

是谓不道，

不道早已。

Warning against the Use of Force

He who by Tao proposes to help the ruler of men

Will oppose all conquest by force of arms.

For such things are wont to rebound.

Where armies are, thorns and brambles grow.

The raising of a great host

Is followed by a year of dearth.

---

① 老子：《老子的智慧（上、下册）（汉英对照）》，林语堂译，合肥：安徽科学技术出版社，2012 年，第 328，329 页。

Therefore, a good general affects his purpose and stops.

He dares not rely upon the strength of arms;

Effects his purpose and does not glory in it;

Effects his purpose and does not boast of it;

Effects his purpose and does not take pride in it;

Effects his purpose as a regrettable necessity;

Effects his purpose but does not love violence.

(For) things age after reaching their prime.

That (violence) would be against the Tao.

And he who is against the Tao perishes young.①

林语堂在《生活的艺术》中曾用这段文字介绍老子的思想，他说"有了动力与反动力的规律，便产生了暴力对付暴力的局势"②。林语堂在此用脚注说明，前六句诗行，借用了韦利的英译，因为他译得不能再好，并详细解释了"以道佐人主者，不以兵强天下"所表达的含义：

The Chinese character for "military" is composed of two parts: "stop" and "arms". Chinese pacifists interpret this as meaning disapproval of arms ("stop armament"), whereas it may just as well mean to "stop" the enemy by "force". Etymologically, however, the word for "stop" is a picture of a footprint, so the whole is a picture of a "spear" over "footprints".③（中文的"武"字是由"止"和"戈"两部分构成的。主张和平主义的中国人即据以说这是反对武装的意思，其实"止""戈"也可以说是以武力制止敌人的意思。不过从语源学上来说，"止"只是脚印的象形，所以，整个来说"武"是"脚印"上的一根"矛"。）④

可见，林语堂对老庄思想并非简单地、按照通常意义进行翻译，对原文一译了之，而是对其加以理解、消化后，采用各种方式进行重述，这种重述不仅明畅可读，而且在注释中，对许多字词的英译以及原文的主要思想加以评论，并结合中国语言文化作以阐释、阐发，自然十分精彩，易于读者理解和接受。

---

① 老子：《老子的智慧（上、下册）（汉英对照）》，林语堂译，合肥：安徽科学技术出版社，2012年，第328,329页。

② 林语堂：《生活的艺术》，长沙：湖南文艺出版社，2017年，第221页。

③ 林语堂：《老子的智慧》，合肥：安徽科学技术出版社，2018年，第329页。

④ 林语堂：《老子的智慧》，合肥：安徽科学技术出版社，2018年，第328页。

再如：《生活的艺术》第五章"谁最会享受人生"（Who Can Best Enjoy Life）第四节"'中庸哲学'：子思"（Philosophy of Half-and-Half: Tsesse）部分，谈到生活的最高典型终究应属子思所倡导的中庸生活，林语堂认为这种中等阶级生活，是中国人所发现最健全的理想生活，并引用了明末清初的硕学鸿儒李密庵妙笔生花的《半半歌》①来表达这种生活理想：

例 7

By far the greater half have I seen through

This floating life-Ah, there's a magic word-

This "half"-so rich in implications.

It bids us taste the joy of more than we

Can ever own. Halfway in life is man's

Best state, when slackened pace allows him ease;

A wide world lies halfway, twixt heaven and earth;

To live halfway between the town and land,

Have farms halfway between the streams and hills;

Be half-a-scholar, and half-a-squire, and half

In business; half as gentry live,

And half related to the common folk;

And have a house that's half genteel, half plain,

Half elegantly furnished and half bare;

Dresses and gowns that are half old, half new,

And food half epicure's, half simple fare;

Have servants not too clever, not too dull;

A wife who's not too simple, nor too smart-

---

① 《半半歌》原文：看破浮生过半，半之受无用边。半中岁月尽悠闲，半里乾坤宽展。半郭半乡村舍，半山半水田园；半耕半读半经廛，半士半姻民眷；半雅半粗器具，半华半实庭轩；衾裳半素半轻鲜，肴馔半丰半俭；童仆半能半拙，妻儿半朴半贤；心情半佛半神仙，姓字半藏半显。一半还之天地；让将一半人间。半思后代与仓田，半想阎罗见怎。饮酒半酣正好，花开半吐偏妍；帆张半扇免翻颠，马放半缰稳便。半少却饶滋味，半多反厌纠缠。百年苦乐半相参，会占便宜只半。参见林语堂：《生活的艺术》，越裔译，长沙：湖南文艺出版社，2018年，第237、238页。

So then, at heart, I feel I'm half a Buddha,

And almost half a Taoist fairy blest.

One half myself to Father Heaven I

Return; the other half to children leave-

Half thinking how for my postrity

To plan and provide, and yet half minding how

<u>To answer god when the body's laid at rest.</u> (footnote: literally, half thinking how to face king Yenlo of hell.)

He is most wisely drunk who is half drunk;

And flowers in half-bloom look their prettiest;

As boats at half-sail the steadiest,

And horses held at half-slack reins trot best.

Who half too much has adds anxiety,

But half too little, adds possession's zest.

Since life's of sweet and bitter compounded.

Who tastes but half is wise and cleverest.[①]

"半"是一种处世哲学，也就是"子思所提倡的中庸哲学，介于动与静之间，介于尘世的徒然匆忙和逃避现实人生之间"[②]。林语堂十分欣赏《半半歌》里所描绘出的那种知足常乐、随遇而安、自然舒适的生活态度，在例 7 文中，林语堂将"半想阎罗怎见"这句话置于英语文化中进行处理，译为 To answer god when the body's laid at rest, 不过考虑到东方文化中"阎罗"的特殊文化含义，他选择在脚注中又将其置于东方文化中进行了直译处理、补充翻译为"literally, half thinking how to face king Yenlo of hell"，突出了"阎罗"这一颇具中国特色词语的呈现。

又如：《生活的艺术》第六章"生命的享受"（The Feast of Life）第五节"心灵的欢乐怎样"（How about Mental Pleasure）部分，林语堂翻译了孔子之孙子思在《中庸》一书中所倡导的学说：

例 8 <u>What is god-given is called nature; to follow nature is called Tao</u>

---

① Lin Y T, *The Importance of Living*, New York: The John Day Company, 1937: 114.

② 林太乙：《林语堂传》，西安：陕西师范大学出版社，2002 年，第 230 页。

(the way); to cultivate the Way is called culture; Before joy, anger, sadness and happiness are expressed, they are called the inner self; when they are expressed to the proper degree, they are called harmony. The inner self is the correct foundation of the world, and harmony is illustrious Way. When a man has achieved the inner self and harmony, the heaven and earth are orderly and the myriad things are nourished and grow thereby.

天命之谓性；率性之谓道；修道之谓教……喜怒哀乐之谓发，谓之中；发而皆中节，谓之和。中也者，天下之大本也；和也者，天下之达道也。致中和，天地位焉，万物育焉。①

在例 8 中，林语堂对"天命之谓性，率性之谓道"异化归化结合译为"What is god-given is called nature; to follow nature is called Tao (the way)"，然后进行了脚注解释，对"道"这一深含哲学意味的表达额外进行了补偿译介。

（**注释**：儒家的意识里也有浓厚的道家质素，或许是受了道家思想的影响，但平常人是不太注意到的。无论怎样，这一段确是儒家《四书》中的文字，此外《论语》中也可以援引同类的文字。）（**footnote**: there is a strong element of Taoism in Confucianism, perhaps due to the influence of Thomistic thought, a fact which is not usually noticed. Anyway, here this passage stands in one of the Confucian four books, and similar passages in the Analects can be quoted.）

让我们再看《孔子的智慧》中的例子：

例 9 Confucius was born in the town of Tsou, in the county of Ch'angping, in the country of Lu. His early ancestor was K'ung Fangshu (who was a ninth-generation descendant of a king of Sung and the fourth-generation ancestor of Confucius).②

此句出自《史记·孔子世家》，原文是"孔子生鲁昌平乡陬邑。其先宋人也，曰孔防叔"③。林语堂先是按照英文的行文习惯把孔子的出生地由小到大进行了表述"in the town of Tsou, in the county of Ch'angping, in the country of Lu"，然后又

---

① 林语堂：《生活的艺术》，越裔译，长沙：湖南文艺出版社，2018 年，第 301-306 页。
② Lin Y T, *The Wisdom of Laotse*, New York: Random House, Ltd., 1948: 55.
③ 林语堂：《林语堂名著全集（第 22 卷）》，张振玉译，长春：东北师范大学出版社，1994 年，第 33 页。

用音译和文内加注的方式对孔防叔进行了介绍"K'ung Fangshu（宋王的第九代后人及孔子的第四代祖先）"，对孔子的生平介绍得清楚明白，便于西方读者的阅读和了解。

例 10 Confucius was nine feet six inches tall (the ancient unit of measure was very much shorter, for King Wen was reputed to be ten feet tall), and people all marvelled at his height and called him "a tall person".[①]

此句也出自《史记·孔子世家》，原文是"孔子长九尺有六寸，人皆谓之'长人'而异之"[②]。这里林语堂采用了西方的计量单位"feet""inch"来对应中国的"尺"和"寸"，虽说存在一定偏差，不过林语堂同时用文内解释补充说明"这种古代计量单位短得多，据说文王有10英尺那么高"相关信息，这对于方便西方读者理解文本信息确实是有必要的。

例 11 The Master Historian says: "The Book of Songs says, High is the mountain I look up to, and bright is his example for our emulation! Although I cannot reach the top, my heart leaps up to it."[③]

太史公曰：诗有云："高山仰止，景行行止。"虽不能至，然心乡往之。[④]

此句是《史记·孔子世家》作者司马迁引用《诗经》中的诗句对孔子品格的高度评价："太史公说，诗上有言道：'像高山一般令人瞻仰，像大道一般让人遵循。'虽然我达不到这个境地，但心中总是还向着他"[⑤]。林语堂加脚注说明司马迁是汉朝廷的历史官员，太史公或历史专家是其官衔，而且在是《史记》每一篇传记的结尾，司马迁通常都会发表对传主的评论、欣赏抑或是批评（"Ssuma Ch'ien was official historian for the Han Court, coming from a family which held that position. 'T'ai-shih-kung' or 'Master Historian' is his official title. At the end of every biography in his Shiki, he usually gives a terse comment, appreciation or

---

① Lin Y T, *The Wisdom of Laotse*, New York: Random House, Ltd., 1948: 55.
② 林语堂：《林语堂名著全集（第22卷）》，张振玉译，长春：东北师范大学出版社，1994年，第33，34页。
③ Lin Y T, *The Wisdom of Laotse*, New York: Random House, Ltd., 1948: 99-100.
④ 林语堂：《林语堂名著全集（第22卷）》，张振玉译，长春：东北师范大学出版社，1994年，第49页。
⑤ 林语堂：《林语堂名著全集（第22卷）》，张振玉译，长春：东北师范大学出版社，1994年，第76页。

criticism of the man's character.")①这就给西方读者做了很好的说明，便于读者理解文本含义。

林语堂经常根据不同的语境，对同一内容采用不同的翻译方法。如《论语·颜渊》一章记载的"君君，臣臣，父父，子子"②是孔子关于"正名"的重要见解。在孔子看来，"每类事物有一个共同的名字，这个名字含有一定的含义，这类事物应该做到与它们名字的含义，也就是其理想的本质相一致……在社会关系中，每一个名字包含有一定的社会责任和义务。君、臣、父、子，在社会里，各有责任和义务，任何人有其名，就应当完成其责任和义务"③。这句话出现在《孔子的智慧》中的《孔子世家》时，是齐景公和孔子的对话，所以林语堂将其意义详细译出：

例12 The king should be like a king, the ministers like ministers, the fathers like fathers and sons like sons.④

但在《吾国与吾民》第六章"社会生活和政治生活"第二节"家族制度"中提到孔子这一重要主张时，他只是笼统地概括为："The Doctrine of Social Status, as Confucianism has been popularly called, is the social philosophy behind the family system.⑤"

从林语堂的"入西述中"中我们可以看到，当按照原文字面翻译不能使目标读者理解原文内容时，林语堂一般采取了阐释注释型策略，以帮助目标读者理解译文内容。该策略的运用，源于其对原作的透彻理解，对目标读者阅读期待的深刻了解，对文本交际效果的热切期望。在目标导向翻译策略的统领下，在具体的操作中，林语堂的翻译方法不拘一格，灵活多变，时而对原文的内容加以扩充，增加解释的文字，时而用解释性文字加以重述，将原文意义转译，时而增加脚注进一步解释说明等，充分发挥了其作为译者、作者、语言学家和文化传播者的主观能动性，有效实施了"入西述中"活动。

林语堂在《孔子的智慧》导言里写道："我认为这次的翻译无异于解释，而释译是最好、最令人满意的方法。"（I considered a translation in this as

---

① Lin Y T, *The Wisdom of Laotse*, New York: Random House, Ltd., 1948: 99.
② 林语堂：《林语堂名著全集（第22卷）》，张振玉译，长春：东北师范大学出版社，1994年，第35页。
③ 冯友兰：《中国哲学简史》，赵复三译，北京：新世界出版社，2004年，第43，44页。
④ Lin Y. T, *The Wisdom of Confucius*, Beijing: Foreign Language Teaching and Research Press, 2011: 46.
⑤ Lin Y. T, *My Country and My People*, Beijing: Foreign Language Teaching and Research Press, 2000: 174.

indistinguishable from paraphrase, and believe that is the best and most satisfying method.）[1]可见，他将文化对话意识、读者对话意识贯穿于其整个"入西述中"过程，在这种对话意识的指导下，灵活运用了全译、变译、异化、归化翻译策略以及这些策略之下的各种补偿性翻译方法和技巧，巧妙地解决了中国语言文化与西方读者之间由于文化视域差异所造成的矛盾冲突，使其著译作品成为中西文化交流的桥梁。

4.2.4 萃取拓展

萃取是对"对原著的叙事品质和语言艺术、目的语诗学规范和预期读者语言审美进行综合判断后，在译前或译中甚至译后对原著文本的精选取舍"[2]。林语堂深知，中西文化之间隔膜很深，要想让西方读者对孔子学说感兴趣，必须先萃取中国文化思想中的相关核心概念，用各种方式的译介说明使其领悟到其含义，然后再进一步解读相关思想。例如，林语堂在《孔子的智慧》专门萃取"仁""礼""君子""小人"等儒家思想中的核心概念，在第五章"论语"和第六章"第一讲：论以六艺施教"分别专论，把孔子内容相关而相对零散的谈话集中在一起，使读者比较容易从整体上把握、领会其内涵。林语堂在探讨这些核心概念的含义时，根据语境确定其含义，再用相应的英文进行阐释。

4.2.4.1 仁的翻译

例 1 子曰："恭近礼，俭近仁，信近情。敬让以行此，虽有过，不其甚矣。"[3]

Confucius said, "Humanity is near to moral discipline (or *li*); simplicity of character is near to <u>true manhood</u>; and loyalty is near to sincerity of heart. If a man will carefully cultivate these things in his conduct, he may still err a little, but he won't be far from the standard of true manhood."[4]

---

[1] Lin Y. T, *My Country and My People*, Beijing: Foreign Language Teaching and Research Press, 2000: 35.
[2] 任东升：《"萃译"之辩》，《解放军外国语学院学报》，2018年第4期，第16-20,159页。
[3] 林语堂：《林语堂名著全集（第22卷）》，张振玉译，长春：东北师范大学出版社，1994年，第123页。
[4] Lin Y T, *The Wisdom of Laotse*, New York: Random House, Ltd., 1948: 187-188.

例2 子曰："仁之难成久矣。人人失其所好，故仁者之过易辞也。"（《礼记》第三十二）

Confucius said, "For a long time it has been difficult to see examples of <u>true men</u>. Everybody errs a little on the side of his weakness. Therefore it is easy to point out the shortcomings of the <u>true man</u>." (*Liki*, Chapter XXXII)[①]

在林语堂看来，"仁"代表着孔子的理想，意思是"仁德"，"仁者"指的正是"真正的人""伟大的人"或"完全的人"。在很多情况下，仅仅把"仁"译为"仁慈"（kindness 或 benevolence）或"仁慈的人"（a kind person or a benevolent person）是不够的，因此，林语堂在《孔子的智慧》中有 40 余处均以 true man 来译"仁者"，以 true manhood 来译"仁"，并在脚注中解释道"An actual example like this shows how inadequate it is to translate the Chinese word jen as 'kindness' or 'a kind person' or 'a benevolent person'"。

4.2.4.2 君子和小人的翻译

林语堂在"论语"导言部分指出："中国学者从未有人把《论语》再作一番校正功夫，或予以改编，以便使读者对《论语》的含义获得更精确的了解。""除去西方学者外，没有中国学者编过一本孔子对'君子'一词的诸种解释。这个极为重要的描述'君子'的诸要素，会构成一个综合性的面貌"[②]，因此，林语堂选取"论语"文字约 1/4，根据思想性质予以重编。为将"仁"解释得更清楚，他从《礼记》若干章选出十数节，作为补充。在大多数情况下，林语堂将"君子"译为 superior man，将"小人"译为 inferior man。这种译法恰恰能体现出孔子本身的阶级观念及对人品修养高下的判别，非常妥帖。不过，若是指"个人修养"这一意义时译为 gentleman，而与"君子"相对应的"小人"则译为 common man[③]。

[①] Lin Y T, *The Wisdom of Laotse*, New York: Random House, Ltd., 1948: 187. 参见林语堂：《圣哲的智慧》，西安：陕西师范大学出版社，2003 年，第 116 页；另见林语堂：《林语堂名著全集（第 22 卷）》，张振玉译，长春：东北师范大学出版社，1994 年，第 123 页。

[②] Lin Y T, *The Wisdom of Confucius*, New York: Random House, Ltd., 1948: 158；林语堂：《圣哲的智慧》，西安：陕西师范大学出版社，2003 年，第 105-106 页；另见林语堂：《林语堂名著全集（第 22 卷）》，张振玉译，长春：东北师范大学出版社，1994 年，第 111 页。

[③] 关于"君子"的翻译，参见林语堂：《林语堂名著全集（第 22 卷）》，张振玉译，长春：东北师范大学出版社，1994 年，第 120，124，125 页。

例 1　子曰："君子喻于义，小人喻于利。"

Confucius said, "The superior man understands what is right; the inferior man understands what will sell."

例 2　子曰："君子和而不同，小人同而不和。"

Confucius said, "The superior man is broad-minded toward all and not a partisan; the inferior man is a partisan, but not broad-minded toward all."

例 3　子曰："君子坦荡荡，小人长戚戚。"

Confucius said, "The superior man is always candid and at ease(with himself or others); the inferior man is always worried about something."

例 4　子曰："君子求诸己，小人求诸人。"

Confucius said, "A gentleman blames himself, while common man blames others."

例 5　子曰："君子有过则谢以质，小人有过则谢以文。"

Confucius said, "When a gentleman repents of his mistake, he makes amends by acts, and when a common man repents of his mistakes, he makes amends by words."①

4.2.4.3　礼的翻译

"礼"字概括了中国古代社会整个道德宗教的组织，而具体见之于宗教性崇拜、祭祀婚丧等庆典的仪式，及一般的社会交往的礼俗。"礼"的译文更为丰富。其拼音"Li"的发音对外国读者并无困难，因此，林语堂较多运用音译与释译两者结合的方法。

儒家"礼"（Li）字的中心观念的含义可作以下解释：作宗教（religion）解；作社会秩序原则解（其中包括宗教）（the general principle of social order, religion included）；作理性化的封建秩序解（the nationalized feudal order）；做社会、道德、宗教习俗的整体解（一如孔子之以教人，一如孔子之予以理性化）（the entire body of social, moral and religious practice, as taught and rationalized by Confucius）。于是，又作一套历史学问（historical scholarship）解。又可解作宗教崇拜，国之仪礼，民间节庆，婚礼，丧礼，男女到达成年时之加冠与梳发的礼仪（古礼男人成年为二十岁，女为十五岁）[the study of the ritualism of religious worship, state ceremonies, folk festivals, the marriage ceremony, funerals, "capping" and "coiffure"

---

① Lin Y T, *The Wisdom of Confucious*, New York: Random House, Ltd., 1948: 158; 林语堂：《圣哲的智慧》，西安：陕西师范大学出版社，2003 年，第 105, 106 页; 另见林语堂：《林语堂名著全集（第 22 卷）》，张振玉译，长春：东北师范大学出版社，1994 年，第 111 页。关于"君子"的翻译参见林语堂：《林语堂名著全集（第 22 卷）》，张振玉译，长春：东北师范大学出版社，1994 年，第 120, 124, 125 页。

ceremonies for boys and girls reaching maturity (at the age of twenty for boys and fifteen for girls)］；军中纪律，学校制度，男女的性行为，家庭生活，饮食，运动（尤指射箭、驾车、打猎）、音乐、舞蹈［army discipline, the educated system, conduct of the sexes and home life, eating and drinking and sports (especially archery, carriage driving, and the hunt), music and dance］。

礼也可解作意义分明的社会关系，彼此以适当的态度相对待；为父母者要慈爱，为子女者要孝顺；为弟者要敬兄长；为兄长者要爱护弟弟；对友人要忠诚；为臣民者要敬尊长；为首长要仁爱（a system of well-defined social relationships with definite attitudes towards one another, love in the parents, filial piety in the children, respect in the younger brothers, friendliness in the elder brothers, loyalty among friends, respect for authority among subjects and benevolence in the rulers）。礼是一种诚敬的心境（the mental state of piety），是行为的道德纪律（moral discipline in man's personal conduct）。作为广义的社会原则（a broad social principle）是，其义为"物皆有序"，为"万物各得其所"（"propriety" in everything, or doing the proper thing）。是礼仪，是遵守法则制度（ritualism and the observance of forms）。是继往开来（continuity with the past）。最后，是礼貌，是风度（courtesy and good manners）[1][2][3]。

正如林语堂所阐释的那样，"礼"有时指的是礼仪或仪式，所以在翻译《礼记》中有关"礼"的重要性的描述时，林语堂选用 ritual 一词来传译"朝觐之礼""聘问之礼"中的"礼"，分别译为 the rituals concerning a court audience 和 the rituals of exchange of visit by diplomats；选用 the funeral ceremonies（"丧礼"）和 rituals of sacrifice（"祭礼"）来传译"丧祭之礼"；选用 ceremony feast 来传译"乡饮酒之礼"和"婚姻之礼"中的"礼"，分别译为 the ceremonies of the "village wine feast" 和 the marriage ceremonies。当"礼"表示"社会秩序"时则译为 principle 或 moral discipline。

林语堂在《老子的智慧》中也萃取了相关核心概念，同时借助《庄子》相关内容来加以阐释，构成其"以庄释老"的"入西述中"特色。

请看下面的例子：

---

[1] Lin Y T, *The Wisdom of Laotse*, New York: Random House, Ltd., 1948: 208-209.
[2] 林语堂：《圣哲的智慧》，西安：陕西师范大学出版社，2003 年，第 195 页。
[3] 林语堂：《林语堂名著全集（第 22 卷）》，张振玉译，长春：东北师范大学出版社，1994 年，第 132 页。

例1 第一章 论绝对的道

道可道，非常道。

名可名，非常名。

无名，天地之始；有名，万物之母。

故常无欲，以观其妙；

常有欲，以观其徼。

此两者同，

出而异名。

同谓之玄：

玄之又玄

众妙之门。

译文：Chapter 1 On the Absolute Tao

The Tao that can be told of

Is not the Absolute Tao;

The Names that can be given

Are not Absolute Names.

The Nameless is the origin of Heaven and Earth;

The Named is the Mother of All Things.

Therefore:

Oftentimes, one strips oneself of passion

In order to see the Secret of Life;

Oftentimes, one regards life with passion,

In order to see its manifest forms.

These two (the Secret and its manifestations)

Are (in their nature) the same;

They are given different names

When they become manifest.

They may both be called the Cosmic Mystery:

Reaching from the Mystery into the Deeper Mystery

Is the Gate to the Secret of All Life.

林语堂将《道德经》中的"众妙之门"译为 the Gate to the Secret of All Life，然后，又通过翻译《庄子》中的相关文字，进一步阐释了"众妙之门"的含义。

Ⅳ. THE GATE TO THE SECRET OF ALL LIFE.

When (Tao) appears, one cannot see its root; when (Tao) disappears, one cannot see its concrete forms. It has substance, but is not confined in space; it has length, but its source cannot be traced. Since it can manifest itself and yet disappear without concrete forms, it must have substance. Having substance and yet being not confined—that is space. Having length and yet being without source—that is time. And so there is life and death, and appearance and disappearance. To appear and disappear without showing its form—that is the Gate of Heaven. The Gate of Heaven signifies non-being. All things come from non-being.①

原文如下：

第四节 众妙之门

出无本，入无窍，有实而无乎处，有长而无乎本剽，有所出而无窍者有实。有实而无乎处者，宇也。有长而无本剽者，宙也。有乎生，有乎死，有乎出，有乎入，入出而无见其形，是谓天门。天门者，无有也，万物出乎无有。(《庄子·杂篇·庚桑楚第二十三》)②

例2 第65章 大顺
古之善为道者，
非以明民，

---

① 老子：《老子的智慧（上、下册）（汉英对照）》，林语堂译，合肥：安徽科学技术出版社，2012年，第32-34页。

② 老子：《老子的智慧（上、下册）（汉英对照）》，林语堂译，合肥：安徽科学技术出版社，2012年，第44页。

将以愚之。

译文：Chapter 65 The Grand Harmony

The ancients who knew how to follow the Tao

Aimed not to enlighten the people,

But to keep them ignorant.①

例 3 第 81 章 天之道

天之道，

利而不害；

圣人之道，

为而不争。

译文：Chapter 81 The Way of Heaven

The Tao of Heaven,

Blesses, but does not harm.

The Way of the Sage,

Accomplishes, but does not contend.②

  "道"通常指路。许多译者把它翻译成"way（方式）"，这来源于"方式"的本义。同时"道"是《道德经》中一个抽象的哲学概念，具有丰富的文化内涵，在英语中很难找到对等词。"道"是一个新词，音译法使西方读者意识到这个词来自中国哲学。从上面的案例中，我们可以发现林语堂对"道"的翻译是不同的。《老子的智慧》第一篇是关于"道"的阐释。没有语言可以表达"道"，也没有概念可以描述"道"。林语堂选择了《庄子·外篇·知北游第二十二》并解释"道"的无为部分，以显示"道"的不可言说性。在第二节，林语堂选择了"有以为未始有物者"来确认"无名，天地之始；有名，万物之母"。林语堂保留了原诗的形式和句子的节奏，体现了他的翻译美学思想。但其诗歌形式可能会给西方读者造成阅读困难。林语堂补充了庄子的散文来解读，这更有利于读者的理解。庄子

---

① 老子：《老子的智慧（上、下册）（汉英对照）》，林语堂译，合肥：安徽科学技术出版社，2012 年，第 744，745 页。

② 老子：《老子的智慧（上、下册）（汉英对照）》，林语堂译，合肥：安徽科学技术出版社，2012 年，第 806，807 页。

对"宇宙"的定义进一步解释了"道"是老子所说的所有美好事物的大门。庄子的散文风格显然比老子的格言风格更有利于哲学概念的讨论。这种方法也更有利于读者的理解。"圣人之道"是指圣人的方法或规则,所以"道"被翻译成 way。

通过对《庄子》的阐释和补充,西方读者对"道"的概念有了一个清晰的认识,正如林语堂所说:老子和庄子"两者思想的根本和观念的性质是相同的"[①]。正是由于林语堂对老子和庄子思想的深入理解,林语堂才能够如此准确地选择庄子的部分进行阐释。

其他哲学术语,如"德""阴""阳",也采用直译和音译法。分别译成 Virtue 或 Teh、Yin、Yang。作为语言学博士,林语堂精通中英双语且有自己的诗学观,在用直译和音译法保持中国文化特色方面有自己独特的模式和见解,这一点可以从其小品文"为洋泾浜英语辩"(*In Defense of Pidgin English*)中得以印证[②]。因此,林语堂旨在尊重西方读者阅读习惯、行文贴近地道英文的同时,利用中国特色专有词汇的音译或直译来创造英文中新的词汇,尽量保留和传播中国文化特色。这就如在西方读者乐于接受的食物中添加一些带有"异域风味的调味品",一方面激发了读者的阅读兴趣,另一方面使带有中国特色的相关表述裹挟在"异语创作"文本中比较顺利地进入了西方世界。当然,中华传统文化的对外译介和传播,必定涉及传播对外国读者来说完全陌生的内容,而认知环境的互明又是人们交际取得成功的主要因素。萃取拓展性策略致力于扩大读者的认知语境,逐渐使目标读者对陌生的内容熟悉起来,使交际取得正面的语境效果[③]。

4.2.5 亦译亦写

亦译亦写是翻译原作全部、部分或主要内容并加以评论、阐释和拓展的方法,译写根据特定读者的要求,增加与原作相关的内容,除了阐发和评论外,还包括添加、补充和拓展性创作,加大了译作的信息量和创作的成分[④],是一种典型的混杂性或杂糅性翻译。译写中包含着"变换""变形"和"置换"的混杂性,是"译"的"变形"和"变换",是"译"和"写"的混杂。在译写中,译的部分是主体,

---

① 老子:《老子的智慧(上、下册)(汉英对照)》,林语堂译,合肥:安徽科学技术出版社,2012年,译者序第2页。

② 钱锁桥:《小评论:林语堂双语文集:英汉对照》,北京:九州出版社,2012年,第234-241页。

③ 吴慧坚:《林语堂中译外实践研究与变译策略的推演》,《兰州文理学院学报》,2018年第3期,第104-110页。

④ 黄忠廉:《变译理论》,北京:中国对外翻译出版公司,2002年,第152,153页。

是变译活动的立足点和基本框架,写是一种补充手段,没有译,译写就完全变成了创作。因此,就结构而言,"译"是源发点,"写"则是辐射点。换言之,译写文本是混杂文本,是源发点和辐射点的混合体。

亦译亦写型"入西述中"策略指的是林语堂在援引中国典籍来论证自己文化观点时,不完全依照"原本"进行"对译",而是保留其中国文化底蕴的"边译边写""兼写兼译",他在翻译写作过程中,对中国典籍进行过滤式重现。亦译亦写,是先对原文信息进行全译或变译,大多数情况下使用编译、摘译、译述、缩译等变译方法,至于是采用单个还是多个变译方法,则需要译者根据读者的潜在阅读需求以及译者对原文材料的总体把握度来决定。然后在译文基础上,添加或拓展相关信息或对译文信息进行相关的评论[1]。

林语堂在论证自己文化观点时善于援引中国典籍,借助精心编制的文本输出中国文化主题和元素,满足西方读者对中国文化的好奇,同时发挥自己的写作才华增强作品的可读性,引起西方读者的阅读兴趣。他这种"亦译亦写"的风格无疑是基于对英语读者文化感知力的充分把握。例如,在《生活的艺术》第九章"食品和药物"(On Food and Medicine)中,林语堂主要阐述了中国人的食疗和养生之道,他说中国人对食物,向来抱有一种较为广泛的见解,所以对食品和药物并不加以区别。凡是有益于身体者都是药物,也都是食物。他首先译介了孙思邈所说的话:

> An early medical writer, Sun Ssemiao (sixth century, A.D.) says: "A true doctor first finds out the cause of the disease, and having found that out, he tries to cure it first by food. When food fails, then he prescribes medicine."[古代医学家孙思邈(第六世纪)说:"谓其医者先晓病源,知其所犯,先以食疗,不瘥,然后用药"][2]

然后又译介了元代太医院饮膳太医忽思慧于 1330 年撰写的中国第一部完整的饮食卫生和食疗专书《饮膳正要》,认食物为基本的养生法。该书序文原文如下:

> 善摄生者,薄滋味,省思虑,节嗜欲,戒喜怒,惜元气,简言语,轻得失,破忧沮,除妄想,远好恶,收视听,勤内顾。不劳神,不劳形,

---

[1] 黄忠廉,方梦之,李亚舒,等:《应用翻译学》,北京:国防工业出版社,2013 年,第 107 页。
[2] 林语堂:《生活的艺术》,越裔译,长沙:湖南文艺出版社,2018 年,第 520 页。

神形既安，病患何由而致也？顾善养性也，先饥而食，食勿令饱，先渴而饮，饮勿令过。食欲数而少，不欲顿而多。盖饱中饥，饥中饱，饱则伤肺，饥则伤气，若食也，不得便卧，即生百病。[①]

林语堂先把这段引文进行了翻译为"He who would take good care of his health should be sparing in his tastes, banish his worries, temper his desire, restrain his emotions, take good care of his vital force, spare his words, regard lightly success and failures, ignore sorrows and difficulties, drive away foolish ambitions, avoid great likes and dislikes, calm his vision and his hearing, spirits and worry his soul? Therefore he who would nourish his nature should eat only when he is hungry and not fill himself with food, and he should drink only when he is thirsty and not fill himself with too much drink. He should eat little and between long intervals, and not too much and too constantly. He should aim at being a little hungry when well-filled and being a little well-filled when hungry. Being well-filled hurts the lungs and being hungry hurts the flow of vital energy."[②] 然后，又加以评述道"The cook book, like all Chinese cook books, therefore reads like a pharmacopoeia"（所以这本烹调书，也和其他的中国烹调书一般，实等于一本药方书），接着又继续举例说，在上海的河南路走走，去看看卖中国药物的铺子，很难讲这些铺子里边究竟是药物多于食物，还是食物多于药物。如"桂皮和火腿，虎筋和海狗肾及海参、鹿茸和麻菇及蜜枣"[③]、虎骨木瓜酒、生地炖童鸡、加了金鸡纳皮的冬菇甲鱼汤，这些都是有益于身体、富于滋养的，不过很难区分究竟是食物还是药物。通过这样引经据典、举例说明，加上林语堂的阐述，使西方读者对中国的食疗、食补及其与西方药物的区别有了较为清晰的概念，易于理解、了然于胸。

再如，下面这段英文原本是林语堂在20世纪30年代发表在《中国评论周刊》（*The China Critic*）"小评论"专栏[④]英文文章"On Chinese and Foreign Dress"的

---

① 林语堂：《生活的艺术》，越裔译，长沙：湖南文艺出版社，2018年，第521页。
② 林语堂：《生活的艺术》，越裔译，长沙：湖南文艺出版社，2018年，第529页。
③ 林语堂：《生活的艺术》，越裔译，长沙：湖南文艺出版社，2018年，第521页。
④ 林语堂整个文学生涯中的50篇双语作品。这些作品创作于20世纪30年代，绝大部分是先有英文作品，后有中文作品，而且大部分英文作品都先后发表于《中国评论周刊》"小评论"专栏，而《中国评论周刊》创刊于1928年，一直延续到1945年，是现代中国唯一一份由一批受过西式教育的中国专业知识分子自己运营的英语周刊，其读者群主要是中国的英语读者，当然也包括在华外国人士（参见卞建华，张欣：《自译中的变译：以〈小评论：林语堂双语文集〉为个案》，《东方论坛》，2017年第2期，第90-95页）。

一部分，而中文则是林语堂自译文"论西装"的一部分，后来收集到林语堂《生活的艺术》一书第九章，题为"西装的不合人性"（The Inhumanity of Western Dress）。面对英语读者林语堂写道：

> Many of my best friends have asked me why I am wearing Chinese instead of foreign dress. And those people call themselves my friends! They might just as well ask me why I am walking on two legs. The plain, absolute reason for my wearing Chinese dress is simply that I am a human being and a thinking individual. Why must I give a reason for wearing the only "human" dress in the world?[①]

而同样是这个话题，面对中国读者，林语堂是这样写的：

> 许多朋友问我为何不穿西装。这问题虽小，却已经可以看出一人的贤愚与雅俗了。倘是一人不是俗人，又能用点天赋的聪明，兼又不染季常癖，总没有肯穿西装的，我想。在一般青年，穿西装是可以原谅的，尤其是在追逐异性之时期，因为穿西装虽有种种不便，却能处处受女子之青睐，风俗所趋，佳人所好，才子自然也未能免俗。[②]

通过比较，可以看出林语堂根据英文读者的阅读期待，也根据英文行文的特点，采用了平实、流畅、口语化的语言，说明自己偏爱穿中式服装的理由，那就是中装较之西装更符合"人性"，如跟朋友对话，娓娓道来。而面对中国读者的汉语文本则充分体现出林语堂笔调幽默、文采斐然的特点，增添了一些四字格，同时增添了中国人熟悉的"季常癖"[③]（惧内、怕老婆）这样有历史典故的文化负载词，并继续加以阐述"在一般青年，穿西装是可以原谅的，尤其是在追逐异性之时期，

---

① Lin Y T, *The Importance of Living*, New York: The John Day Company, 1937. 另见钱锁桥：《小评论：林语堂双语文集：英汉对照》，北京：九州出版社，2012 年，第 208 页。

② 钱锁桥：《小评论：林语堂双语文集：英汉对照》，北京：九州出版社，2012 年，第 213 页。

③ 洪迈《容斋随笔》卷三载："陈慥，字季常，自称龙丘先生。好宾客，喜蓄声妓。然其妻柳氏绝凶妒。"有一次，季常正眉飞色舞地与宾客高谈阔论，他的妻子忽然恶声恶气地大骂起来。声音传至客厅，吓得这位龙丘先生手杖落于地上，显出一副惊慌失措的样子。东坡先生有诗云：龙丘先生亦可怜，谈空说法夜不眠。忽闻河东狮子吼，拄杖落地心茫然。这首小诗将柳氏的凶悍刁辣与季常怕老婆的狼狈刻画得淋漓尽致，活灵活现，如在目前。由于洪迈的这段记载与苏东坡的这首诗，季常先生便成了男人"惧内"的光辉典范而流传至今，文人们从此便更含蓄地把怕老婆称之为"季常癖"。

因为西装虽有种种不便,却能处处受女子之青睐,风俗所趋,佳人所好,才子自然也未能免俗",昭示了自己"及其同类海归知识分子精通英语、熟悉西方文化,回归后反而能欣赏文化差异,重新认识自己的本土文化"①,对中装颇为赞赏的态度。

在《生活的艺术》第九章,还有一节论述"几件奇特的西俗"(Some Curious Western Customs)的文字,原本也载于《中国评论周刊》"小评论"专栏,题为"论握手"(On Shaking Hands),中英文均出自林语堂之笔。

> Of course everyone knows this custom is the survival of the barbaric days of Europe, like the other custom of taking off one's hat. These customs originated with the mediaeval robber barons and chevaliers, who had to take off their helmets or their steel to show that they were friendly or peacefully disposed toward the other fellow. Of course it is ridiculous in modern days to repeat the same gestures when we are no longer wearing helmets or gauntlets, but survival of barbaric customs will always persist, as witness for instance, the persistence of duels down to the present day. (On Shaking Hands)②

> 稍有研究西方风俗史的人都知道免冠握手发源于中世纪野蛮时代。其时绿林豪杰及封建勇士,天天比马赛剑,头戴的铜盔,腰佩的是利剑,手带的是铁套。铜盔之前有活动的面部,叫做 Vizor,仇敌来面部便放下,朋友来便掀起,或者全盔免去,以示并无敌意;免冠之源始于此。再仇敌来手便按剑,朋友来便脱去铁手套,与之握手,同样的我右手并不在按剑想杀你;握手之源始于此。现代人既不带盔,又不佩剑,兼无铁手套,见面还是大家表示并不准备相杀,实在太无谓了。社会礼俗本来是守旧性的,已故沿袭至今,不思之甚也③。

可以看出,林语堂"心中始终装着读者",充分发挥了其主体性,面对中西方不同的预期读者,讲述故事的方式可谓"到什么山上唱什么歌",考虑到英语读者对握手免冠之习俗很可能多有了解、习以为常,林语堂用定语从句进行了简

---

① 钱锁桥:《小评论:林语堂双语文集·英汉对照》,北京:九州出版社,2012年,第29页。
② Lin Y tang. *The Importance of Living*. New York: The John Day Company, 1937: 257;另见钱锁桥,《小评论:林语堂双语文集·英汉对照》,北京:九州出版社,2012年,第273页。
③ 钱锁桥:《小评论:林语堂双语文集·英汉对照》,北京:九州出版社,2012年,第377页。

洁的描述"那时候的绿林豪杰、英雄武士遇到非敌人时都须除去面具或头盔以示他们的友善态度"①，其中文版则对此非常详细地进行了描述，很可能是因为考虑到当时一般的中国读者对这样的风俗来源不甚了解。作为既是作家又是译家的林语堂，有目的性、有针对性、有灵活性，做到了当繁则繁，当简则简，译中有写，写中有译，亦中亦西，中西融通。

林语堂在《生活的艺术》第十一章"旅行的享受"（The Enjoyment of Travel）中译介了金圣叹论旅行的文字和屠隆的《冥寥子游》，篇幅大约占该章的四分之三。《冥寥子游》原本是虚构的"游记"，为笔记体小说，表达"广吾同志"超凡脱俗、返璞归真的道学思想，在中国古代文学史上名不见经传，经林语堂妙手植入《生活的艺术》，而广为人知②。林语堂在正文中先给读者以提示：This point has been emphasized by T'u Lung in his idealized sketch of the Travels of Mingliaotse—which I have translated in the next section.③。然后以脚注明确说明此篇是翻译，并介绍了这篇小说的主题：

> This is a translation from a Chinese sketch, entitled *The Travesl of Mingliaotse*, which draws a vivid picture of the glorified, cultured vagabond so much idealized by Chinese scholars, and sets forth a happy, carefree philosophy of living, characterized by love of truth, freedom and vagabondage.④

林语堂采用删节原文、调整段落结构、略去或意译文化意象等变通手段，将其"亦译亦写"成一篇描写中国文人"旅行艺术"的写实游记，一篇具有浓厚中国传统文化色彩的作品在其笔下呈现出含蓄蕴藉却趣味悠长的风貌⑤。我们以其中的道人吟唱《花上露》（*Dew Drops on Flowers*）的中英文为例。

花上露
何盈盈，
不畏冷风至，

---

① 林语堂：《生活的艺术》，越裔译，长沙：湖南文艺出版社，2018 年，第 537 页。
② 林语堂：《林语堂名著全集（第 21 卷）》，越裔译，长春：东北师范大学出版社，1994 年，第 311-334 页。
③ Lin Y T, *The Importance of Living*, Beijing: Foreign Language Teaching and Research Press, 1998: 336.
④ Lin Y T, *The Importance of Living*, New York: The John Day Company, 1937: 338.
⑤ 任东升，卞建华：《林语堂英文创作中的翻译现象》，《外语教学》，2014 年第 6 期，第 95-99 页。

但畏朝阳生。
江水既东注,
天河复西倾;
铜台化丘陇,
田父纷来畊。
三公不如一日醉,
万金难买千秋名。
请君为欢调凤笙!

花上露,
浓于酒,
清晓光如珠,
如珠惜不久,
高坟郁累累,
白杨起风吼;
狐狸走在前,
猕猴啼其后。
流香渠上红粉残,
祈年宫里苍苔厚。
请君为欢早回首。

Dew drops on flowers,
Oh, how gay!
Fear not the cutting wind,
But dread the coming day!
Eastward flows the River,
Westward the Milky Way.
Farmers till the field where
Once the Bronze Tower lay.
Better to have got

A day with this all-precious pot
Than future names remembered not.
Oh, make merry while ye may!

Dew drops on flowers,
Oh, how bright!
So long they last, they shine
Like pearls in morning light,
Where grave mounds dot the wilds,
And winds whine through the night;
Foxes' hows and creech-owls
On poplars ghastly white.
See where red leaves blow,
Down on the Fragrant Gullet flow,
And mosses over Ch'inien Palace grow.
Oh, make merry while ye might.

原诗每节 11 行，通过道人之口唱出，上下两阕分别以 eng 和 ou 为韵脚，具有"歌"词之特征。林语堂采用"亦译亦写"策略，译诗每节改作 12 行，结构整齐，富于节奏，且隔行押韵，朗朗上口，在诗情和韵味上再现了原文特征，是一首很别致的译诗，符合原诗"歌"的风貌。

对诗歌中中国文化负载词的传译，林语堂灵活采用"入西述中"策略，既考虑读者接受度，又兼顾异质文化色彩的传播。如"流香渠"意译为 the Fragrant Gullet，"祈年宫"音意结合译为 Ch'inien Palace。原诗上阕包含几个不易传译的中国文化意象词汇，如"天河"译作 the Milky Way 显然是顾及西方读者阅读期待的归化处理方式，而"铜台"译为 Bronze Tower，是"异化"处理方式。最后三行里的意象"三公""凤笙"非常不易传译，林语堂对此均未作翻译，基本上是对原文进行了"译写"［下阕里则出于句内押韵的考虑，将"猕猴"改写为"猫头鹰（owls）"的意象］。原诗两阕的尾行均含有劝励语气的"请君为欢"，林语堂分别译为"Oh, make merry while ye may!""Oh, make merry while ye might."这样的诗句很容易让英语读者联想到英国"骑士派"诗人罗伯特·赫里克（Robert

Herrick，1591-1674）的名诗《致少女，珍惜青春》（*To the Virgins, To Make Much of Time*）中的首行：Gather ye rosebuds while ye may（趁时采下玫瑰的花蕾）。林语堂的译文与这句诗有明显的互文翻译痕迹，"亦译亦写"的风格十分显著。林语堂亦"译"亦"写"，这首《花上露》"译诗"才确有音美、形美兼具的"原创"风貌。这种翻译实践正好印证了他的翻译主张："译学无成规""使翻译成为美术之一种"[1]。

4.3 小　　结

本章从概述林语堂基于中西融通的文本选择及译介策略入手，选取《孔子的智慧》《老子的智慧》《吾国与吾民》《生活的艺术》等著译作品为案例，分析探讨了林语堂在"入西述中"过程中采取的灵活多变的策略，如导语整合、互文类比、阐释注释、萃取拓展和亦译亦写等，这些策略是林语堂文化观、翻译观和文化译介目的在实践层面的体现。林语堂集作家、翻译家、语言学家、编辑和文化大使为一身的多元身份，赋予了其更开阔的中西文化交流视野、更深刻的多元文化思想、更自由的"译者主体性"、更强烈的读者友好意识，也获得了更多目标读者的了解、理解、共鸣和接受。林语堂对西方读者"期待视野"[2]的观照，一方面使其著译作品中所蕴含的东方文化、中国智慧有效地渗透到了西方文化中，并得到了众多西方读者的认可。另一方面，也在某种程度上造成了对中国文化传译的部分缺失，其译作中亦有个别归化过度的现象。因此，我们在赞誉林语堂文化传播策略成功的同时，也并不讳言其"入西述中"活动及其作品中文化变译策略的历史局限性。不过，这是中西方文化由隔膜走向共融的过程中，必然要经过的一个阶段。今日之中国在中西文化交流中的地位，西方读者的"期待视野"已然发生了并正在发生着很大变化，我们的译介目的及策略也随之发生了、或正在作出相应的调整和变化。因此，我们在评价林语堂当时的译介目的和策略[3]时，须尽力把其还原到当时的历史语境下，探究其传播中国语言文化的目的、策略及得失，只有这样才有助于我们以史为鉴，继往开来。

---

[1] 任东升，卞建华：《林语堂英文创作中的翻译现象》，《外语教学》，2014年第6期，第95-99页；林语堂：《论翻译》，见罗新璋，陈应年：《翻译论集（修订本）》，北京：商务印书馆，2015年，第491，504页。

[2] 马新国：《西方文论史》，北京：商务印书馆，2002年，第585页。

[3] 卞建华：《对林语堂"文化变译"的再思考》，《上海翻译》，2005年第1期，第47-50页。

第 5 章 林语堂"入西述中"译作比较

在这一章,我们将对林语堂"入西述中"的诸多译本及其策略展开比较与分析。译本大致分为四类:中国古代哲学典籍,例如《老子的智慧》、《孔子的智慧》(主要是《论语》)等;中国古代经典诗词,例如苏东坡的作品;中国古典名著,例如《红楼梦》;以及林语堂本人包含隐性自译的作品,例如《吾国与吾民》《生活的艺术》等。众所周知,中国当代以前的文献历来文史哲一体,因此以上分类只是取其偏重,以方便分析。希望可以通过本章的比较与分析对林语堂的翻译特征有一个全面、清晰的了解,并在以往人们较少涉及的领域有所延展,例如,林语堂的哲学意识及通识对其"入西述中"策略的影响;林语堂特殊的成长环境,尤其是教育背景与其"入西述中"策略形成的关系;林语堂其人,其思,其译的相互关联;林语堂的隐性自译及其对自译以及传统翻译等相关研究的扩展;林语堂案例对翻译学科发展做出的贡献;等等。

值得注意的是,虽然是"入西述中",但这里的译本选择及比较却并非单一的汉作英译,而是包含了一种特殊文体——林语堂本人的"创译"作品。如前述,林语堂因其特殊的成长与教育背景,本身即提供了一个特殊的作者译者合二为一的案例;这种"创译"作品也并非简单的自写自译,而是二者你中有我、我中有你的融合,它所凸显的意义要远超单纯的自写或自译,值得单独作为一个课题加以研究分析。

5.1 中国哲学典籍核心概念英译比较

5.1.1 《老子的智慧》核心概念英译比较

《老子》是外译数量最多的中国典籍之一,因此选取译本可从多角度操作。我们采取的是中西哲学与文本比较的双重角度，这既符合林语堂本人的特点——集翻译家与思想家于一身，也有助于推动中国典籍英译的思想层面探索。

这一节选取了四段原文："道可道，非常道""上善若水""婴儿之未孩""无为"。译文则选取林语堂、詹姆斯·理雅各和韦利的英译本进行比较。之所以选取这三者，是因为他们各自具有比较独特的代表性：林语堂作为熟谙英语世界思想、语言及文化的中国人，其翻译角度是母语-外语；理雅各与韦利作为汉语造诣深厚的英国汉学家，他们的翻译角度是外语-母语。这首先与林语堂的角度形成了一个反差，由此更有利于我们做出异与同的比较；其次，虽然同源，但理雅各主要采取"直译+注释"的方法，尽量保持原文的学术性及严谨性，并在译文中渗入宗教元素，但韦利以意译为主，对普通受众考虑较多，对原文的理解缺乏足够的透彻性。这无疑为我们提供同源译者个体差异的相关材料，有助于我们深入了解翻译行为的发生与发展机制。

关于译文比较，我们采取"原文分析+译文比较+定基调"的方式来处理第一个例句。

例1 道可道，非常道。（第一章）

（林译）The Tao that can be told of is not the Absolute Tao.[①]

（理译）The Tao that can be trodden is not the enduring and unchanging Tao.[②]

（韦译）The Way that can be told of is not an Unvarying Way.[③]

"道可道，非常（恒）道"是《老子》的开篇句，也是千年来人们争论不休、始终未有定论的老子经典语句之一。本节选取这一句作为第一例，一是因为它本身具有极大的代表性与研究价值，二是因为我们可从它这里为"老子的智慧"这一部分定个"基调"。以往讨论多集中在语义的分析上，译本比较也往往从译者侧重与擅长的领域着手，很少有人将其置于译者知识构架及其背后的中西思维差异这个角度展开讨论。译者素养与中西思维差异却是通往深度理解与传真翻译的要塞，是我们早晚要面对的一个领域。因此，我们将其作为本节的思路及理路的"基调"，以期做出有效探索。

[①] Lao T, *Tao Te Ching or The Tao and Its Characteristics*, Legge, J. (Trans.), Auckland: The Floating Press, 2008.

[②] Lin Y T, *The Wisdom of Laotse*, Beijing: Foreign Language Teaching and Research Press, 2009.

[③] 陈鼓应今译，傅惠生校注，韦利英译：《老子》，长沙：湖南人民出版社，1994年。

纵观《老子》一书，可知它在一定程度上可谓《周易》的延续与深入解读及诠释。前人将《周易》《老子》《庄子》称作"三玄"，自有其不容忽视的合理性。所谓"玄"，不仅仅指神秘甚至玄幻、不知所云，一种更理性的解释是：它是"可能性"的另一种角度表达。可能性也是西方哲学，尤其是现象学的关注核心。当我们把《老子》定位于一部提供各方面可能性考量与启示的巨著时，对其语言的分析显然不应该仅止于字面含义，而是要深入到字里行间，甚至超越语言层面。既然如此，再来看这开篇第一句，就会发现，它蕴涵丰富且深厚，既是全书的"定盘针"，又是老子及道家思想的"金律"。

首先，"道"的翻译显示出了人们的理解层面及角度的差异。从林语堂的角度看，他把"道"译作 Tao，可知他选取的是音译法。林语堂所处时代通行的是威妥玛式拼音法，因此音译作 Tao，就音译本身而言，无可厚非。当然，在当下，同样从音译角度处理，我们应使用汉语拼音，将"道"译作 Dao，而不应再继续使用 Tao。这一点在当下国际相关文本中已被越来越广泛地接受，故不再赘述。同理，理雅各也是将"道"采取了音译的方法，这一点与林语堂并无二致，因此我们也不再重复展开。但是韦利的翻译却值得深入揣摩：他没有采用音译，而是进行了术语对应，以 Way 来对应"道"。可以看出，他对"道"及其语境进行过思考，并在自己的母语中找寻对应单词。且不论这种对应适合与否，仅从思路来看，可知韦利的译本在于探寻与把握文字背后的深意。当然，不可否认前两位译者选择音译是因为他们都认为"道"不可译。综上，仅从"道"这一个字的英译处理，即可看出三位译者的定位向度的差异，这也为我们下一步继续分析提供了一个方向。其次，"道可道"中"可道"的英译。林语堂与韦利都给出了 that can be told of，而理雅各却译成了 that can be trodden。be told of 对应汉语主要是"道出、道说"，属于一般意义；而 trodden 作为 tread 的过去分词，分明告知我们：理雅各认为第一个"道"是道路的意思，这反而同时从另一角度反衬出韦利虽然用 way 翻译第一个"道"，却并未把它当作道路。相比较之下，理雅各与韦利都出现了一种自相矛盾的现象，林语堂的处理则没有多大破绽，保持了 Tao 与 that can be told of 在语言层面的一致性。由此可见他对此句含义的把握要超出其他两位译者。

最后，"非常道"的英译。当第一个"道"定了位，之后的"道"理解起来就相应简单、清晰一些了。例如"常道"，显然，这里"常"成为关键词。先看译文：林语堂将其译成大写首字母的 Absolute；理雅各译成 unchanging，并未大写；韦利则译成 Unvarying。由此可见，理雅各并不认为"常"有多重要，因此主要依据其常用意义给出了译文。反观林语堂的译文，则可看出他对

"常"字的理解显然比理雅各深入，至少他看出并表达出了"常道"的非普遍性与极致性。众所周知，极致性往往是最高权威或定则者的同义词。也就是说，林语堂认为"常道"是所有类型的"道"中的"王者"，是必须遵循、不容违背的原则。韦利的译文可以说介于二者之间：首先，他看出了"常道"的非一般性，因而选用了大写首字母；其次，在一定程度上，可以说韦利也把握到了"常"的基本含义，这应该是他选用 unvarying 的主因，恰恰是这个单词的选择，透露出韦利对"常"的理解有待进一步深入——unvarying 侧重状态，突出了"不变"，但依然不足以表达"常"的丰富内涵，例如它所包含的"原则性、先天性、超越时空性"等等。我们把三者的译文进行比较就会发现，林语堂与韦利的译文各有侧重，但都尚显不足。虽然如此，相比较而言，Absolute 的极致性和绝对性比 Unvarying 的不变性更接近"常"的本质含义。由此也表明，林语堂作为中国人，虽然其前期汉语知识有所欠缺[①]，但并不影响他在后期补足之后对汉语典籍超出非汉语母语者的深厚把握。换言之，就典籍外译而言，母语为原语的译者往往能更好把握所译文本的含义，剩下的问题主要与译入语的表达能力相关。从这个角度看，林语堂的译文在理论上应是较之其他两位译者略胜一筹。

基于上述，从"道可道，非常道"整句英译来看，三者中显然林语堂的译文与原文更相符，我们也可由此进一步理解："道"采取音译，更主要的原因是英语中并没有哪个单词能够对应得上它的包罗万象。虽然一般情况下人们建议术语之间进行对应，但不可否认，不可译现象是存在的，尽管不可因此将其等同于因译者自身无能而译不出来的情况。简言之，的确有很小一部分东西是不可译的，而它们往往是一个民族思想文化的精髓，"道"即是典型一例。鉴于此，采用音译是必然策略。当然，还有一个不可忽略的现象：语言自身的歧义性。它是语言的本质属性之一，因而是不可解的，我们只能综合语境、语词的第一义即原型（prototype）义[②]、引申义、学科特殊性等诸多方面，争取语义最大单一化。就翻译而言，这种"合成的"单一化的一个体现即是音译。

分析完选词之后，我们再深入一步，看一下译者的知识结构及思想背景：林语堂作为旅居美国的华人，其人生经历可以说造就了独特的他——幼年成长在中国，从语言到思想受到的却是西方教育；成年后在美国，浸润在西方语言文化环境中，却又凭一己之力"补上"了缺失的汉语功底。在这个过程中，很难说哪里

[①] 林太乙：《林语堂名著全集（第29卷）》，长春：东北师范大学出版社，1994年，第25页。
[②] 钱冠连：《语言全息论》，北京：商务印书馆，2002年，第221页。

是界限，因为中西文化在他身上是一种合流而非你方唱罢我登场。换言之，他是在一种"主客合一"的模式下达到了对中西方语言与文化的双向把握。就翻译而言，我们所知道的结果就是：林语堂学贯中西，既对中国古代思想精髓有很好的理解与把握，又具备将其忠实表达出来的语言功底与能力。而且他具有一般译者达不到的能力：对西方哲学通识的谙熟，这可以说是他后来聚焦于思想研究的一个重要基础[1]。这也是前述他的译文相比较其他两者整体上略胜一筹的一个原因。

当然，并不是说他的译文达到了完美的境界，不仅是因为"诗无达诂"，更是因为老子的话语需要深入到中西哲学的比较层面进行理解与翻译，而这种比较的要求，超过了一般通识所能达到的深度。也就是说，林语堂虽然比其他译者拥有更好的哲学通识背景，但当我们把焦点置于境域内时，就会发现林语堂因为缺乏专门的哲学训练而未能达到应有的深度。

例如这里对"道可道，非常道"的理解：如前述，第一个"道"属于的确不可译一类，因此取音译 Tao 不应再有过多争议；第二个"道"也基本达成了共识为"道说"，译作 be told (of)；关键在于第三个"道"，其实它是与"常"构成了一个复合体或偏正词组，这首先意味着"道"依然是第一个"道"，其次，也是更重要的，"常"字的理解须深入思考。当人们把它译作 unchanging 或 Unvarying 时，显然是取的"常"字的本义——"恒常"之意，这也是为什么其他译本有选用 constant 的原因。当人们把它译作 Absolute 时，显然是把握到了它的引申义之一——"规则"。规则意味着常遵守，绝对规则意味着绝对、永远地遵守。但这种理解依然未达到"常"的应有深度，原因之一在于林语堂注意到了常道流行的必然性及过程，却没有回溯到其源头去作一探究。从"道"的定则角度看，一是它作为《老子》的开篇字句，其定则作用已然自身给予；二是我们可将其源头回溯至《周易》，这或许更重要。《周易》的乾、坤两卦各有一个"用九""用六"，这是 64 卦中其他 62 卦所没有的，而它们的作用即是为后世定则。从这个角度讲，常道意味着定则后为世代所遵循，因此是绝对的本质原则，也因此恒常不变。孔子在为乾卦作象时提到：乾道变化，各正性命[2]。他使用"道"来表达乾卦所蕴含的功能，既指出了乾道的定则及引领作用，也暗示了品物流形的生生不息之流动性，或恒常性。因此，"常"至少应从定则与恒常的复合意义理解。换言之，三位译者的选词，虽各有其道理，但只能说拥有了一部分

---

[1] 林语堂：《林语堂自传》，见林太乙：《林语堂传》，台北：联经出版事业公司，1990年。
[2] 王弼，韩康伯注，孔颖达疏，郑同整理：《周易正义》，见阮元校刻：《十三经注疏》，北京：中华书局，1980年，第 14 页。

合理性,却自有欠缺。其实西方哲学界有不少单词同时包含了原则性与恒常性等含义,例如 primal 就是比较常用的一例[①]。以现象学为例:primal 与 impression 联用所表达的原印象,指的是介于客观时间与内在时间交汇处的"现在"之代现,即,它既可以指当下的"现在",也可以指被构造的"现在",而无论从哪种时间角度看,"现在"都是一个必要因素,且处于永不间断的"出现—消失—再出现"循环。由此可见,它比 absolute、unchanging、unvarying、constant 等更符合《老子》的语境,因而更能表达出这句千古名言的深层含义。但同样是"诗无达诂",我们只能说,当下合适的译文或许首推 primal Tao,但不排除未来有更好的译文将其替代。

例 2 上善若水。水善利万物而不争(第八章)。

(林译)The best of men is like water; Water benefits all things and does not compete with them.[②]

(理译)The highest excellence is like (that of) water. The excellence of water appears in its benefiting all things.[③]

(韦译)The highest good is like that of water. The goodness of is that it benefits the ten thousand creatures.[④]

如前所述,对"道可道,非常道"一句的分析为我们下一步的译文分析定了则——角度、理路及思路。再来看例 2"上善若水。水善利万物而不争"也是老子为世人所熟知的一句名言。意思是说"上善的人好像水一样。水善于滋润万物而不和万物相争"。相比较"道",这一例中的概念更为西方所熟悉,因为在古代西方哲学中,"善"和"水"都是人们耳熟能详的重要术语。在西方哲学史上,亚里士多德(Aristotle)的《尼各马可伦理学》(*Nicomachean Ethics*)作为伦理学的开山典籍,在第一篇就提出了"善"的概念,并展开详释,几乎同一时期,中国也出现了诸子百家,其中含有大量以伦理为阐释对象的著作。简言之,"善"是中西方思想中较易沟通的术语之一。亚里士多德谈论的善有两种意义:具体的善和最终的善。具体的善是一个具体的目的,但它有不同的情形,有些只是另一

---

① 对这种意识层面内在时间以及"现在"的理解,可参见张琳,《再谈翻译学语境中的"交互主体性"》,《外国语(上海外国语大学学报)》,2020 年第 2 期,第 81-90 页。

② Lin Y T, *The Wisdom of Laotse*, New York: Random House, Ltd., 1948: 76.

③ Lao T, *Tao Te Ching or The Tao and Its Characteristics*, Legge, J. (Trans.), Auckland: The Floating Press, 2008: 19.

④ 陈鼓应今译,傅惠生校注,韦利英译:《老子》,长沙:湖南人民出版社,1994 年。

个较远目的的手段，有些则自身就是目的，但也作为某种最终极的善的手段而被选择；最终的善有总体的性质，因为更高的目的都包含了所有低于它的目的。最高的善是幸福。然而，在汉语中，关于"善"的讨论不可谓不繁多，因此我们只取其最基本含义——善，汉语常用字，最早见于金文。其本义是像羊一样说话，有吉祥美好之义。《说文解字》："善，吉也。从誩，从羊。此与义美同意。"从利他性上引申为友好、擅长、赞许、容易等义。从哲学角度看，早在《易传·文言传·坤文言》中即已出现"积善之家必有余庆，积不善之家必有余殃"的说辞。之后的各哲学流派都对善作出了主旨相同、角度各异的诠释。总体来说，"善"作为中国伦理哲学的一个关键词，人们对它的理解与西方既有同又有异。具体到翻译实践时，自然是取其同以达到对应。

众所周知，中国哲学没有西方的本体论、认识论等形式，而主要聚焦于宇宙论及伦理关怀，因此，这里的"善"我们首选"人性的理想向往"这个基本义。而在英语中，good 尽管有其他含义，但也包含了这一个基本义，因此可以用来翻译此处的"善"。从三个译本看，韦利显然考虑到了这一层；林语堂使用 best，显然是把"上善"包含在了一起，取的是"最大的善"之义，因此与韦利的并不冲突；而理雅各选择了 excellence，可以看出他倾向于语义支持，即，"最好""优秀"。这种语义与其他两者相比更偏狭义，可以说并不一定包含了伦理道德方面的"善（良）"，因此，我们认为理雅各的译文不可取。

结合"上善"看，则又有另外的延伸：林语堂用 best，即，最高级的 good，来表达"上善"。从语言角度讲，这种处理方法具有一定的模糊性：good 自身多义，因此 best 取其最高级，这没有瑕疵；但如果从哲学角度看，尤其是在知道这个"善"不仅指一般意义上的与"不好"相对的"好"，而更倾向于一种包罗万象的范畴时，就会发现，用 the best of men 并不足以表达"上善"之意——上善是一种大境界，与老子的其他范畴，例如"无为""大象"等处于同一层面，其寓意太深刻，以至于超出了基本的语言层面，只能单独作为一个范畴，勉强以 good 表达，更不可能作为人的一个属性。甚至可以说，把"上善"归属到人的特点，等于直接终结了林语堂对此句的正确把握。退一步，从表达角度，如果我们用音译"shan"，也会发现，best"无处安身"。也就是说，林语堂的这种处理，看似有道理，实则不然。理雅各的 excellence 也可为此处的分析提供一定佐证：虽然他用 excellence 不是很贴切，但显然已表达出他看出了"善"本身有"最好"之意，这已经包含了林语堂的 best，则理译文又加上一个 the highest 来表达"上"，从逻辑上印证了林语堂译文的考虑不足，韦利将"上善"处理成 the highest good

则可以说综合了林译与理译，因而比二者略胜一筹；但从他与理雅各都取 highest 来看，可以看出他们的逻辑思维痕迹——highest 侧重方位性与次序性，而这显然无法涵盖后面"若水"的蕴意，因为用高低或次序来描述水的特性，尤其是流动性，无论在中国还是在西方——水作为宇宙四元素之一——都是捉襟见肘的。由此我们的分析也进一步拓展到"上善若水"。当这个成语作为一个整体出现时，其含义比单个汉字或词组简单叠加要明确很多：最高层面的善就像水一样（利万物而不争）。从前述分析可知，善作为一个范畴，本已包罗万象；但因为西方自古就有"善"的概念存在，且与中国伦理学和宇宙论意义上的善有共同点，因此我们认为用 good 来对应"善"是站得住脚的；下一步，"上善"显然指的是最高境界的善，则译为 top good 比三个译本中的翻译更为妥帖，因为 top 本身包含了具体方位、次序等及抽象层面的最高；再进一步，"上善若水"中，汉语的"水"本身已有丰富的内涵，water 与它的共同点也是绝大多数其他范畴所不能及的，这或许与水是生命之源这一共识有关。总之，我们只需用 like water 即可充分表达"若水"；最终，我们可用 The top good is like water 来翻译"上善若水"。一方面，good 作为范畴而非形容词，可以很好表达"善"的丰富内涵；另一方面，简单的 like water，也是一种看似倒退的"模糊化"[类似于现象学中的"边缘化"（marginalize）]翻译方法，反而凸显了水的诸多特点，比 the good of water 这样具体的特征凸显更符合原文的丰厚意蕴。

例3　我独泊兮其未兆，沌沌兮，如婴儿之未孩（第二十章）。

（林译）I alone am mild, like one unemployed, like a new-born babe that cannot yet smile.[①]

（理译）I alone seem listless and still, my desires having as yet given no indication of their presence. I am like an infant which has not yet smiled.[②]

（韦译）I alone am inert, like a child that has not yet given sign.[③]

"婴儿之未孩"是老子十分强调的一种境界，首见于《老子》第二十章："……众人熙熙，如享太牢，如登春台。我独泊兮，其未兆；沌沌兮，如婴儿之未孩……"

[①] Lin Y T, *The Wisdom of Laotse*, New York: Random House, Ltd., 1948: 128.

[②] Lao T, *Tao Te Ching or The Tao and Its Characteristics*, Legge, J. (Trans.), Auckland: The Floating Press, 2008: 38.

[③] 陈鼓应今译，傅惠生校注，韦利英译：《老子》，长沙：湖南人民出版社，1994年，第43页。

意思是"众人都兴高采烈，好像参加丰盛的筵席，又像春天登台眺望景色。而我独个儿淡泊宁静啊，不炫耀自己，混混沌沌啊，好像不知嬉笑的婴儿……"[1]。还有一种解读是"众人是那样兴高采烈的，好像享用了丰盛的宴席一般，又好似春日里登台远眺一样，唯独我淡泊宁静，从未有过情欲的征兆，就好像还不懂得嬉笑作态的婴儿一般。"[2]显然，"婴儿"与"孩"代表两个不同的阶段或状态，不仅限于人类世界，而是包罗万象，小到微观世界，大到整个宇宙。关于老子的"婴儿之未孩"，学界有不少人做过探讨，仅对"孩"的所指已是讨论得热火朝天[3]。人们传统上都认为"孩"在古文字中与"咳"同，意为"孩子笑"，后来有学者从多个角度予以反驳。可以说，除非老子本人，否则无人能够十分明确地判定"孩"在这里到底所指为何。语言的歧义性之不良影响在此可见一斑。人们已经达成的共识是：婴儿、无极、朴所指相同，"婴儿之未孩"指未受过多人为主观因素渲染的混沌自然状态。

  我们认为，首先，婴儿和孩的分界线与老子对语言的理念密切相关，即，是否会使用语言应是婴儿与孩的分水岭。纵观《老子》即可知，老子对语言持理性借鉴的态度——语言是表达思想的重要工具，但"道可道，非常道""多言数穷，不如守中""美言不信"等等。换言之，老子认为对语言的过于依赖会降低人们对世界本质的把握能力，即所谓"为学日益，为道日损"。其次，"婴儿"是《老子》中一个用以达意的重要形象，分布在全书，例如第二十八章中再次强调："……为天下溪，常德不离，复归于婴儿"[4]。并在第五十五章中另有详细描述："含德之厚，比于赤子。毒虫不螫，猛兽不据，攫鸟不搏。骨弱筋柔而握固……"[5]可以看出，老子认为，婴儿虽然至柔，但百毒不侵，因为它是至精至和的表象，所以用来比喻德之厚十分恰当。鉴于此，他提倡回归至"婴儿之未孩"的状态，原是为了引导人们走上真正可以通达"道"的方向，即，只有当人们卸掉纷繁复杂的装饰，回归到婴儿未孩的质朴状态，才能够距离"道"最近，从而求道—悟道—得道。此所谓"道隐无名，朴"，又所谓"无为而无不为"。可以说，前者是得道所追求的状态，后者是得道的理想结果，也是回归到"婴儿之未孩"的目的所在。由于从《周易》《老子》《庄子》到《坛经》，都对语言持一种"言不尽意"

---

[1] 陈鼓应今译，傅惠生校注，韦利英译：《老子》，长沙：湖南人民出版社，1994年，第42页。
[2] 老子：《老子的智慧（上、下册）（汉英对照）》，林语堂译，合肥：安徽科学技术出版社，2012年，第431，432页。
[3] 侯乃峰：《老子》"如婴儿之未孩"解，第二十三次全国医古文研究学术交流会论文集，2014年。
[4] 参见 https://www.daodejing.org/28.html。
[5] 陈鼓应今译，傅惠生校注，韦利英译：《老子》，长沙：湖南人民出版社，1994年，第126页。

的态度，应该说，老子以语言为界，区分婴儿与孩两个阶段，以突出语言难以企及的本真领域，是自然而必然的，此处不再有必要赘述。但我们要把论证角度同生理学角度区分开来，因为在后者视域中，人学会说话的时间随个体而有所差异，无法给出一个十分精确的标准来判断什么时间是婴儿，什么时间是孩。我们认为，从论证起见，"度"只能设定在是否会说话。至于怎样才算会说话，如果再行界定，则有无限后退之嫌，因为没有人能准确把握婴儿开口说话的具体表象。

基于此，在英译"婴儿之未孩"时，需要先确定"婴儿"与"孩"的选词，这是关键。当我们厘清了二者的区别，再到英语中寻求对应时，就会有的放矢。在英语中，婴儿（包含幼儿）相关的单词①主要有 infant、baby、child。按牛津词典、柯林斯词典②的解释，对 infant，两个词典的界定都是 a baby or very young child，牛津词典的解释是 4—7 岁的幼儿，而柯林斯词典解释则是 5—7 岁的幼儿。那么我们自然会追问：三岁及以下的幼儿是哪个单词？关于 baby，牛津词典界定的是 a very young child，而柯林斯词典的界定则是 a very young child, especially one that cannot yet walk or talk。可以看到，后者多了一个具体语境：尚未学会走路或说话的幼儿。实际上，婴幼儿走路和说话并不一定同时发生，这是个常识。我们这里对此置而不论，而是将焦点放在"尚未学会说话"上，因为它为我们前述分析提供了一个佐证。再来看 child，其实通过前两个单词即可看出，child 是同义词辨析中的"习惯用语"，即 common usage。两个词典的界定都是 a human being who is not yet an adult。可知 child 的涵盖范围从年龄角度上要大过 infant 和 baby。

再来看三个译本的处理：林语堂将其译为 a new-born babe that cannot yet smile。首先可知，他也认为"孩"的界限在于会笑，由此可透视到他对当时学界有关此句的评论颇为关注，而稍有常识的人都知道，婴儿出生后很快就会笑，尽管是无意识的；但看到人后有意识地笑也是在两三个月以内。更重要的是，译文中并未专门对"笑"作出具体解释，哪怕加入一个脚注"婴儿会笑意味着对世界具有了初步认知"，且不论老子是否在几千年前即已具备了当代心理学的基本理念。也就是说，林语堂采用"笑"，只是遵循了当时的主流解释，而且他自己也认为不无道理，并未深入研究调查这个"笑"从心理学角度讲与日常用法有什么

---

① 我们倾向正式用法，这是由本课题的研究语境所决定的。

② 参见牛津词典：https://www.oxfordlearnersdictionaries.com/definition/english/infant_1?q=infant；柯林斯词典：https://www.collinsdictionary.com/dictionary/english/infant。

不同。其次，从对应角度讲，林译其实并未将"孩"翻译出来，尽管他的处理看起来像是意译。但在可以进行对应的情况下，避开对应而选择意译，无论如何算不上佳译，相信大多数人都会认可这一观点。最后，林语堂用 a new-born babe 翻译"婴儿"，有其合理之处：至少，new-born 凸显了人类婴儿的初始阶段，这一点与老子的"婴儿"相符。

理雅各将其译为 an infant which has not yet smiled。首先，关于"孩"的翻译，显然他的策略与林语堂相同，可推知他的观点应该与后者不会出入太大。其次，理雅各用 infant 翻译"婴儿"，本文认为相比较林语堂，他的失误可以说更加不可接受——毕竟，作为母语为英语者，他至少应该具备基本的词汇储备和辨析意识。根据前文牛津词典和柯林斯词典可知，理雅各这里并未认真区分 infant 与 baby 的差异，或者说，他对"婴儿"的理解就是在学会笑之前，此外无他。则由此可推知，他并未深入理解老子的用意。鉴于"婴儿"在《老子》中出现过多次，我们有理由认为，理雅各至少对这个概念的把握并未到位。

韦利将其译为 a child that has not yet given sign。首先，相比较前两者，韦利使用 child 来对应"婴儿"，且未加前置修饰词，说明他应该是没有注意到"婴儿"的特殊性，因而也并未考虑同义词辨析问题。其次，我们注意到，韦利对"孩"的处理与其他两位译者不同：他使用了 give sign。由于韦利没有加注解释 give sign 具体所指为何，我们只能作出推论：sign 有"符号"之意，给出符号可以理解为说话，则整个句子的处理说明韦利将"婴儿之未孩"理解成了"尚未给出符号（应该是指发出音节）的幼儿"；或者说，sign 有"迹象"之意，韦利意在描述幼儿"尚未露出迹象"，至于到底是什么迹象，无从考证。相比较其他两位译者，韦利对"孩"的状态处理多了一份思考，因而也更接近原义，但他对婴儿与孩之区分的忽略，却暗淡了他对此句英译的亮点。

综合对三种译文的比较以及对"婴儿之未孩"的语义、语境分析可知，在英译时应取 baby 对应"婴儿"，infant 对应"孩"。由于 infant 及之后的年龄段与 child 交叠，所以不考虑 child，则"婴儿之未孩"的适宜英译应为：baby remaining to be an infant。值得肯定的是，三位译者分别使用了 which 和 that 来修饰 infant，符合婴儿性别不定情况下的词法规则，因此亦可译为 baby that remains to be an infant；但遗憾的是，三位译者都忽略了"婴儿"与"孩"的差异分析，由此可推知他们都没有足够重视老子对"婴儿"之深厚寓意的偏好。这一点可从他们对《老子》中其他几处"婴儿"的英译得到佐证。例如林语堂在其他两处分别使用了 new-born child（"能如婴儿乎？"，第十章）和 babe（"复归于婴儿"，第二十八章)[①];理雅各相对应的是 a (tender) babe 和 simple child[②];韦利则分别使用了 a little child 和 the state of infancy[③],可知他们并未将三处的"婴儿"结合起来深度思考,这进一步印证了他们在把握原典核心方面的不足。就林语堂的翻译而言,由于这里其实不牵涉到语词的选择——后者是由译者对原文原义的把握程度所决定的,因此可以说,他虽然对中国古典文化了解很深,但还是不够深刻。这也可以解释为何在这几篇译文的比较分析中可以看到,他与作为汉学家的理雅各和韦利总体水平相差不大,主要表现为"此长彼消"的状态。当然,这并不能抹消三位译者翻译作品的优秀与出色。

例 4 为学日益,为道日损。损之又损,以至于无为。无为而无不为(第四十八章)。

(林译)The student of knowledge (aims at) learning day by day; The student of Tao (aims at) losing day by day. By continual losing one reaches doing nothing (laissez-faire).[④]

(理译)He who devotes himself to learning (seeks) from day to day to increase (his knowledge); he who devotes himself to the Tao (seeks) from day to day to diminish (his doing). He diminishes it and again diminishes it, till he arrives at doing nothing (on purpose). Having arrived at this point of non-action, there is nothing which he does not do.[⑤]

(韦译)Learning consists in adding to one's stock day by day; The practice of Tao consists in "subtracting day by day, subtracting and yet again subtracting till one has reached inactivity. But by this very inactivity everything can be activated".[⑥]

老子提出"婴儿之未孩",本身就是对"众人熙熙,如享太牢,如登春台"

---

① Lin Y T, *The Wisdom of Laotse*, New York: Random House, Ltd., 1948: 83, 160.
② Lao T, *Tao Te Ching or The Tao and Its Characteristics*, Legge, J. (Trans.), Auckland: The Floating Press, 2008: 22, 51.
③ Waley A, *The Analects*, Beijing: Foreign Language Teaching and Research Press, 1998.
④ Lin Y T, *The Wisdom of Laotse*, New York: Random House, Ltd., 1948: 229.
⑤ Lao T, *Tao Te Ching or The Tao and Its Characteristics*, Legge, J. (Trans.), Auckland: The Floating Press, 2008: 86.
⑥ 陈鼓应今译,傅惠生校注,韦利英译:《老子》,长沙:湖南人民出版社,1994 年,第 110 页。

的一种怀疑——当众人都为名利而奔波，并为暂时的收获而欣喜若狂时，"我"却对此持怀疑态度：这种奔波是否有其真正的价值？是否人生的意义即在于此？答案显然是确定的：非也。所以才会有"我独怕兮其未兆，如婴儿之未孩"，即，世间事原本简易，是世人自迷，被虚浮的外表遮蔽了视线，没能看到事物的本质。老子这样想是很自然的，因为比较《周易》和《老子》即可看出，后者可以说是老子本人对前者的一部结合自己沉思而写就的大注疏。古人将《周易》《老子》《庄子》合称三玄，是因为它们的中心理念一脉相承。仅以此句中的"无为"，也即老子所提倡"复归于婴儿"（《老子》第二十八章）的目的之一，为例：在《周易》中，"无为"从萌芽到雏形一直到初步发展成熟，都有其印证，尤其是晋、明夷、益、中孚四卦：从"无为"的第一层表层含义——管理者既已委任下属，则自己不必事事躬亲；经第二层表层含义——管理者不干预下属行事，而是放手让其大胆作为；到"无为"的本质开始彰显——管理者不求名利、以惠心治民，才有真正的"物皆应之"，即，"无为"的本质就是简易；再到"无为"的精髓——只有当政者不谋私利，惠心为民，才能达到无为，才能"无为而无不为"。可以看到，要达到真正的"无为"，首先是要对一切"有为"，包括"享太牢""登春台"等持怀疑态度，"唯德是与"。也就是说，回归到"婴儿之未孩"，让自己处于简易状态。其实所摘引的这句话中，老子已经清晰指出了无为的来历："为学日益，为道日损。损之又损，以至于无为"。陈鼓应今译为"求学一天比一天增加（知见），求道一天比一天减少（情欲）。减少又减少，一直到'无为'的境地"[①]。梁芳兰、刘圣德解释如下"探求学问知识，每天都会学得更多一些；但探求'道'理，则每天的作为都会减少一些。而且减少之后还要再减少，最后达到无所作为（顺应自然）的境界。"[②]可知，无为的本质即前述将一切知识（非智慧）、前见、名利等都予以悬搁、排除。

基于上述，我们来看"无为"的英译：林语堂将其译为 losing，可知他抓住了无为的基本含义：排除；但进一步，排除的对象是什么，林语堂没有展开追问，因此可以说留下了一个疏漏。理雅各译为 doing nothing (on purpose)，由此首先可以看到，理雅各也抓住了无为的基本含义，甚至比林译更彻底：doing nothing；其次，理雅各显然认为 doing nothing 不够表达出无为的丰富含义，因此补充上了 on purpose。进行补充以使含义丰满，这本无可厚非，但这里用上 purpose，却让我们

---

① 陈鼓应今译，傅惠生校注，韦利英译：《老子》，长沙：湖南人民出版社，1994年，第110页。
② 老子：《老子的智慧（*The Wisdom of Laotse*）（下册）》，林语堂译，合肥：安徽科学技术出版社，2012年，第863页。

不得不说，理雅各有"用力过度"之嫌——他把无为限定在了目的层面。这无疑大大缩小了无为的适用范围：从国家管理角度讲，管理者从原来的不追求私利一下子变成了无目的作为，这无论如何也解释不通。国家管理自有其明确的目的所在：使人民安其居乐其业。所谓无为，只是说管理者自身不追求"有为"，但绝非没有目的。因此，理雅各的译文分成了两段，前半段很出色，后半段却有过度翻译之嫌。再来看韦利的译文：inactivity。按牛津词典，inactive 意为 not doing anything; not active，且给出了一个非常适合本文语境的例子：politically inactive；柯林斯词典是这样界定 inactive 的：Someone or something that is inactive is not doing anything or is not working. 它与牛津词典有交集，也有一定补充：不起作用的。我们认为，从词典解释其实已可看出，用 inactive 来翻译"无为"，并不合适，且有贬义化该词之嫌。由此也可看出，韦利并不真正了解无为的含义，而是停留在了字面上。这也给了我们另一角度的提示：这种译文，在受众那里，会起到怎样的作用？这个问题我们留待下文展开，此处不赘述。

综合无为本身的深厚内蕴及对三种译本的分析，我们认为，比较合理的翻译是 doing nothing utilitarian。牛津词典对 utilitarian 的界定是：designed to be useful and practical rather than attractive，即实用胜过单纯的吸引力，或者说，它不乏贬义层面的"唯实用论"意味。柯林斯词典的界定是：Utilitarian means based on the idea that the morally correct course of action is the one that produces benefit for the greatest number of people. 与牛津词典不同，它更强调功利主义理念，而且是从大众角度出发，即所谓"为最大多数群众谋利益"。这反而符合我们所熟知的共产主义理想，自然与老子的无为思想更贴近。但它并不排除在这个"最大多数"中包含自身，换言之，这里不乏"有福同享"之意。笔者认为，这一点至关重要，因为它暗含着需要做出个人牺牲时的取舍问题，显然，从管理角度讲，"舍小我为大我"才符合"无为"的境界。综合两种界定，我们首先得出一个结论：utilitarian 本身趋于中性，偏褒义时，它是一种崇高理想的表象；偏贬义时，则存在过分注重个体幸福而忽略大局的倾向。功利主义的哲学阐释包含了唯理论与经验论两个层面，纠结于二者的区分会使我们陷入辩论怪圈，因此这里对其置而不论。结合老子对无为的阐释及运用，可以说他倾向于反对"有用才是硬道理"这种观点，而更注重管理者对私利之心的抛却或对"利他"（altruism）精神的遵循与执行；同时，对这种功利心的抛却本身也是对管理者极高的要求，因为它实实在在包含了一定的高尚因素：为最大多数群众谋利益。从抛却私利之心角度看，无为与"无用"更贴近，《庄子》中不乏类似于"大而无用"的大瓠、大树的例子，也都是通过表层的"无用"透视到本质上的"无用而大用"——例如得以保全生命、长盛不衰等等。而庄子的"无用"论显然传承了老子无为的思想，因此我们可反向得出，"无为"是对功利的悬搁与排除。或许用前述"为学日益，为道日损"更能解释这种看似矛盾的现象。综上，尽管 utilitarian 一词本身趋于中性，尽管"功利主义"并非简单的"唯利是图"之意，但从"无为"所最适合的管理者，尤其是国家层面管理者角度看，"抛却功利心"是对"无为"的解释中最符合老子思想的，这也是我们选取它的主要原因。

在分析完四个代表性例子，做完三种译文的比较分析之后，我们发现：从总体上讲，对中国古代典籍的外译首先需要考虑的是思想深处的蕴涵，其次是对应术语的遴选。从三个译本中，可以看出，整体上讲，林语堂虽然早期所受教育并非传统的中式教育，但并不妨碍他作为一个中国人对中国典籍所承载思想的天然沟通性。这是我们不能忽略的一个现象。虽然英国汉学家葛瑞汉（Angus Charles Graham）那句话为译界所熟知——在翻译上我们几乎不能放手给中国人，因为按照一般规律，翻译都是从外语译成母语，而不是从母语译成外语，这一规律很少例外——实际上并不适用于我们当下大规模的中国文化、学术外译，但这句话自有其不容置疑的道理在，即母语者对自己所属文化的那种血脉中的熟悉。这种熟悉对母语者而言，重拾的困难要小于非母语者对异域文化深透把握所要面临及克服的困难。当然，我们并非在强调母语为原语的译者的不可替代性，而是说应将这一现象作为考虑因素之一。我们面临的事实是：由于林语堂本人对中西方哲学思想的了解超过一般译者的熟悉与把握，使得他的译文在很多方面可与英语为母语的汉学家比肩，上述译文的对比分析也印证了这一点，而这也进一步印证了林语堂翻译活动的研究价值。后者正是本书的研究重点。

5.1.2 《孔子的智慧》核心概念英译比较

如前所述，与《老子的智慧》基本按《老子》原本顺序展开翻译不同，《孔子的智慧》中，《论语》部分在一定程度上可谓林语堂的一种"创译"——他将《论语》的顺序做了彻底调整。如其在导言中所说，按分类打乱了原有顺序重新整合，因为他认为原有顺序跳脱性太大，不利于受众顺利跟上思路。从林语堂的变译策略看，对整个文本顺序的调整无疑比《老子的智慧》更能凸显其特色，且不论这种特色是优是劣。同时，它也对原作所承载的思维特点能否顺利转渡至译作提出了不可谓不大的挑战，而这又必然对翻译本质的界定研究提出了更高的要求。因此，在这一节，我们将围绕这三个方面逐步展开讨论。

我们选择了林语堂、刘殿爵及韦利的译本，其中刘殿爵作为学者，除了对《论语》有深厚的了解，还因生活于香港，长期受当地文化浸润而对英语有比较特殊的把握。在语言方面，他与林语堂有同有异：同主要表现在英语作为他们的准母语，对他们的影响，以及反过来他们对英语的把握，都可与英语母语者相媲美；异则主要表现在林语堂的英语、汉语双重文化浸润要比刘殿爵更纯粹些，这一方面决定了他们在理解汉语原典上的差异，另一方面也决定了他们在这方面的互补。具体分析可随行文的展开逐渐给出，因而此处不作赘述。

关于原文，我们选取《论语》中"孔子之志""述而不作"和"颜渊问仁"三段为比较分析对象。做此选择的原因主要是它们分别凸显了孔子思想中虽然不同却又各具很强代表性的侧面，且并未脱离儒家思想的核心理念，例如孝悌、仁、德性等。更重要的，是译者们的不同处理所凸显的问题可为我们展开相关研究提供丰厚资料。先来看原文：

例1 子路曰："愿闻子之志。"子曰："老者安之，朋友信之，少者怀之。"（第五篇·公冶长）

我们选取这一段作为分析案例，一是因为孔子的志向当是后代效仿的楷模；二是凸显中华民族孝悌文化的传统与特点，因为它不仅是儒家思想的核心之一，也是人类传承的本质理念所在；三是西方国家在医疗条件不足时选取的"舍老取青"策略，展开与翻译相关的思考。毕竟，中华典籍外译的一个初衷是将中华民族的美德告知世界，同时也为人类文明的发展作出贡献。这个例子描述的是师徒几人围坐讨论志向或愿望的问题。被问及自己的志向时，孔子发了三个愿：对老年人，使其安享晚年；对朋友，使其投注信任；对年轻人，使其感受关怀。对这句话的细致理解，可以说仁者见仁，智者见智，但基本能达到前面这个共识。老者、朋友（其实代表了他的同龄人——笔者）、年轻人可以说在时间维度上涵盖了人的一生，由此可知孔子的教育理念是包罗万象的。但结合到翻译时，我们首先需要确定原文的方向性，即，对老年人、朋友、年轻人，都是从孔子本身出发的，因为关于他们的内容是发自孔子的愿想。这一点毋庸置疑，因而同时可以确定翻译的基本方向；其次，三个"之"都依次意指人还是各自所围绕的核心？显然，从孔子的角度出发，可知他们分别指代所跟随的人，即老者、朋友、少者。这也决定了翻译时所采用的代词之人称、数、格等形式；最后需要确定语态。因为是孔子的愿想，可知需借助一定的方式达成它们，即，孔子在教言教，显然是希望通过教育使之然，这意味着应以主动语态为首选。基于此，我们来看三个译文：

（林译）Then Tselu said, "May I hear what is your ambition?" And Confucius replied, "It is my ambition that the old people should be able to live in peace, all friends should be loyal and all young people should love their elders."①

（刘译）Zi said, "I should like to hear what you have set your heart on." The master said, "To bring peace to the old, to have trust in my friends, and to cherish the young."②

（韦译）Tzu-lu said, "A thing I should like is to hear the Master's wish. The Master said, In dealing with the aged, to be of comfort to them; in dealing with friends, to be of good faith with them; in dealing with the young, to cherish them."③

总体而言，林语堂对此句的诠释符合人们的共识，但对"少者怀之"，显然他有自己的理解：按其译文回译，可得到"年轻人爱戴他们的长辈"，这符合中国传统的孝悌文化主旨，但却与通识的"关怀少年人"相左，因此我们先暂时将其悬搁。再来看刘殿爵的译文：总体而言，刘译可谓简洁流畅。与林译不同，刘殿爵的处理格外凸显了孔子之志的个人色彩，通过回译可知：带给老者平安、对朋友信任、对少者关怀，都是从孔子作为一个修为高尚的个人角度出发的，却忽略了孔子思想与教育之间的内在关联。毕竟，本句所在语境决定了孔子不仅仅阐释个人的意愿，而是以个人发愿的形式引导学生们向更高尚目标前行。因此，相比较林语堂的整体处理，刘译虽然流畅简洁，但缺乏一种与整体思量相关的"应然"（ought to）意味。我们认为，这与他始终浸润在一种以个体主义为核心的准西式思维与文化中的知识背景不无关系，我们前述分析的他所在的香港，这种带有糅合色彩的文化知识背景，也从他的译文中得到了一定印证。再来看韦利的译文：从行文角度看，韦利用了三个排比句，首先体现了语言形式的工整性，以及与原文的对应，可以说是个妙笔；从语义看，韦利的译文显著突出了从孔子个人出发这一角度——dealing with 的施动者是孔子，them 显然分别对应老者、朋友、少者。与其他两位译者不同，韦利对"之"的处理让我们觉得眼前一亮——他用

---

① Lin Y T, *The Wisdom of Confucius*, Beijing: Foreign Language Teaching and Research Press, 2009: 125.
② 孔丘：《论语：汉英对照》，杨伯峻今译，刘殿爵英译，北京：中华书局，2008：83。
③ Waley A, *The Analects*, Beijing: Foreign Language Teaching and Research Press, 1998: 61, 63.

them 来统一对应"之",给了后者明确的语义界定,我们可以因此在"之"与"他们"之间自由切换。这里同时反衬出了一个问题:人们对这三个"之",以及整句话该如何理解?从前文可知,林语堂的译文中,三个"之"并不相同,尤其是"少者怀之",显然林语堂把它处理成了"老人",the elders;而前面两个"之"则化成了一种类似语气词的虚词,因此译文句中的谓语动词没有宾语。换言之,韦利对这三个"之"的处理指向性明确且统一;而林语堂则"大而化之",甚至可以说充分利用了"之"的多功能性及多义性——人称代词、虚词等;刘殿爵的译文凸显出了一种两可性——既可以将"之"理解为三者,也可以理解为虚词、与整个句子的语义融合在一起。但他的这种处理与林语堂的并不相同,毕竟他没有林译那种明显的宾语指向上的差异(例如"少者怀之")。

基于上述,可知对这一句的处理中,主要问题有三:从句子结构看,一是主语,二是宾语;从语义看,一是整体语义,二是个体语义;从背后所承载思想看,一是整体教育理念的渗透,二是对个体主义的凸显。鉴于我们面对的研究对象是中国古代经典的外译,因此首先要明确语境及目的:对整体语义的把握;对中国传统教育理念与思想在语言层面的体现。林语堂对这一方面的把握较其他两位译者更到位。虽然他的处理方式也促生了一些理解上的抵牾,但总体而言,他的变译策略所达到的效果更有助于人们把握此句所传递的中国传统教育理念的核心。虽如此,在对原作含义的把握上,既然是译作,就有其必须遵循的原则,即"含义的转渡"。在这个基础上,对"少者怀之"的理解与诠释,我们认为,林语堂有所偏差,即,他超出了作为译者应有的"度"。其实简单说,孔子的志向不外乎"尊老爱幼、忠于朋友",这个理念不仅仅对他自己有效,更是"放之四海而皆准"。也就是说,在这句的英译处理上,"靶向性"明确固然可嘉,整体化或模糊化也未尝不可,但万变不可离其宗——"少者怀之"的基本含义应与对少者的态度相关,而非少者如何作为。毕竟,林语堂对前两个词组的处理符合共识,说明他并非有意"另辟蹊径"。因此,综合来看,三个译本中,如果林语堂将"少者怀之"改为"all young people should be cherished",就会给读者呈现一个上佳的译文。

例2 子曰:"述而不作,信而好古,窃比于我老彭。"(第七篇·述而)

我们选取此句作为分析案例,主要有三个原因:一是"述而不作"长期被视为中国传统思想文化的精华,备受众多学者推崇。然而,随着人们对知识架构本质的认知不断深入，这一观点逐渐受到质疑，学界围绕它产生了诸多争论，因此，该观点极具典型性。二是关于"老彭"的解读同样争议不断。与"述而不作"不同，它所凸显的并非孔子思想本身的问题，而是与之相关的衍生问题，因此，对"老彭"的理解与翻译在学术讨论中同样具有代表性。三是林语堂对此句的处理别具一格。他打破常规语序，以独特的方式重新编排语句，这种与众不同的翻译手法激发了我们深入分析的兴趣。

（林译）Confucius said, "I may perhaps compare myself to my old friend Laop'eng. I merely try to describe (or carry on) the ancient tradition, but not to create something new. I only want to get at the truth and am in love with ancient studies."①

（刘译）The Master said, "I transmit but do not innovate; I am truthful in what I say and devoted to antiquity. I venture to compare myself to our Old Peng." (注：It is not clear who Old Peng was.)②

（韦译）The Master said, "I have 'transmitted what was taught to me without making up anything of my own.' I have been faithful to and loved the Ancients. (Note: Cf. Mo Tzu, 'A gentleman does not make anything up; he merely transmits.') In these respects, I make bold to think, not even our old P'êng (注：The Chinese Nestor. It is the special business of old men to transmit traditions.) can have excelled me."③

我们注意到，林语堂不仅变更了《论语》的整体结构，而且也对单句顺序做出改动。这种改动并非遣词需要，而或许是出于译者的节奏感。鉴于句子结构的改动是翻译过程中的常见现象，我们不做过多评论，但这里其实并不存在做出改动的必然因素；相反，从语义连贯及其潜在的逻辑性来看，这种改动反而有可能是一个"败笔"。试分析如下：首先，尽管孔子说出"述而不作"时或《论语》成书的当时，人们并不能预测到它会成为后世传诵千年的经典成语，但毕竟孔子在这里首提"述而不作"有其充足的理由。从字面意思可知，它像现在一样意指

---

① Lin Y T, *The Wisdom of Laotse*, Beijing: Foreign Language Teaching and Research Press, 2009: 127.
② 孔丘：《论语：汉英对照》，杨伯峻今译，刘殿爵英译，北京：中华书局，2008：105.
③ Waley A, *The Analects*, Beijing: Foreign Language Teaching and Research Press, 1998: 79.

第 5 章 林语堂"入西述中"译作比较 | 129

"只叙述和阐明前人的学说,自己不创作"①。既然如此,从时间角度来看,孔子先说"述而不作",而后展开"比于我老彭"符合思维和逻辑流程特征。也就是说,林语堂将二者顺序调换,违背了正常的发展程序,而且他并未强调对"比于我老彭"的突出。退一步,从强调角度来看,这整句的重点也应在于"述而不作"而非"比于我老彭",否则也就失去了教化的作用而变成孔子沾沾自喜的自夸之句。"信而好古"亦复如是,它也进一步突出了"效法古人"这个前提,因而同时也进一步暗示了后面"比于我老彭"的比拟特征,尤其是"老彭"中所含有的古人的信息。由此可知,老彭不会单指一人。这一点似乎并未引起学界足够的注意。其次,如前述,关于"老彭",学界有所争议,不外乎有认为(包括林语堂)意指一人即彭祖的;也有认为意指两个人的,且结合前两句可知它指的是老子与彭祖。我们倾向于后者,因为从整个句子来看,孔子这里先陈述对前人的传承,后将自己与其做比拟,符合思维的流程。因此——再次,就英译而言更重要的是,"老彭"如果意指两个人,则林语堂的处理方式值得商榷:他翻译成了 my old friend Laop'eng。从这个译文回看,可以推出:"老彭"在林语堂眼里就像日常对朋友的称呼,例如"老王""老李"等;他显然也考察了彭祖与孔子的关系,认为二人的友谊超出了普通,因此加上了 old friend;但"老彭"指代彭祖在可查史料中出现的频率非常之低,这里为何林语堂选择相信老彭就单指彭祖,尚是一个谜。而且,孔子与老子的关系已为人所熟知,也颇多史料记载,例如《吕氏春秋卷二·仲春纪第四·当染》中有记:"孔子学于老聃、孟苏夔、靖叔"。鉴于此,"老彭"这里仅仅处理成"Laop'eng",未免有考虑不足之嫌。显然 compare myself to Laozi and Pengzu 更可接受一些。当然,值得肯定的是,他对"述而不作""信而好古"翻译得很到位。这样也帮助我们进一步确定了三种译本在这一句上的比较落点。接下来看刘殿爵的译文。

相比较而言,刘殿爵对这句原文的处理更趋稳妥:首先,他没有改变句子顺序,而是先翻译了"述而不作""信而好古",之后才处理的"比我于老彭",说明他注意到了整句的逻辑连贯性;其次,作为译者,刘殿爵显然也遭遇了"老彭"的两种解释,因为他不可能不知道学界的相关争论,出于谨慎与诚实,他加了一个注,表明虽然自己将"老彭"翻译了出来,但不确定他到底指的谁。这同时也让我们看到了译者的负责态度和值得赞扬的职业操守。但从翻译角度看,这种处理方式难免有推卸责任之嫌,毕竟,译者不应将难题留给读者,一句"不知道"的注解,看似负责任,讲了实情,实则是对问题的逃避。试想:如果多处难

---

① 参见 https://cidian.gushici.net/7e/c3c61d12959b.html。

点一概以"不知道""不明确"处理，那译者何为？

有趣的是，无独有偶，韦利也在"老彭"处加了注：The Chinese Nestor. It is the special business of old men to transmit traditions。涅斯托尔（Nestor）何许人也？他是希腊神话中以睿智而闻名的皮洛斯（Pylos）之王，是阿尔戈英雄涅硫斯（Neleus）之子，是攻打特洛伊的希腊重要将领之一、以英俊勇敢著称的安提罗科斯（Antilochus）之父。《伊利亚特》（*Iliad*）中提到，涅斯托尔与希腊人一起前往参加特洛伊战争，虽然他的年龄跨了三代，但依然是一位骁勇善战的斗士和令人尊敬的军事顾问。《奥德赛》（*Odyssey*）中描述道，众神因为他的虔诚与谨慎而让他战后毫发无损地回到了皮洛斯[①]。简言之，涅斯托尔因其睿智而著名，这里韦利将老彭比作"中国的涅斯托尔"，意在表达老彭的睿智。但同时也暴露了一个问题：他像林语堂一样，把老彭看作是一个人。尤其是后面那句注释——传播传统是老人的专属事务，此话虽然不无道理，但未免有过于直白之嫌，一读之下甚至会让人误以为他是想说"老彭"的"老"是指老年人的"老"。

基于前述比较，可知这一句话的英译中，问题主要集中在两方面：一是句子顺序的改变是否有必要；二是对"老彭"的理解与翻译。而这两个问题在林语堂的变译策略层面又折射出一些问题：变译的度该如何把握？译者对原典的理解是否也有规定性方面的要求？我们认为，前一个问题牵涉含义转渡，而后一个则需从解释学那里寻求启示，尤其是后者——在当下的解释学与翻译学融合界面研究中，"翻译即解释"这一论断如何解读的问题。

例 3　颜渊问仁。子曰："克己复礼为仁。一日克己复礼，天下归仁焉。为仁由己，而由人乎哉？"（第十二篇·颜渊）

我们选取此句作为分析对象，部分原因是基于对"仁"这个可谓人尽皆知的儒家核心术语的另一角度解读，例如它与"克己复礼"的内在关联。"克己复礼"是儒家思想中一个高频核心成语，但其具体意义和所适合语境却并不为大多数人所熟悉。朱子解克己复礼，其言曰："克，是克去己私。己私既克，天理自复，譬如尘垢既去，则镜自明，瓦砾既扫，则室自清。"又曰："克己复礼，间不容发，无私便是仁。"又曰："天理人欲，相为消长，克得人欲，乃能复礼。"[②]简言之，就是克服自己的私欲，顺应天理，以达到澄明的仁的境界。我们更熟悉的"慎独""无欲则刚"等都与此理念相似。它是判断自我修为是否成功的一个标准。

[①] 参见 https://www.reed.edu/humanities/110Tech/Iliad.html; https://freeditorial.com/en/books/the-odyssey/related-books.

[②] 参见 https://baike.baidu.com/item/克己复礼/367617?fr=aladdin.

孔子认为，克己复礼是达到仁的一个核心路径，且仁只能依靠人自身才可达到，非他人所能影响。这无疑强调了自因的重要性。在这一段的英译中，有两个术语尤其值得重视：首先是"仁"，其次是"克己复礼"。我们先看一下三个译文的处理方式：

（林译）Yen Huei asked about true manhood, and Confucius said, "True manhood consists in realizing your true self and restoring the moral order or discipline (or *li*). If a man can just for one day realize his true self, and restore complete moral discipline, the world will follow him. To be a true man depends on yourself. What has it got to do with others?" ①

（刘译）Yan Yuan asked about benevolence. The Master said, "To return to the observance of the rites through overcoming the self-constitutes benevolence. If for a single day a man could return to the observance of the rites through overcoming himself, then the whole Empire would consider benevolence to be his. However, the practice of benevolence depends on oneself alone, and not on others."②

（韦译）Yen Hui asked about Goodness. The Master said, 'He who can himself submit to ritual is Good. If (a ruler) could for one day himself submit to ritual', everyone under Heaven would respond to his Goodness. For Goodness is something that must have its source in the ruler himself; it cannot be got from others.③

首先是"仁"的英译。三个译文分别是：true manhood、benevolence 和 Goodness。一个事实是中国古代经典著作中的术语，现在达到译名统一的非常少，因此出现"百花齐放"的局面不足为奇。这与译名统一研究与实施密切相关，非只言半语可以解决，因此这里不予置评，只是就当下语料作出分析。与后两个相比，林语堂的 true manhood 具有非常鲜明的个人特色，而 benevolence，尤其是我们在《老子的智慧》一节中已详细讨论过的 Goodness 则具有一种普遍性。由于"仁"是一个

---

① Lin Y T, *The Wisdom of Laotse*, Beijing: Foreign Language Teaching and Research Press, 2009: 145.
② Lau D C (Trans.), *Confucius: The Analects*, Hong Kong: The Chinese University of Hong Kong Press, 2000: 109.
③ Waley A, *The Analects*, Beijing: Foreign Language Teaching and Research Press, 1998: 145.

非常复杂的范畴，绝非简单的 benevolence 可以涵盖，所以比较确定的是，benevolence 在三者中是最先考虑被排除的。它至多可作为辅助性解释，帮助确定一个大致范围，例如更常用的"*ren* 仁（benevolence）"。相比较而言，true manhood 因为比较模糊，看似后退了一步，反而比清晰的、靶向性很强的 benevolence 更适合这个语境；Goodness 则带有更多西方"善"这一范畴的色彩，与"仁"的对应性也超过了 benevolence，且具有与 true manhood 相似的模糊性，但毕竟"善"不是"仁"，二者不可以直接等同。毕竟，"善"也是一个与"仁"具有同等影响力和权重的术语，如果两者都用"Good(ness)"来翻译，不啻会增加典籍术语英译的模糊性，这绝非人们愿意看到的。前一节《老子的智慧》中对"善"的讨论可以对此作出佐证。这里我们不期然地与一种新的翻译方法相遇：模糊法。它往往适用于对某种语言文化所特有的术语的外译，以看似模糊实则涵盖更合理的方式将术语的含义尽量表达出来，所收到的效果比单纯的"拼音+汉字+英语解释"要好，例如"仁"的翻译。当然，术语译名统一是一个复杂而漫长的任务，也是一个需要长期思考与探索的课题。傅兰雅（John Fryer）百年前的呼吁迄今仍未得到解决即一个典型例子[①]。因此，我们这里不深入讨论模糊化翻译方法，而仅仅停留于对译本的比较。

　　其次是对"克己复礼"的翻译。对于"克己"，相比较"复礼"而言，理解难度并不大，基本含义是"克服自己的诸多不足或私欲"。林语堂用 realize one's true self 翻译的"克己"，可知他的翻译策略依然倾向于模糊化，因为这一表达中并未出现与"克服""私欲"之类直接相关的单词；刘殿爵将其翻译成 overcoming the self，相比较林语堂的译文，至少他明确提到了 overcome，而 self 则含有模糊化的意味；至于韦利，他并未把"克己复礼"拆成两部分，而是统一处理成了 himself submit to ritual，可以说"巧妙避开"了对"克己"的翻译，当然，我们也可以说他是忽略了后者。通过前文对原句的分析可知，"克己"是不可忽略的，因此仅仅用 himself 来表达，显然不够。换言之，三个译文中，韦利对"克己"的处理可以说是一个疏漏。对于"复礼"，由于"礼"也是孔子思想中与"仁"具有几乎同等重要性的范畴，因此从理论上讲，它的歧义并不大。从前述朱熹的解读来看，或许是他与宋明理学的关系作为一个不可轻易去除的前理解（preunderstanding）影响着我们，乍看之下，会觉得他似乎有将"礼"与宋明理学的核心范畴"理"等同的趋势，例如"己私既克，天理自复"，但仔细研究就会发现，朱熹是在用

[①] 孙邦华：《论傅兰雅在西学汉译中的杰出贡献：以西学译名的确立与统一问题为中心》，《南京社会科学》，2006 年第 4 期，第 133-139 页。

"理"辅助理解和解释"复礼"的意蕴①。就英译而言,"礼"应继续使用人们比较熟悉也基本达成共识的"rite/ritual"。至于"理",目前人们对它的英译处理基本是拼音加汉字为主,即"*li* 理"(reason)。但我们看到,林语堂在处理这个成语时,使用了三种表达:moral order、moral discipline 或 *li*。林语堂对宋明理学的部分内容持批判态度,也就是说,他的儒学知识集中在孔孟著作上,因此,这里的"*li*"应该与"理"没有什么关联,只是作为"礼"的音译符号。林语堂没有使用 rite/ritual,而是译成了 moral order or discipline,显然他把"礼"在普通礼仪/礼节——rite/ritual 的原义——基础上向前推动了一步,使其进入到思想、伦理层面,达到了与它们的融合。相比较其他两位译者,这是林语堂突出的优势。从翻译策略角度看,也可以说是他的变译策略比较成功的一个表现。刘殿爵因为直接使用的 return to the observance of the rites 而不存在两个字的辨析问题,而且他对"复礼"的翻译相比较而言在语言形式上与原文更相符合。再看韦利的译文:submit to ritual,仅从"复礼"的英译看,他与刘殿爵可以说在伯仲之间,但二者都没有像林语堂那样深入一步追问"礼"的深层含义,因而未能在译文中体现出"礼"这个范畴的深刻内涵。

在分析完三个例子的三种译文之后,我们发现,相比较《老子的智慧》,林语堂的变译策略在《孔子的智慧》中得到更充分的发挥,而且催生了诸如"模糊法"这样的新的翻译方法。虽然按照传统的翻译观,从语言对等的层面来看,变译似乎略逊于传统的直译,但它胜在可以更好地体现中国古代思想诸多精髓的特色,例如本节中提到的"述而不作""仁""克己复礼"等。就中国典籍外译研究而言,我们认为,林语堂的变译策略值得我们认真思考与进一步探索。

5.2 中国经典诗词节选英译比较

林语堂自认为平生所写过的"几本好书"之一且被排在首位的就是《苏东坡传》,可见苏轼对他的影响之大。林语堂偏爱的不是苏东坡的时代而是苏东坡的气质和人格②。这一节中,我们选取了两组译文对比,方式与传统略有不同,即,我们以林语堂的译文为主,随机调换另外两个译本。这里特此说明,我们进行译

---

① 朱熹最核心的思想"理"既根源于对礼的诠释,又超越以往儒家以仁释礼的框架,全面而系统地建构了理学思想。参见殷慧:《天理与人文的统一:朱熹论礼、理关系》,《中国哲学史》,2011 年,第 41-49 页。
② 赖勤芳:《论林语堂〈苏东坡传〉的"自传"取向》,《社会科学辑刊》,2009 年第 2 期,第 201-204 页。

文比较的目的是从不同角度分析，凸显林语堂的翻译策略特征，因而比较对象的差异不会影响整体讨论与分析。

例1 行香子·述怀

清夜无尘，月色如银。酒斟时、须满十分。浮名浮利，须苦劳神。叹隙中驹，石中火，梦中身。

虽抱文章，开口谁亲？且陶陶、乐尽天真。几时归去？作个闲人。对一张琴，一壶酒，一溪云。①

《行香子·述怀》被公认为是表达苏轼强烈退隐愿望的作品，这种色彩太强烈，以至于人们对诗词本身的语言、意境美有所忽略。我们认为，这首词的语言节奏明朗、流畅果断，字里行间洋溢着一种出世的清雅禅意。选这首词作为分析对象，原因主要在于两点：一是它的意味符合林语堂对道家遁世思想的偏好，因而当数其译文中的"佼佼者"；二是因为它的语言能够比苏轼大多数其他作品给人带来更多的美感与节奏感，对英译来说，这无疑算是一个挑战。这里我们选取了林语堂和许渊冲两人的译文。之所以做此选择，是因为二者都是非英语母语者却都精通英语，其中一位常年在海外，另一位则主要在国内，因此二者具有不同的生活、语言环境。在二者对中国文化把握相当的前提下对其译文作出比较，一是可由此看一下不同生活语境对译者产生的影响在文本中有怎样的体现，二是为我们研究中华文化外译主译者提供案例。所谓"主译者"是指承担绝大比例作品外译的译者。毕竟，当下存在一个不容忽视的事实：我们不能指望为数不多的西方汉学家来翻译中国古代典籍以及引用其相关内容进行学术研究的中华学术著作（后者在实际中占据了更大比例，且不断增长）。因此，培养汉语母语者来承担中华文化外译，是当务之急，更是必然之举。这里的译文比较虽然短小，但在对相关研究提供启示方面，它们或可起到四两拨千斤的作用，毕竟两位译者都是本领域顶尖级的大家，具有足够的代表性和引领性。我们来看译文：

（林译）**Random Thoughts**, to the Tune of Shingsiangtse

O the clear moon's speckless, silvery night!

When filling thy cup be sure to fill it quite!

Strive not for frothy fame or bubble wealth!

---

① 苏东坡：《东坡诗文选：汉英对照》，林语堂译，合肥：安徽科学技术出版社，2012年，第120页。

A passing dream——

    A flashing flint——

        A shadow's flight!

O what is knowledge, fine and superfine?

To innocent and simple joys resign!

To be myself and in contentment face

    A valley of clouds——

        A sweet-toned ch'in——

            A jug of wine![1]

（许译）**Song of Pilgrimage Reflections**

Stainless in the clear night;

The moon is silver bright.

Fill my wine cup

Till it brims up!

Why toil with pain

For wealth and fame in vain?

Time flies as a steed white

Passes a gap in flight.

Like a spark in the dark

Or a dream of moonbeam.

Though I can write,

Who thinks I'm right?

Why not enjoy

Like a mere boy?

---

[1] 苏东坡：《东坡诗文选：汉英对照》，林语堂译，合肥：安徽科学技术出版社，2012年，第121页。

So I would be

A man carefree.

I would be mute before my lute;

Fine before wine;

And proud as cloud.

（注：The poet compares time to a steed, a spark, a dream, and would be free, mute and proud.）[①]

与其他译文比较不同，这首词中，我们首先注意到了它的题目的英译；其次注意到了林语堂对视觉效果的凸显；最后才是全词的英译，这里主要选取上下两阕各自的最后三句。先来看题目——行香子，词牌名，又名"爇心香"。"行香"即佛教徒行道烧香，调名本此[②]。两位译者中，林语堂将其翻译成了 *Random Thoughts*，可回译为"游思"；许渊冲则译成 *Song of Pilgrimage Reflections*，可回译为"朝圣反思之歌"。从整首词的语境角度看，两位译者都采取了意译的方法，林译凸显了"自由"，这一点与我们前文分析的林语堂对道家思想的偏好相符，也与他对这首词英译文的布局安排及语言选择有关；许译凸显了"目的性"。但两个译文都没有凸显佛教意味，而我们认为，苏轼选择这个词牌名，并非随意而为。毕竟，他思想、知识构架中的佛教关联也是有目共睹的。换言之，这里的题目应给这个因素留有一定的空间。"行香"简单说即是上香，因此可译为 servinging the incense；述怀是题名，完全可以直接译成 expression of feelings，因而题目可为：*Serving the Incense · Expression of Feelings*。相比较而言，两位译者都忽略了词牌名与题名的区分，而这种区分有一个功能是凸显宋词的视觉特征，我们认为，这一点不应该略去。其次，进一步看视觉效果。相信读者一眼之下就会注意到，林语堂的译文中，文本的外观结构有特色：上下两阕的最后三小句呈现出一种阶梯式递进样貌。其实林语堂和其他译者在翻译宋词时基本都比较注意文本外观布局的安排，毕竟，宋词本身就具有这个特点，尽管它是通过文字侧显出来的，但《行香子》译文的布局"与众不同"，因而引起我们的注意和兴趣。从这种递进布局来看，林语堂应是想凸显语言的简洁与节奏性，以及语义的层递性：例如"隙中驹，石中火，梦中身"。众所周知，这三个小词组背后都有其典故：白驹过隙，

[①] 苏轼：《苏轼诗词选（汉英对照）》，许渊冲译，长沙：湖南人民出版社，2007年，第59页。

[②] 参见 https://so.gushiwen.org/shiwenv_d72471ddf8ee.aspx。

表时间飞逝；石中出火，表浮华瞬息；梦中之身，表人生如梦。简言之，苏轼想表达的是人生短暂，名利皆为浮云，世人却看不透，宁愿长醉不醒自欺欺人。而白驹、坚石、梦中人可以说既涵盖了世间万物，又一步步接近人本身。这一点仅从人的视角转换即可看出：从其他生命经非生命体到人本身，或者从天（时间）经地到人整个"天地人三才"情境或宇宙大寰。同理，在下阕中与之相对应的三个小词组"一张琴，一壶酒，一溪云"虽然作为不同的对象，但体现了同样的思路：在本首词的语境下，前有"作个闲人"，可知这三物与个人相关。因此，一张琴，强调清雅宁静的生活氛围，例如陶渊明的"但识琴中趣，何劳弦上音"，凸显听觉享受；一壶酒，表达了对忧愁与俗世烦扰的忘却和对理想生活的向往与追求，所谓"酒解千愁""穿肠留香"，凸显味觉享受；一溪云更是描绘出了一幅远离尘嚣、游思万仞的景致——词人的视角在这里尤其突出：云在溪中，不难想象出，词人或抚琴之余，或斟酒之余，或溪旁踱步时，视线掠过之处，清澈水中倒映出蓝天上的层层游云，悉数落入词人眼中，凸显视觉享受。此情此景，怎一个"美"字了得！生活如斯，还有什么必要去为无谓的世事烦扰呢？这种视觉效果可以说经由一个"溪"字得到了淋漓尽致的展现。这种从听觉经味觉到视觉的描述也暗示了指向词人意识的由远及近，换言之，这三个小词组依然凸显了一种渐进性。基于此，可知林语堂在结构上的特殊安排自有其用意。我们认为，这是他变译策略的一个非常大胆的创新，其效果也非同一般。这种变译突破了语言的界限，为译文增加了时空的维度，构成了一幅活生生的立体景象。纵观整个国内外翻译界，可以说，达到这种境界的译者，着实不多。无疑，这与林语堂足够自由的思想不无关系，而这又与他的成长背景与生活环境相关——他所享受到的超过绝大多数同龄人的自由成长环境显然在翻译方面得到了一定体现[1]。

当然，仅从文本布局的安排就断定译文的优劣，显然是草率之举。因此我们先看一下上阕译文：A passing dream——A flashing flint——A shadow's flight! 读者很自然会注意到，原文中在三个小词组之前还有一个字："叹"，也因此会发现，林语堂似乎并未处理这个字的英译。但仔细观察就会看到，他巧妙地"变字为标点"，用一个感叹号"！"表达了"叹"。这是他变译策略的又一个亮点。这一次与前文中突破语言界限加入时空因素不同，林语堂进行了符际突破——把文字符号转换成标点符号，自然而然地展示了一把"准符际翻译"。之所以称其为"准"，是因为整首词是典型的语际翻译，林语堂这里的符际转换也并非与雅各布森提出的语际转换是相似的翻译类型，而是对翻译技巧的巧妙与大胆运用，其效果不言

---

[1] 参见林太乙：《林语堂传》，西安：陕西师范大学出版社，2002年。

而喻。这种打破翻译类型壁垒的处理方式同样不多见,由此可见,林语堂的变译策略迄今尚未得到充分发掘,因而值得我们未来深入分析与讨论。再来看下阕的三词组 A valley of clouds——A sweet-toned ch'in——A jug of wine!乍一看,似乎与上阕相对应,实则不然。原文中的"对"并未体现为感叹号,而是被合并到了前一句:作个闲人。即,体现为 To be myself and in contentment face 中的动词"face"。换言之,林语堂这里打破了句与句之间的界限,从语义、韵脚和节奏等角度着手,给出了一个连贯、流畅、一气呵成的"小联句"。尤其是对这个"face"的安排,林语堂不仅仅使用了倒装语序,而且在它与后面三个递进小词组之间留了一点空白,又一次利用了美术中的"留白"手法,这次却是用在文字符号上,也因此糅合了前述符际翻译的元素。分析至此,不得不说,这里的翻译已经堪称"绝佳"。从林语堂变译策略角度看,这里再一次印证了它的丰富层次和与众不同,因而进一步明确了对它展开深入探讨的价值与意义。

基于上述分析,可以说,关于三个词组的选词细节,尽管其本身的重要性并未有所降低,但从翻译的优劣角度看,似乎已经不是那么重要。换言之,由于变译策略的展现在这一节实在优秀,以至于作为批评者,都自然降低了对其可接受性的要求。之所以这样说,是因为相对而言,林语堂在某些方面的细节处理与其变译策略相比,并没有那么出色。例如让人颇感意外的是,林语堂不仅做了上述改动,甚至改变了上下阕中三词组的顺序,分别表现为:"梦中身,石中火,隙中驹",以及"一溪云,一张琴,一壶酒"。当然,从总体上讲,虽然林语堂把三句整体倒装,但并不影响它们之间的层递关系,这或许与林语堂的视角落点有关,无可厚非。但在选词方面,我们也对某些地方有所质疑,例如"一溪云"的"溪"。显然,林语堂把它当作了溪谷,所以使用了 valley。但结合整首词的语境可知,词人旨在强调淡泊名利,消解私欲,所以会满足于一张琴、一壶酒、一溪云,既然如此,一条小溪相比较整个溪谷而言,更符合语境;而且,溪谷固然会起云,但如果将"溪"仅定位于溪谷而不是灵活度更大的溪流,也不乏因此有限定了词人活动范围之嫌。关于"溪"字值得专门撰文探讨,限于篇幅与主题,此处不作赘述。

我们再来看许渊冲的译文结构布局及对这两组小词组的处理。许渊冲没有像林语堂那样通过文本的布局凸显词句的特色,而是像绝大多数诗词译者一样因循了传统的方式。虽然相比较林译文而言,少了一些生动与创新,但因为符合主流特征,无可厚非。按此逻辑,他的功夫应该是放在了对语言细节的处理上,因此我们看一下上下阕中的三词组英译:"Time flies as a steed white Passes a gap in flight. Like a spark in the dark Or a dream of moonbeam" 和 "I would be mute before my lute; Fine before wine; And proud as cloud. "。首先，果然如前文所分析，许渊冲译文的最大亮点是他的用词——语义契合、节奏及韵脚也基本契合，对汉诗词英译而言，这是很难得的高水平，非对英汉两种语言都精通者难有这种能力。其次，在对上阕的三个词组的翻译中，许渊冲基本是按典故含义翻译的，如白驹过隙，击石出火，人生如梦等，但实实在在忽略了"叹"字的翻译；而在翻译下阕的三个词组时，译者可谓开始"放飞自我"，以大幅度意译为主，例如三者可分别回译为"我在弹琴时会噤声"，"有酒时我会很开心"，以及"我以如云般而自豪"。在译文底端，许渊冲还加了一个注——"The poet compares time to a steed, a spark, a dream, and would be free, mute and proud"，以突出上下两阕三个词组之间的对应关系，例如驹对应自由，火花对应沉默，梦对应自豪。也就是说，他考虑到了上下两阕的结构对仗及语义对应。他同样没有明确地翻译出"对"字，但后面三个词组中都或隐或显以第一人称为出发点，其实已经体现出了"对"的含义，应该说，这也是许渊冲的一种技巧性安排，值得称赞。但总体而言，相比较林语堂的译文，许渊冲的译文虽然符合主流口味，但也正是因为这种符合而缺乏了前者的灵动与创新，因此在意蕴的传递上难免有所逊色；在细节处理方面，虽然说二者都存在不足，但例如许渊冲对"溪"的忽略相比较林语堂可能存在的"错译"或"不准确翻译"仍感略逊一筹。

总体而言，对两个译本的比较可以看出，林语堂的变译策略在这一首词中达到了一个效应上的高峰，主要体现在对文本布局的精心安排、对关键词例如"叹""对"的巧妙处理等。因此，虽然许渊冲的译文堪称佳译，但相比较而言，依然较之林语堂译文略逊一筹。可以说，在变译与传统翻译的"对垒"中，这一首词极大地凸显了前者的优势，在林语堂的"发挥"下，更是绽放出了异彩，很好地体现了对其展开深入研究的价值与意义。

例 2 水调歌头

丙辰中秋，欢饮达旦，大醉。作此篇，兼怀子由。

明月几时有，把酒问青天。不知天上宫阙，今夕是何年。我欲乘风归去，又恐琼楼玉宇，高处不胜寒。起舞弄清影，何似在人间。

转朱阁，低绮户，照无眠。不应有恨，何事长向别时圆。人有悲欢离合，月有阴晴圆缺，此事古难全。但愿人长久，千里共婵娟。

例 2 是从脍炙人口的《水调歌头·明月几时有》中截取的片段。这首词是公元 1076 年（宋神宗熙宁九年）中秋作者在密州（今山东诸城）时所作。词前的小序交代了写词的过程。苏轼因为与当权的变法者王安石等人政见不同，自求外放，辗转在各地为官。他曾经要求调任到离苏辙较近的地方为官，以求兄弟多多聚会。公元 1074 年（熙宁七年）苏轼差知密州。到密州后，这一愿望仍无法实现。公元 1076 年的中秋，皓月当空，银辉遍地，词人与胞弟苏辙分别之后，已七年未得团聚。此刻，词人面对一轮明月，心潮起伏，于是乘酒兴正酣，挥笔写下了这首名篇[①]。这首词在国内可谓妇孺皆知，它的美在此也没有必要多说，因此我们先来看三个译文。这里主要选取了林语堂、刘若愚、许渊冲三人的译文，限于篇幅，我们主要分析"明月几时有，把酒问青天""起舞弄清影，何似在人间"和"转朱阁，低绮户，照无眠"三句。

（林译）Mid-Autumn Festival, to the Tune of Shiutiaoket'ou

How rare the moon, so round and clear!

With cup in hand, I ask of the blue sky,

"I do not know in the celestial sphere

What name this festive night goes by?"

I want to fly home, riding the air,

But fear the ethereal cold up there,

The jade and crystal mansions are so high!

Dancing to my shadow,

I feel no longer the mortal tie.

She rounds the vermilion tower,

Stoops to silk-pad doors,

Shines on those who sleepless lie.

Why does she, bearing us no grudge,

Shine upon our parting, reunion deny?

But rare is perfect happiness——

The moon does wax, the moon does wane,

And so men meet and say goodbye.

---

① 参见 https://so.gushiwen.org/shiwenv_632c5beb84eb.aspx。

I only pray our life be long,

And our souls together heavenward fly![1]

（刘译）Shui-tiao Ko-t'ou—On Mid-autumn of the year ping-ch'en, I drank happily all night and became very intoxicated. Then I wrote this while thinking of Tzu-yu.

Since when has the bright moon existed?

Winecup in hand, I ask the blue sky.

I wonder, in the celestial palaces above,

What year it is this very night?

I wish to return there riding the wind,

But I fear that the jasper towers and jade mansions

    Would be too cold, being so high.

As I rise and dance, dallying with my clear shadow,

    How can this be the world of men?

It turns round the vermilion chamber,

Lowers itself to the latticed window,

And shines upon the sleepless one.

I should not have any complaints,

But why is it always full just when people are parted?

For men, there are joys and sorrows, partings and reunions;

For the moon, fair and foul weather, waxing and waning:

Things have never been perfect since time began.

    I only wish that we should both live long

    And share this beauty across a thousand miles![2]

---

[1] 苏东坡：《东坡诗文选：汉英对照》，林语堂译，合肥：安徽科学技术出版社，2012年，第119页。

[2] Liu J J Y, *Major Lyricists of the Northern Sung (960-1126 A. D.)*, Princeton: Princeton University Press, 1974: 124。刘若愚的原译文有汉语拼音导读，由于我们这里以译文比较为主，故省略这一部分。下同。

（许译）Prelude to Water Melody—sent to Ziyou on Mid-autumn Festival

On the mid-autumn festival, I drank happily till dawn and wrote this in my cups while thinking of Ziyou.

When did the bright moon first appear?

Wine-cup in hand, I ask the blue sky.

I do not know what time of year

It would be tonight in the palace on high.

Riding the wind, there I would fly,

But I'm afraid the crystalline palace would be

Too high and too cold for me.

I rise and dance, with my shadow I play.

On high as on earth, would it be as gay?

The moon goes round the mansions red

With gauze windows to shed

Her light upon the sleepless bed.

Against man she should not have any spite.

Why then when people part is she oft full and bright?

Men have sorrow and joy, they part and meet again;

The moon may be bright or dim, she may wax or wane.

There has been nothing perfect since olden days.

So let us wish that man live as long as he can!

Though miles apart, we'll share the beauty she displays.[①]

毫不夸张地说，仅通过打字输入文本这一最浅表的行为即可看出，三个译本中，林语堂文本的优美与清新跃然纸上。这也意味着译者在处理诗词时采取的策略不会是非常直白的直译。林语堂具有强烈的读者意识，这种意识在《苏东坡传》

---

① 苏轼：《苏轼诗词选（汉英对照）》，许渊冲译，长沙：湖南人民出版社，2007 年，第 105 页。

的创作中有淋漓尽致的表现①，这一方面得益于他的"信、顺、美"的翻译观，另一方面则与他明确的目的性相关——将中华文化中的精髓推介到西方世界。我们格外关注这一点，因为它无疑为当下的中华文化"走出去"提供了很好的模式与范例。相比之下，另外两位译者显然存在着与林语堂不同的侧重及风格。我们看一下这三个选段。

首先，"明月几时有，把酒问青天"。圆月明亮悦目，且充满神秘色彩，但却并非日日可见，因此人们对它一般而言以向往和憧憬为主，也因此才会催生"问青天"的想法或举动。因此，林语堂没有逐字对译，而是将其译为"How rare the moon, so round and clear! With cup in hand, I ask of the blue sky"，符合前述分析。同时，结合此词的背景——中秋日，皓月当空，词人睹月思人，借酒抒情，寄语阔别七载的亲兄弟，rare、ask 所蕴含的意境油然溢出纸面：如此美景皓月，我却不能与亲人共赏，故请问青天，不知天上现在是什么时候，可也是团圆佳节？以及进一步或许会追问：如果天上也有中秋，为何不成全我的愿望？如此等等。总之，读了译文，会有林语堂就是苏轼的英语代言人的感觉。我们看一下刘若愚的译文：Since when has the bright moon existed? Winecup in hand, I ask the blue sky. 后半句他与林语堂的表达几乎一致，差异主要在前半句。可以看到，刘若愚在结构上采取了直译的方法，以问句对应问句；但内容上却加上了一个 since when，把"明月几时有"的含义定位在了"明月是从什么时候开始存在的"，令人一读之下，仿佛被引到了宇宙鸿蒙初开的时期，哪里还顾得上什么中秋思亲，什么望月吟诗。换言之，他把一句有感而发的词句变成了一次史据考查，有让读者从文学领域突然间转到了历史研究情境的感觉，这自然影响了诗词应有的美感。许渊冲的译文与刘若愚相似：When did the bright moon first appear? Wine-cup in hand, I ask the blue sky. 从这一句的回译可知，许渊冲把"明月几时有"理解成了"明月是从什么时候开始第一次出现的"。相比较刘译而言，他更增加了一份确然性："第一次"。作为当代蜚声中外的中国古典诗词翻译家，许渊冲也怀有与林语堂同样的向西方推介中华文化精髓的目的，甚至比后者目的更直接、更纯粹。许渊冲的知识结构不同于林语堂，而是更代表了当代中国文化典籍外译的主力军——母语为汉语的、精通某一门或多门外语的中国译者。总之，三个译文各有优劣。一般说来，既然有第二句的"把酒问青天"，又有第一句的"几何"，除非必要，第一句应该是翻译成疑问句形式。如果把三者的译文结合起来，可能

---

① 栾雪梅，卞建华：《从〈苏东坡传〉看作者和译者的读者意识》，《外国语言与文化》，2018 年第 2 期，第 93-103 页。

会达到更好效果，例如，"When does the round and clear moon appear? Wine-cup in hand, I ask the blue sky."。

其次，"起舞弄清影，何似在人间"。这句词可谓《水调歌头》的点睛之句，无论格律、用词还是意境，都达到了审美高峰，令人读来有"余音绕梁，三日不绝"之感，"影"字的妙用也会让人不期然想到李白的那句"举杯邀明月，对影成三人"。由此也可见，在英译这句时，"影"是一个关键词；此外，"弄""何似"等也都各自承载了核心意义，尤其是"弄"字所达到的美学效果丝毫不亚于"影"。结合这首词的背景，可知词人使用"弄"字，首先凸显了起舞的流动性与自如性，仿佛起舞之人在与自己的影子戏耍。这符合词人酒后颇醺的状态；其次，一个"弄"字也道尽了词人的孤独与凄凉感。若说"起舞弄清影"是点睛之句，"弄"则是让眼睛真正放出璀璨光华的最后也是最关键的那一点。基于此，我们对该句的英译有了一个预判标准：译者如何处理这几个关键词。先来看一下林语堂的译文：Dancing to my shadow。林语堂使用 dance to（跟随……摇摆）来翻译"起舞弄（清影）"，凸显了一种动态性，令人一读之下会想到跳舞之人与影子相互照应、影随形动的情境，着实令人向往。无疑，这个动词短语用得很形象，虽然尚不能达到汉字"弄"的效应，但已是妙笔；相形之下，"清影"仅翻译成 my shadow，则未免显得单薄了一些，毕竟，"清"字没有理由忽略，因为它不仅指代颜色，更寓意着冷、冰、凉等令人不快的情感因素，并影射词人（甚或月中嫦娥一人在月宫）形单影只、寂寞孤独，以及其他。我们看一下刘若愚的译文：As I rise and dance, dallying with my clear shadow。显然，刘若愚把起舞者清晰地定位于词人，这引发了一个疑问：起舞者到底是谁？大家都认为是指苏轼本人或者以他为代表的人间舞者，但笔者却有疑问。笔者认为，首先，从语境看，前句说的是"又恐琼楼玉宇，高处不胜寒"，显然指的是传说中的月宫；其次，后一句"何似在人间"基本共识是"哪里比得上在人间"。基于此，从逻辑上讲，月宫到人间这个域中，起舞者不会在地面上，至多是苏轼想象一下自己在月宫像嫦娥那样与影共舞。因此，如果明确地将舞者定位于词人，则割裂了"起舞弄清影"与"何似在人间"的逻辑联系及语义连贯，让人不无突兀之感；但如果将其定位于月宫中人，无论是想象中的词人还是嫦娥，却又会与后面的"转朱阁，低绮户，照无眠"断了联系，毕竟，后者更明确地指向了人间境域。因此，我们认为，这里的"起舞者"应是天上与人间的重合映像，这不期然间也符合酒后苏轼无论是视物还是思考都恍恍惚惚的状态。当然，这需要未来复杂而严格的论证，故此处不赘。但从翻译角度讲，这种定位不明的情况下，与其明确用词，不如像前文那样采用"模糊法"翻译方法，实取其"既包含又可能不包含"的功能。许渊冲译文是"I rise and dance, with my shadow I play", 与刘若愚的译文很相似, 差异主要在于"弄"的翻译——刘译用了 dally, 许译用了 play 及倒装语序, 我们认为这是个人喜好差异, 没有很大的追问必要性。如此看来, 林语堂没有明确主语, 而是直接用了 dancing to my shadow, 相比较刘若愚、许渊冲多出来的"I", 拥有更多的回旋余地: 我们可以将前者理解为词人想象自己在月宫起舞, 或者就是在人间起舞, 无论哪种解释, 它都可以涵盖到。

至于"何似在人间", "何似"可以说是理解此句的核心。理论上讲, 有语境在起作用, 人们一般不会将"何似"理解成"何如, 比……怎么样"[①]以外的意思, 但通过译文对比, 我们却发现, 人们对它的理解的确存在差异。例如林语堂虽然将疑问语气转换成了陈述语气, 但如前文所说, 他采用的是意译, 或者变译策略, 因此, 在语义上并未有多大的出入: I feel no longer the mortal tie, 此句可回译为"我不再感受到必死的束缚"。言下之意, 虽然我是必死的人类, 但想想不死的自己（或不死的嫦娥）在月宫孤独寂寞, 与影为伴, 还是在人间可得尽享天伦更让人向往, 因此也就不再忌惮死亡。刘若愚把此句译作"How can this be the world of men?"可以看到, 他以问句的形式处理了"何似在人间", 可回译为"这怎么可能是人间呢？"。单独看此句译文, 会有两种理解: 一是类似于"此曲只应天上有, 人间能得几回闻"的意境, 凸显起舞弄清影, 此情此景只应天上有, 人间难得一见; 一是相反路向, 类似于"这哪里还是人间"的意味, 即, 只有一个人, 孤独起舞, 只有影子相伴, 寂寞无边, 这还是人间应有的模样吗？显然, 结合语境可知, 译者倾向于第二种解释。但我们也看到, 在没有后文的支撑下, 读者不乏有先理解成第一种的可能性。换言之, 这种处理方式比较模糊, 容易产生歧义。究其原因, 应该是对"何似"把握不到位所致。再来看许渊冲的译文: On high as on earth, would it be as gay? 显然, 他对此句的处理是通过设问让读者自己做决断: 天上与人间相似, 那快乐也相似吗？言下之意, 还是人间值得留恋。而"何似在人间"则隐藏在了疑问句背后, 造出了一种双重疑问的效果。从文学创作角度讲, 这种"留白"表达堪称"绝妙"; 但从翻译角度看, 则未免有创作成分太多之嫌, 因为读者需要"拐一个弯"去理解它的言下之意。我们不禁想追问: 不排除有些读者会将其理解成类似于哈姆雷特式的"天上好, 还是人间好？这是个问题"（To be on high, or to be on earth: that is the quesiton）, 而这应该不是译者的初衷所在。

基于前述分析可知, 总体而言, 这句话的英译, 以林语堂的译文为最佳, 这

---

① 参见 https://www.zdic.net/hans/%E4%BD%95%E4%BC%BC。

与他对《苏东坡传》最满意、付出功夫最多这一事实正相符合。而且从林译可以看到，在文学作品的英译中，变译的重要性不容忽视。尤其是当译者能够很好把握译与作之间的度的时候，变译给译文带来的美学效果，往往比普通的直译或意译更好。

最后，"转朱阁，低绮户，照无眠"。词人意在通过月亮位置因而赏月者视角的转换引领读者跟着一路从赏月处来到休憩处——"转、低、照"三个动词既表达了时间的渐进，也表达了空间的变换，堪称妙用。这也意味着对译文的评判焦点应包含这三个动词。我们看一下林语堂的译文：She rounds the vermilion tower, Stoops to silk-pad doors, Shines on those who sleepless lie。"转、低、照"的对应分别是 rounds、stoops 和 shines。我们认为，stoop 用来翻译"低"并不合适，因为"低"在这里是指月亮低低地悬挂在雕花精美的窗户上空，而 stoop 按柯林斯词典主要意为：① If you stoop, you bend your body forward and downward；② If you say that a person stoops to doing something, you are criticizing them because they do something wrong or immoral that they would not normally do[①]。它的原型义是"弯腰、驼背"，从而引申为"卑躬屈膝"等，这与月亮低挂并没有相关性，它甚至不如直接翻译成 hangs low 合适。还有"绮户"，林语堂翻译成了 silk-pad doors，我们对此质疑：的确，据《说文》解释，"绮"是有花纹的缯。平纹地起斜纹花的单色丝织物。《汉书·高帝纪》八年："贾人毋得衣锦、绣、绮、縠、絺、纻、罽。"注："绮，文缯也，即今之细绫也。"[②]，但它也有引申义——绮：本义细绫，有花纹的丝织品。引申义华丽、美丽、精美[③]。基于此，"绮户"一般情况下更可能指的是美丽精致、彩绘雕花的门户，而很少是指用丝绸作窗户纸的门（窗）。退一步，即使它的确指的就是丝绸作窗户纸的门，考虑到苏轼写这首词的地点是他因与王安石政见不同而被外放、自行要求所到的密州，从这个史实来看，无论如何他享受荣华富贵的可能性都是不存在的——即使在丝绸业极为发达的宋朝，一般的太守也没有这个可能享受到丝绸作窗户纸的待遇，这应该是个常识。也就是说，林语堂这里对"低绮户"的理解有偏差。再来看刘若愚的译文：It turns round the vermilion chamber, Lowers itself to the latticed window, And shines upon the sleepless one。可以看到，刘若愚对"低""绮户"处理得都很好，分别使用了 lower itself 和 latticed window，符合我们前述的分析路向。许渊冲的译文——

[①] 参见 https://fanyi.baidu.com/?aldtype=23&keyfrom=alading#en/zh/stoop。

[②] 参见 https://www.gushiwen.cn/guwen/bookv_5329e8e2e15c.aspx。

[③] 参见 https://www.zdic.net/hans/%E7%BB%AE。

The moon goes round the mansions red With gauze windows to shed Her light upon the sleepless bed——则又有较大的不同：他对"绮"的理解与林语堂相似，因此使用 gauze 来修饰 windows，但却避开了"低"，造出了一种"月华遍洒"朱阁与绮户的效果。可以看到，三个译文在处理这一句上各有所长与所短，但焦点显然集中在对"低绮户"的处理上，相比较而言，刘若愚的译文最符合原文含义。

综上，通过对两首词的分析，林语堂的变译策略得到了更加清晰的凸显，它既有一般翻译策略所不及的优点，例如增加译文的丰满度与生动性、更好传达出原文的美与特色、为翻译策略相关研究提供丰富案例和素材等等；也有不尽如人意之处，例如混淆创作与翻译的边界、突破译者应该把握的度、对传统译论中的翻译原则例如"忠实"原则提出挑战等。总体而言，变译策略不失为一个值得我们未来深入研究的对象，尤其是林语堂的变译策略，因其不同于一般的知识构架、生活背景等而更可为我们进行中华文化"走出去"相关研究提供启示，并起到一定的推动作用。

5.3 中国古典名著节选英译比较

如果说林语堂的创作与翻译是一种你中有我、我中有你的"胶着"状态，则他对《红楼梦》选段的英译可以说是其整个文学创作生涯中最能体现这种"胶着"状态的作品。无论是在翻译的水平、对原著文学本色及特色的彰显上，还是林语堂对文本结构、内容的改变上，林译《红楼梦》都堪称达到了一种顶峰。因此，围绕它的讨论自然会愈演愈烈，尤其是在中华文化"走出去"不断发展的当下，中国古代经典到底应以怎样的面貌展示给世界，是译界上下普遍关心的问题。我们在这里的讨论无疑也是一种回应，希望可助推相关研究的发展。需要强调的是：关于林语堂的"大刀阔斧"式改动，译界有不同的声音，其中不乏与意识形态争论有关。本书中，我们主要关注的是林语堂变译策略与凸显文本特色之间的关系。鉴于此，我们选取"葬花吟"和"刘姥姥吃茄鲞"两处的片段作为译文比较与分析对象。之所以选取这两处，一是因为前者乃古典小说语境中诗词的佼佼者，不仅脍炙人口、长久流传，而且对中华传统语言、文化、人生百态等都有触及，可以很好代表我们的优秀文学产物；二是因为"刘姥姥吃茄鲞"可以说是对中国饮食文化特色的一种典型代表与反映，且超出了绝大多数美食文字作品，堪称美食与美文相结合的上佳代表。简言之，这两处无论在文字、文学还是文化、思想上都极具代表性。关于译文,我们选取了林语堂翻译的《西湖七月半》("葬花吟")、《扬州瘦马》("凤姐说茄鲞")。由于这两本书都是林语堂英译的文集,且采取中英对照的形式,因此,行文方便起见,与其他译文比较会从原著中取汉语原文不同,我们是从这两本书中摘引的原文。关于对比译文,我们选取的是杨宪益、戴乃迭(Gladys B. Tayler)[①]夫妇英译的 *A Dream of Red Mansions*(《红楼梦》),希望可以看一下两(三)位大翻译家在分别处理这两个片段上的风采,以及他们会碰撞出怎样的火花、给予我们怎样的启示。

例1 葬花吟(片段)

花谢花飞飞满天,红消香断有谁怜?

游丝软系飘春榭,落絮轻沾扑绣帘。[②]

关于"葬花吟",在红学研究领域评论者甚众,因此我们不拟多说,仅作简单描述。"花谢花飞飞满天",诗句开篇即营造出了一个花瓣漫天飞舞、落英遍地绯栖的绝美画面,而曹雪芹之所以描绘如此美景,显然是为了与下一句形成鲜明对比:"红消香断有谁怜",以产生强烈的视觉刺激,引发读者惜花悯人的共鸣,而从翻译的角度来看,这种艺术效果的促成因素中,有几个关键词的翻译需要格外注意,例如"飞、断";同理可知,在后两句,即,"游丝软系飘春榭,落絮轻沾扑绣帘"中,作者的目光从花转到了柳树,时逢仲春,柳絮轻飘、"情丝"(即蛛丝)游弋,因此又是一幅好景致。句中让人目光不禁驻足的元素,我们认为至少包含了"飘、扑"两个动词,它们不仅是拟人化的象征符号,更是凸显了柳絮的灵动与所描述场景的鲜活。因此,对这四句的译文进行评判时,译者如何处理这四个字显然成为重中之重。我们先看一下林语堂的译文:

(林译)FLY, FLY, ye faded and broken dreams

　　　　Of fragrance, for the spring is gone!

　　Behold the gossamer entwine the screens,

　　　　And wandering catkins kiss the stone.[③]

林语堂使用了两个全大写 FLY 开启整句,充分凸显了"飞"的重要性,可以

[①] 戴乃迭,原名 Gladys B. Tayler,婚后更名为 Gladys Yang。
[②] 摘自林语堂编译:《西湖七月半》,天津:百花文艺出版社,2002年,第30-34页。
[③] 摘自林语堂编译:《西湖七月半》,天津:百花文艺出版社,2002年,第31、35页。

说他很好地把握并表达出了此句诗的核心。但接下来就话锋一转：ye faded and broken dreams Of fragrance, for the spring is gone! 不再按传统理路进行。诗句可回译为："飞了，飞了！这消失且破碎的香梦，因为春天已逝！"从与原文的语词对应角度看[①]，可知两个 FLY 对应的是两个"飞"；faded 和 broken 分别对应"消"和"断"；fragrance 对应的"香"，此外再无对应，但从整体含义对应角度来看，两个大写 FLY 还是可以对应得上"飞满天"的，且增加了一份动态性；由于 fragrance 表达"红"后面的"香"，因此这里林语堂应该是合二为一了，以一个 fragrance 代替了"红、香"这种"花"的别称，并在此基础上加上了 dreams，与整部著作的主题密切联系起来。从这里可以推断，林语堂应该是采纳了一种整体性视角。由于这两句是整首"葬花吟"的开篇句，可以进一步推断林语堂对整首诗的翻译都是在这种整体性视角下进行的，这自然决定了他在其后的翻译中还会"舍小取大"；"for the spring is gone"理论上讲对应的应是"有谁怜"，只是林语堂这里把原文的原义变成了译文的言下之意——春天已逝，有谁怜悯过这漫天落英与飞花。当然，当我们从答案反向推断过程时，难免会有牵强附会之嫌，这一点似乎难以完全避免。但林语堂在"葬花吟"英译上的思维跳跃性非常大，这也是为人所共知的。例如从赞同的角度看：林语堂选择编译这一翻译形式、对原著的取舍增删与重组、对译文架构的谋篇布局、融入译文里的阐释与创作、不拘一格的灵巧的翻译手法、在处理翻译难点时的奇思妙想，再配合他简明易懂、流畅地道的英文文笔等，以上诸种因素的结合就构成了他独一无二的《红楼梦》翻译风格[②]；从批判的角度看，尽管林语堂的《红楼梦》译本被国内学界发现不过才几年[③]，但对它的批评已呈现明显增多的趋势，他的过度发挥自然是一个主因。过度发挥主要体现为对创作与翻译的界限把握不到位，我们认为，对崇尚自由且才华横溢的林语堂而言，这是个难题。他对"葬花吟"开篇这两句的英译处理其实已经表明了这一点，后文我们还会稍作展开。

林语堂的"放飞自我"随着诗歌的展开越发明显，我们看一下接着的两句：Behold the gossamer entwine the screens, And wandering catkins kiss the stone。这两句可回译为："看那楼樹好似轻纱漫罩，飘飞柳絮轻吻着石头"，美则美矣，原

[①] 我们这里的"对应"并非强调直译中的逐字对应，而是指翻译过程中的译作与原作的基本对应要求。

[②] 宋丹：《日藏林语堂〈红楼梦〉英译原稿考论》，《红楼梦学刊》，2016年第2期，第73-116页。但我们认为，这里的"编译"其实更像是"变译"。具体讨论笔者有另文专述，此处不赘。

[③] 宋丹：《日藏林语堂〈红楼梦〉英译原稿考论》，《红楼梦学刊》，2016年第2期，第73-116页。但我们认为，这里的"编译"其实更像是"变译"。具体讨论笔者有另文专述，此处不赘。

文的特色却被搁置在了角落——前述分析的关键动词"飘""扑"中,"飘"字出现了,但却并非对应游丝,而是作为后半句中"柳絮"的定语;而本应属于柳絮的动作"扑"却被表达成了"(轻)吻(石头)"。至于重要性并未逊色多少的"游丝""软系""落(絮)""沾"等,若勉强联系,或可以说 gossamer entwine 突出了"游丝软系、飘"的效果,但很难将 wandering catkins kiss 与"(落)絮轻沾、扑"联系起来,至于"落""绣帘"更是无从查找。由此可以看到,如前文所分析,林语堂果然延续了他的整体视角,因此丢掉了这些在其译文中无从查找的零散文字;但从翻译角度看,如果舍弃原文中的某些文字,译者需要遵循一定的依据,否则有避难就易之嫌。事实却是:这里很难分清林语堂如此大幅度的变译,到底是为了凸显一种打动人心的效果,还是这样可以堪堪躲过句栉字比的功夫。因此我们很自然就会想到对比一下杨宪益、戴乃迭的译文:

(杨、戴译) As blossoms fade and fly across the sky,

　　Who pities the faded red, the scent that has been?

　　Softly the gossamer floats over spring pavilions,

　　Gently the willow fluff wafts to the embroidered screen.[①]

从语言对应看,杨、戴译本做到了无遗漏:"花谢花飞飞满天"中,"谢""飞"分别对应 fade、fly,"满"对应 across;"红消香断有谁怜"中,"红消"对应 faded red,"香断"对应 the scent that has been,"有谁怜"对应 who pities。其中,"香断"没有直接用 broken 之类的词来翻译,而是用完成时态巧妙表达了"曾经来过"的效果,其韵味可谓跃然纸上;"游丝软系飘春榭"中,softly float 对应"软""飘",over 则同时表达了 gossamer 的"游"和"系"。这里,作为副词的 over 行使了动词的功能,这是一种类似于词性"通感"的手法,非精通英语者很难有勇气和把握这样做,这种"通感"自然呈现出了极佳的效果。"春榭"对应的 spring pavilion,我们认为,这里 pavilion 的选择比 screen 更符合实情,毕竟,对春天自然界中常见的蛛丝或"情丝",它们出现在亭阁(pavilion)周围的可能性要远大过一般而言是放在室内的屏风(screen)。对林和杨、戴三人而言,他们不可能不熟悉中国的建筑特点,因此,这里"榭"字的英译,林语堂选用了 screen,应该是没有仔细审视和思考所致;"落絮轻沾扑绣帘"中,杨、戴二位译

[①] Cao X Q & Gao E, *A Dream of Red Mansions*, X Y Yang & G Yang (Trans.), Beijing: Foreign Languages Press, 1994: 1.

者用 gently 对应的"落"，着实是一处妙笔——它不仅凸显了柳絮的轻盈，而且暗示着落的过程与画面，即，飘飘荡荡、柔若飞雪。从语言角度来看，这里译者再一次使用副词发挥动词的功能，营造出"通感"的效果，使我们在欣赏妙笔之余，不禁会去想这是否是译者在语言运用上的一个特色。而这一句中，最妙的莫过于译者对"扑"的处理，他们使用了 waft 一词。按柯林斯词典，"If sounds or smells waft through the air, or if something such as a light wind wafts them, they move gently through the air"[①]，也就是说，这个单词表达的正是"碰触到、却又是轻轻地"这样一种状态，非常符合柳絮"扑"到门帘上的样态。而且，这种碰触之"轻"化解了我们一般情况下对"扑"这种往往带有力度的动作的"沉重"理解，描绘出了一个活生生的、春日微风下雪白轻盈的柳絮轻敲刺绣精致的门帘的场景，而这种令人不禁心驰神往的美好场景，也越发可以反衬出黛玉悲花悯草的心态，以及进一步，这背后是她接下来凄美身世的暗示与铺垫。

在分析比较了两个译文对"葬花吟"前四句的分析之后，我们可以看到，从文学表达角度讲，译者们各有千秋，不分伯仲；但从翻译的角度讲，显然林语堂难免有"过度发挥"的倾向，而相比之下，杨、戴译文则不仅遵循了"信"的翻译原则，而且也因其精湛的语言运用和翻译技艺实现了"达"与"雅"的标准。诚然，对《红楼梦》的英译，尽管杨宪益、戴乃迭的译本自有其不足之处，但总体而言，在迄今已有的译本中，除英国译者大卫·霍克斯（David Hawkes）和约翰·闵福德（John Minford）的译本之外，其他译本仍然无出其右。对此，这开篇四句的译文分析可以说给出了一次印证。值得一提的是，由于例如篇幅、难度、深度、文化蕴含等诸多因素，《红楼梦》的译本并不多，但这并不等于学界对其已有译本的论辩不激烈。其中一个主要表现就在人们对林和杨、戴译本的比较上。它们背后其实是两种翻译观的对峙：解构主义或后现代翻译观 vs.传统翻译观。由于这是一个复杂的论题，此处不予过多置评，只是将相关讨论略提一二，希望其中反映出的问题会在未来激发更多、更深入的思考：有学者指出，杨宪益、戴乃迭英译《红楼梦》的文化价值在于，他们的译本，建立在对底本多处错讹加以修订的基础之上，对中国传统文化内容进行了忠实、准确的传达，虽不完美，却是特殊社会历史背景下难能可贵的成果，对古典文学的翻译研究具有独到的意义[②]。这无疑从翻译与创作之界限的角度为杨、戴译本提供了有力支撑，从中华文化"走

---

① 参见 https://www.collinsdictionary.com/dictionary/english/waft。
② 李晶：《文字错讹与杨译〈红楼梦〉底本考辨：饮食医药篇》，《红楼梦学刊》，2013 年第 6 期，第 269-293 页。

出去"的角度来看，正如李晶所说，考虑到杨宪益、戴乃迭在 20 世纪 60 年代所处的具体社会历史环境及其在翻译过程中面对的种种制约，他们主动为之的这部分工作更加难能可贵，称得上是《红楼梦》对外传播过程中的独特贡献。勘误与翻译中的种种细节，体现的是译者的修养与学识，更是他们对传统中国文化的尊重与责任[①]。

例 2　[……凤姐儿笑道：]"这也不难。你把才下来的茄子把皮刨了，只要净肉，切成碎钉子，用鸡油炸了；再用鸡脯子肉并香菌、新笋、蘑菇、五香豆腐干子、各色干果子，都切成钉儿，用鸡汤煨干了：拿香油一收，外加糟油一拌，盛在磁罐子里封严了。要吃的时候儿，拿出来用炒的鸡瓜子一拌就是了。"[②]

关于林语堂对美食的态度，我们只需取一例即可足证：《吾国与吾民》第九章"生活的艺术"中，林语堂专辟一节来讨论饮食，足见其对饮食的重视，尤其是他说了这样一句话："对我们国人而言，如果说有什么事情是值得我们严肃对待的，那就是饮食，而非宗教或学问。"[③]他会在对《红楼梦》进行大改的时候，宁可舍弃诗歌对子也要保留对茄鲞加工的细致描述那一部分，其原因由此可见一斑。我们也因此有理由认为，林语堂对这一部分的翻译应该是非常到位的，甚至精彩的。这部分我们选取两个分析对象，一是"茄鲞"的菜名翻译，二是对它制作流程的翻译。

众所周知，中国菜名的外译是一个大挑战，它所面临的两难窘境就是：一方面，菜名应简洁明了；另一方面，简单的几个单词却无法表达中国蕴意深厚的菜系。因此，人们往往很头疼菜名的英译，一般会不得已采用音译或最表层的食材型翻译。然而，在向世界推介中华文化的译作中，美食往往又是不可或缺的一个环节。林语堂可以说给了我们一个典型范例。"茄鲞"，林语堂译作 eggplant terrine。按牛津词典, terrine 意为 "a soft mixture of finely chopped meat, fish, etc. pressed into a container and served cold, especially in slices as the first course of a meal"。根据"茄鲞"制作流程判断，林语堂对这个单词的拿捏称得上准确，因而 eggplant terrine

---

[①] 李晶：《文字错讹与杨译〈红楼梦〉底本考辨：饮食医药篇》，《红楼梦学刊》，2013 年第 6 期，第 269-293 页。

[②] 摘自林语堂编译：《扬州瘦马》，天津：百花文艺出版社，2002 年，第 68 页。

[③] Lin Y T, *My Country and My People*, Beijing: Foreign Language Teaching and Research Press, 2000: 329；李晶：《文字错讹与杨译〈红楼梦〉底本考辨：饮食医药篇》，《红楼梦学刊》，2013 年第 6 期，第 269-293 页。

可以说是一种佳译。相比之下，杨宪益、戴乃迭把它翻译成 fried eggplant，则不得不说逊色很多，因为"炸茄子"品类实在太多，根本无法凸显"茄鲞"的特殊之处，如果不看制作流程，这个译名的唯一结果就是"泯然众菜矣"。当然，菜名毕竟是短小的语言片段，对它的翻译尚不足以体现出译文的高下。我们再看一下两个译本对"茄鲞"制作流程的处理。

（林译）["That's easy," replied Phoenix.] "Just take some fresh eggplant, and take off its skin. Cut the pulp fine and fry it in deep chicken fat. Then take some dried shredded chicken and mix it with champignon, fresh bamboo shoot, mushroom, dried bean curd flavored with star anise, and different preserved fruits. Dice all this up and boil it in chicken soup until the soup is almost dry. Sprinkle a little sesame oil, and moisten it with wine drew oil. Keep it in a porcelain jar and seal it tight. When you want to eat it, just take it out and dress it with fried boned-chicken claw. That is all."[①]

与"葬花吟"相比，林语堂对"茄鲞"的制作流程可谓翻译得"中规中矩"。他基本没添加什么额外的内容。究其原因，菜品的描述没有"葬花吟"这样的诗词所具有的巨大挖掘潜力是一个主因，不同内容展示不同维度效果也是一个主因。例如这里的茄鲞的制作过程，对它的翻译应是越细致越好，因为对菜品竭尽所能地细致描绘，这本身就可以产生一种视觉和想象的冲击力。这种冲击力对读者，尤其是同有此好的读者而言，是一种极大的吸引。相应而言，对它的翻译自然也是越细致越好。由此也可看到，林语堂的翻译策略是多样而丰富的。他会根据不同的内容、语境及相关因素调整自己的翻译策略，这本身就透露出一种"变"，这种"变"也因此增加了他变译策略的丰富程度，从而在翻译实践及相关研究中产生别样的魅力。再来看一下杨宪益、戴乃迭的译文：

（杨、戴译）"Pick some early egg-plant and peel it, keeping only the best part, which must be cut into small pieces and fried with chicken fat. Then get some chicken breast, fresh mushrooms, bamboo shoots, dried mushrooms, spiced dried beancurd and various kinds of preserved fruit. Dice these too

---

① 摘自林语堂译：《明清小品·下》，天津：百花文艺出版社，2002年，第69页。

and boil them with the egg-plant in chicken soup, then add sesame oil and pickles and store it in a tightly-sealed porcelain jar. That's all."①

首先值得肯定的是，杨、戴一如既往地忠实于原作，因此这里的译文没有疏漏。但是，不同于林的译文，杨、戴译文似乎少了一份鲜活，令人读来仿佛在读一个普通的菜谱，却很难产生对菜肴的向往。究其原因，选词是一个要素，翻译单位是另一个要素。例如"只要净肉，切成碎钉子"，林语堂译成了 cut the pulp fine。首先，可以看到，pulp fine 不仅可以表达"净肉"，而且凸显了"净肉"作为精华的特征。一个常识：食不厌精的一个表现即是对食材的选择。好的食材虽然讲究很多，但它带来的口味上的好感也是令人难以抗拒的；其次，这里又一次体现了林语堂的整体翻译视角——他没有按时间顺序在 pulp fine 之后表达 cut it into small pieces，而是合二为一，直接把前者包含在了 cut 这个动作发生之内，在表达完整原作含义的同时，也营造出了一种一气呵成的效果，令人读来倍感流畅。这同时也表明林语堂变译策略的可嘉许之处：适度的词序调节，产生更好的阅读效果，且不会影响原作原义的传递。相比较而言，译文二对此句的处理——keeping only the best part, which must be cut into small pieces 中，the best part 虽然也如实表达了"净肉"，但读者也只是知道"肉中最好的部分"，而 which must be cut into small pieces，也不过告诉了读者要把这块最好的肉切成碎末以备烹调，却缺乏选词及词序调整等细节带来的艺术"合力"，自然很难产生非常美好的翻译效果。当然，林语堂的译文也并非无可挑剔，例如他使用了 star anise 来指代"五香"，这显然是一个考虑不足或缺乏常识的结果。毕竟，中国调料中的五香至少包含了五种香料，多则不限，总之不可能只有八角一项。而且英语中有 spice 来对应中国的香料，林语堂没有理由"独爱"八角。相比较而言，杨、戴译文则翻译得很到位：spiced。

综上，虽然林语堂在翻译《红楼梦》时与原作"时有出入"，甚至混淆了创作与翻译的界限，但一个不容置疑的事实是：他的译本给读者带来的阅读享受引人注目。而且，在原稿前言中，他本人也专门声明过："这并非字译。在翻译中国小说时，字译是不可行的。我力求忠实，但却不字字对译。……我的方法是首先翻译一个段落或整个对话，然后剔除迂回的中文表达，保留清晰的文意，直至

---

① Cao X Q & Gao E, *A Dream of Red Mansions*, X Y Yang & G Yang (Trans.), Beijing: Foreign Languages Press, 1994: 821.

我觉得地道、易读为止。"①由此可知，林语堂虽然会在翻译过程中有所发挥，但也时时以"忠实"等翻译标准要求自己。我们认为，他的译作很可能是一种"糅合体"，甚至"矛盾体"，即一方面，是原作在他心中激发得遏制不住的创作激情；另一方面，是他时时谨记的作为译者应有的操守。在两端之间有节制地发挥，也成就了林语堂独特的翻译作品，以《红楼梦》为甚。从这个角度来看，吕世生对他的评价不无道理：林语堂的翻译是基于西方文化视角解读中国文本的跨文化实践。他的英译《红楼梦》是独特的，独特性体现于他的他者文化视角。先前冠以各种标识的《红楼梦》英译本，如全译本、节译本、编译本、改写本等在这一意义上都无法与之相提并论②。当然，这种所谓他者文化视角是否依然符合当下中华文化"走出去"的现实要求，需要从长计议，此处不予置评。

5.4 林语堂的隐性自译

自译是一个非常值得研究的现象，尤其是随着中国的国际化程度越来越高，自译人群日渐扩大是一个不争的事实。换言之，时代的发展将自译推到了翻译研究的聚光灯下，这也是我们今天回看林语堂自译策略的一个主因与价值所在。关于自译概念，界定者不少，当下人们总体而言比较接受安东·波波维奇（Anton Popovič）给出的定义："由作者自身完成、将原作转换为另一种语言的翻译"③，但显然这种界定只是个一般描述。换言之，像"翻译"概念一样，自译自身的发展规定了它的概念也是以流动性为主，因而缺乏足够的确定性，但也可看到，因其流动性与不确定性，自译具有了更大的研究价值，因为它同时也为翻译研究提供了更多的可能性。例如有的自译者并不认为自己是在翻译，而是认为这是同一文本的两个原作，而且在创作过程中是两种语言交替④。虽然这属于个案，但显然

---

① 林语堂的英文原话转引自宋丹：《日藏林语堂〈红楼梦〉英译原稿考论》，《红楼梦学刊》，2016 年第 2 期，第 93 页。

② 吕世生：《〈红楼梦〉跨出中国文化边界之后：以林语堂英译本为例》，《外语与外语教学》，2017 年第 4 期，第 90-96, 149 页。

③ Desjardins R, A preliminary theoretical investigation into [online] social self-translation: The real, the illusory, and the hyperreal. *Translation Studies*, 2019(2): 156-176.

④ Sorvari M, Altering language, transforming literature: Translingualism and literary self-translation in Zinaida Lindén's fiction. *Translation Studies*, 2018(2): 158-171.

可为我们提供自译多样化状态的事实材料；尼古拉·丹比（Nicola Danby）认为，自译这种写作类型导致翻译会创造出一种双重阅读，或者一种大于两个文本各自含义的合义[1]；有学者通过对比瑞典语和俄语文本，发现自译现象打开了语言间意想不到的差异与关联，例如跨语言、跨文化、自译三者构成了作者创作及诗学的一个不可分割的部分[2]；另有学者通过研究林语堂的自译现象，认为其作品自译过程中通过"译"和"写"两种手段呈现出"嫁接"和"互释"的杂糅特性[3]，如此等等。值得注意的是，就目前相关自译的研究来看，绝大多数研究对象表现为文本"输出"，即，从自译者的母语向外语方向输出；而研究自译的群体也多集中在非欧美发达国家，例如印度、俄罗斯、土耳其、中国等。这与国际文化、经济、政治形势以及后殖民主义等有一定相关性。我们虽然不对此多作置评，但在讨论林语堂的自译现象时，也是主要以其英语原创部分为主，特此说明。

尽管在历史上，自译与自译者一直处于翻译研究领域的边缘，但现在，他们却在引发越来越多的关注。这一领域的早期研究通常喜欢对原文与译文进行对比分析，与翻译研究领域的早期分析并无不同，聚焦于译作的语言学方面以及其他关键因素，例如译作所处的语境、译者的身份或简介，翻译过程中译者的作用，以及翻译信念等。近年来的自译研究主要聚焦于：①对自译与文学史的检验；②跨学科视角（社会学、心理分析以及哲学洞察等）；③已从"文化转向"发展开来，基于后殖民视角；④思考世界性身份或文本[4]。伊丽莎白·克洛斯蒂·博茹尔（Elizabeth Klosty Beaujour）认为，双语写作者"会比大多数作者更经常地意识到自己作为文本传播者的作用"[5]。林语堂可以说是这种现象的践行者，尤其是他的英文作品呈现出"创作"与"翻译"难解难分的形态。林语堂旅居海外期间创作的作品大部分是以英语为媒介呈现的，这些作品所涉及的内容及主题却都

---

[1] Sorvari M, Altering language, transforming literature: Translingualism and literary self-translation in Zinaida Lindén's fiction. *Translation Studies*, 2018(2): 158-171.

[2] Sorvari M, Altering language, transforming literature: Translingualism and literary self-translation in Zinaida Lindén's fiction. *Translation Studies*, 2018(2): 158-171.

[3] 卞建华，张欣：《自译中的变译：以〈小评论：林语堂双语文集〉为个案》，《东方论坛》，2017年第2期，第90-95页。

[4] Desjardins R, A preliminary theoretical investigation into [online] social self-translation: The real, the illusory, and the hyperreal. *Translation Studies*, 2019(2): 156-176.

[5] Sorvari M, Altering language, transforming literature: Translingualism and literary self-translation in Zinaida Lindén's fiction. *Translation Studies*, 2018(2): 158-171.

围绕着中国特有文化展开。这种特有的写作方式,一方面使作者兼具了翻译者的角色,另一方面使作品兼具翻译文本的痕迹[①]。鉴于此,我们没有像大多数研究林语堂自译策略的学者那样选取他直接自译的《啼笑皆非》(Between Tears and Laughter),而是选取了涵盖更为复杂、研究方向可以更多元的《吾国与吾民》《生活的艺术》中的片段作为研究对象,希望可从一个比较特别的角度——隐性自译,就以前研究所涉及很少的深度——思想甚至意识深度,对林语堂的翻译策略及行为等展开研究。

如笔者曾提到的,研读林语堂的双语作品不难发现,其中文体相当特别,例如我们可以把他创作于英文小品文之后的中文小品文看作是他的自译作品[②];同时,由于林语堂善于采用中国文化名人名言来阐述中国文化主题[③],我们有理由认为,其中首先包含了一种隐性翻译——对中国文化名人名言的英译。有学者认为,这可从他创作《苏东坡传》上窥见一斑:林语堂在用英语创作《苏东坡传》时,不可避免地要把大量中国的文化元素,包括历史人物、事件、风俗、制度、诗词歌赋、中医中药等用英语介绍给他的英语读者,他在《苏东坡传》后列的一百多本参考书目就足以说明书中所涉内容之丰富,也说明林语堂在创作时是有"本"可依的,尽管没有一个有形的、具体的原文本与之对应[④]。实际上,在《吾国与吾民》《生活的艺术》,甚至可以说林语堂的大部分作品中,都有这种现象存在,因为对经典文段"信手拈来"是他的作品呈现出文采斐然而又与众不同之特色的一个主因。我们甚至可以做出一个大胆猜测:本章第二节讨论的《孔子的智慧》中,林语堂把《论语》的顺序做了极大改动,这一现象或许他的隐性自译不无相关性。毕竟,从最整体而言,林语堂属于融贯中西、吸入-消化-产出的一类作家兼翻译家,他"混淆"翻译与自译、创作的界限,似乎相比普通译者而言是一个更自然的表现,尽管这种表现并不一定始终符合翻译的基本原则。在此基础上,林语堂的发挥,其实既是一种创作,也是一种自译。换言之,自译隐含在了林语堂的双语创作中。说其隐含,是因为这种自译发生在译者的大脑中,而不能为读者所见,但不能为读者所见并不必然等于不存在。从另一角度也说明,自译其实有两种:隐性的与显性的。当下研究主要集中在后者,鲜有人注意到前者,但隐

[①] 任东升,卞建华:《林语堂英文创作中的翻译现象》,《外语教学》,2014年第6期,第95-99页。

[②] 卞建华,张欣:《自译中的变译:以〈小评论:林语堂双语文集〉为个案》,《东方论坛》,2017年第2期,第90-95页。

[③] 任东升,卞建华:《林语堂英文创作中的翻译现象》,《外语教学》,2014年第6期,第95-99页。

[④] 栾雪梅,卞建华:《从〈苏东坡传〉看作者和译者的读者意识》,《外国语言与文化》,2018年第2期,第93-103页。

性自译的研究价值不可谓不大——它一方面可以丰富人们对自译的研究范围与深广度，另一方面可以拓展翻译研究的层面与视野，甚至有助推动翻译学与其他学科例如认知科学、人工智能等的界面融合研究，因为自译从本质上讲主要与译者的自我（Ego）密切相关。

双语写作至少有三种情况：一种是准自译，即，以重写居多，思维境域不同；一种是自译，就像翻译文本一样[①]；还有另一种：从外语开始做，回译成母语，但这种情况要求对二语很熟悉[②]，林语堂在这方面提供了很好的先例。双语能力是自译的一个重要前提，尽管并非实践背后的核心原因[③]。我们认为，林语堂的这种准自译或隐性自译的诱因在于"最大程度上满足了既忠实于原文又尊重读者的双重要求"[④]。然而，双语作者与自译者还是有基本的不同：前者仅仅是使用两种语言写作，他们的作品具有或同或异的风格，而后者却是使用两种语言产出同样的作品[⑤]。一个问题自然出现：隐性自译与双语写作的边界，到底是模糊的还是清晰的？或许，它在更深层次上关涉到思维方式的问题，即，自译与双语写作的比较研究，可为翻译研究领域内消解二元对立思维的努力提供一个颇有价值的视角，这是我们未来要进一步研究的课题，因而此处不作赘述。

有学者将林语堂的英文创作中内含着的翻译现象大体分了三类："主题译介""文本裹挟""亦译亦写"。其中，"文本裹挟"指的是林语堂在英文创作时借助事先做好的逻辑铺垫，对中国典籍里的名家之言或睿智思想进行完整"引用"和"翻译"，其实质是基于重组经典的翻译写作；"亦译亦写"指的是林语堂在援引中国典籍来论证自己文化观点时，不完全依照"原本"进行"对译"，而是保留其中国文化底蕴的"边译边写""兼写兼译"。它与"文本裹挟"的共通之处是对中国典籍的仰仗，不同之处是在翻译写作过程中对中国典籍进行过滤式重现[⑥]。前文《孔子的智慧》中的《论语》即是典型一例。这也是我们继续探寻隐性自译的一个灵感与启示源泉。下面将依次对《吾国与吾民》《生活的艺术》

[①] Peterlin A P, Self-translation of academic discourse: The attitudes and experiences of authors-translators, *Perspectives*, 2019(6): 846-860.

[②] 同1，Case 2。

[③] Ajeesh A K & Pranesh K R, Self-translation as an effective tool to restructure the domain of translation studies. *IUP Journal of English Studies*, 2019(4): 40-52.

[④] 任东升，卞建华：《林语堂英文创作中的翻译现象》，《外语教学》，2014年第6期，第95-99页。

[⑤] Ajeesh A K & Pranesh K R, Self-translation as an effective tool to restructure the domain of translation studies. *IUP Journal of English Studies*, 2019(4): 40-52.

[⑥] 任东升，卞建华：《林语堂英文创作中的翻译现象》，《外语教学》，2014年第6期，第95-99页。

中的隐性自译问题展开探讨。

5.4.1 《吾国与吾民》中的隐性自译

《吾国与吾民》与《生活的艺术》在美国出版后都可谓获得了轰动效应，尤其是后者。可以说林语堂本人的才华与知识结构和赛珍珠（Pearl Buck）的分析时局与识才能力共同促成了这种效应。一方面，是林语堂深厚的英文功底，不需要其他人再对书稿进行重新翻译和润饰；他对当时的中国认识非常深刻，对一些问题并非进行简单的泛泛而谈；文风幽默、轻快活泼等。另一方面，赛珍珠敏锐地捕捉到了林语堂的上述特点，并预见到他会在美国当时的文化环境中大放异彩，因而不遗余力地促成了林语堂作品的出版等[1]。其中，"不需要其他人再对书稿进行重新翻译和润饰"吸引了我们的目光——显然，这意味着两本著作的创作中隐含了翻译环节，或者说，作者有能力在创作的同时成功将相关中文转换为英文。"重新翻译"其实已经在一定程度上佐证了我们的推测。更加可贵的是，林语堂在中西之间并不先入为主地选边站[2]，就自译而言，这意味着他作为译者的客观性。换言之，无论在隐性翻译中还是在显性翻译中，林语堂都不会任由自己被主观意愿牵着鼻子走，而是会遵循翻译中的"忠实"原则，这也是对他自己的翻译观"信、顺、美"的践行。《吾国与吾民》无疑从文本角度印证了这一点。

在《吾国与吾民》的前言中，林语堂有这样一段话：与那些"爱国者"不同，我并不以我的祖国为耻。我能历数她的诸般问题，是因为我没对她失望。中国比她的这些小"爱国者"大了太多，无须后者粉饰。她会一如既往地自证清白[3]。这段话看似普通，但当我们知道它出自一名长期旅居美国、自己国家处于历史上最水深火热时期、以"入西述中"为己任的文人之口时，就会发现，它背后涵盖了太多。虑及主题相关，我们聚焦于林语堂对自译与创作之界限的把握及其影响因素。从这一段话可以看出，林语堂的创译中不乏"准意识形态"因素的影响。称其为"准意识形态"，是因为他更多是出于拳拳爱国心，而非像一般意识形态角度考量的译者那样侧重人为干涉一面。这与他的"自由思想"、偏好纯粹儒道哲

---

[1] 闵正年，张志强：《赛珍珠怎样在美国推出林语堂编辑学刊》，《编辑学刊》，2014年第3期，第64-67页。

[2] 朱双一：《陈季同、辜鸿铭、林语堂："中国形象"的书写和传译——闽籍近现代中国三大家比较论》，《福建师范大学学报（哲学社会科学版）》，2019年第1期，第89-99页。

[3] Lin Y T, *My Country and My People*, Beijing: Foreign Language Teaching and Research Press, 2000: 8.

理不无关系，也因此可为我们研究自译现象提供更纯粹的分析资料。关于《吾国与吾民》中的分析资料，我们主要选取林语堂对中国古代典籍援引较多的部分，因为从自译研究角度看，这部分是比较典型的隐性自译。因此，我们首先看一下林语堂对庄子《庄子·齐物论》中一段引文的翻译。

> In an argument between you and me, you think you have got the better of me, and I will not admit your superiority. Then are you really right, and I really wrong? I think I have got the better of you and you will not admit my superiority—then am I really right and you really wrong? Or perhaps are we both right, or perhaps are we both wrong? This you and I cannot know. Thus we are encircled in darkness, and who is going to establish the truth? If we let a man who agrees with you establish it, then he already agrees with you, so how could he establish it? If we let one who agrees with me establish the truth, then he already agrees with me, so how could he establish it.①

这是《庄子·齐物论》中的一段话，原文是：即使我与若辩矣，若胜我，我不若胜，若果是也？我果非也邪？我胜若，若不吾胜，我果是也？而果非也邪？其或是也，其或非也邪？②其俱是也，其俱非也邪？我与若不能相知也，则人固受其黮暗。吾谁使正之？使同乎若者正之，既与若同矣，恶能正之！使同乎我者正之，既同乎我矣，恶能正之！（《庄子·齐物论第二》）③

由于这里聚焦于自译，因此对译文的优劣不予置评。我们认为，这一段比较明确地印证了林语堂原创作品中含有隐性自译的元素。原因主要有三点：首先，庄子的这段引文并非林语堂自己的创作，而是他的援引；其次，庄子原文是古汉语，林语堂这里展现给读者的却是英语，其中经历了古汉语—现代汉语—英语这样一个涵盖了两种类型翻译——语内翻译和语际翻译——的过程；最后，就《吾国与吾民》而言，它并非译作，而是林语堂的英文原创，这意味着其文本内容，包括庄子的这段话语，并非一般意义上的译文。基于此，可以说这段引文的英译是一种介于翻译与间接创作之间的文本形式：它不是作者的原创，却是作者翻译的；它的原文并非英语，却又不是作者的原创。从时间顺序上讲，它远远先于作

---

① Lin Y T, *My Country and My People*, London: William Heinemann Ltd., 1936: 83.
② 笔者注：林语堂原文漏译了这两句。
③ 余世存，李克：《东方圣典》，北京：北京联合出版公司，2013年，第650页。

者的原创，但在《吾国与吾民》中却是随后者一起出现的。换言之，尽管庄子原文独立于《吾国与吾民》，后者的语境却将它框定在了同一个时空维度中；从逻辑顺序上讲，这段引文则仅仅是作为一个段落，与其他原创段落并无二致，只不过它是作为译文出现，但这翻译工作又仍然是作者所为。换言之，庄子这段引文其英文表达的施动者是双语作者林语堂。这种情况其实一直存在，无论中西，相关研究者都不多见。从归属角度看，只能将其归为自译；又因为它与传统的双语作者自己翻译自己的作品不同，因而它只能属于隐性自译。我们由此也可获取"隐性自译"的一个初步界定：自译的一种。其内容并非传统上的双语作者原创，而往往是后者引用的经典文段，但也是由作者自己翻译而成。它既不同于普通意义上的翻译产物，也不同于传统上的自译产物。

以上是从隐性自译的定位角度展开的讨论，现在我们再看一下林语堂对典籍中术语的处理，因为译名统一在外汉、汉外翻译中都是一个大问题，而且是久未解决的问题[①]。因此，这里分析林语堂对中国经典文献中重要术语的处理，不仅可使我们借此管窥到他的变译策略在译名统一方面的适应性，更可为我们未来深入探讨典籍或学术外译译名统一问题提供良好的理论储备，因而具有不可忽视的意义。如前述，对自己原创文本中所引用的古代经典文段，林语堂进行的其实是一种隐性自译，当我们把目光转向译名统一时，发现隐性自译与其似乎又有一个交叉。换言之，译名不统一不仅仅是传统翻译中的问题，自译也同样不能避免，无论隐性自译还是显性自译。这反而也从另一个角度证明了自译依然属于传统翻译的领域，并非有些学者所认为的是一种独立现象[②]。

我们挑选了"情理"（reasonableness）与"直觉"（intuition）作为分析对象，这两者之间的关系将在随后的行文中逐渐展现，它们与西方哲学或思想的关联性也会有所显露，或许后者会给我们的译名统一研究带来更多、更深层的启示。

林语堂在讨论"逻辑"一节时在 reason（理性）与 reasonableness 之间做了一个小比较，专门指出：与 reasonableness 相对应的中文是"情理"，它由两个元素构成：情，或人的本性，和理，或外在理性。情代表着灵活的属人元素，理则代表着宇宙永恒不变的规律。这两个元素合并起来构成一个关于行为过程或历史课

[①] 我国译界关于译名统一实践及研究的概况，参见孙邦华：《论傅兰雅在西学汉译中的杰出贡献：以西学译名的确立与统一问题为中心》，《南京社会科学》，2006年第4期，第133-139页。

[②] Maklakova N V, Khovanskaya E S, Grigorieva L L, An investigation into self-translation, *Journal of History Culture and Art Research*, 2017(4): 1260-1267; Peterlin A P, Self-translation of academic discourse: The attitudes and experiences of authors-translators, *Perspectives*, 2019(6): 846-860.

题的判断标准①。林语堂强调，相比西方的理性，中国多了人性的一面，并认为后者比前者涵盖更广。中国人会做非理性的事情，但不会接受不合情理的事情。这种情理精神以及常识式宗教与中国的生活理想具有最重要的相关性，并因此促生了"中庸之道"②。首先可以肯定的是，林语堂复杂而丰厚的知识结构中的哲学元素再次发挥了作用，例如对 reason 的熟稔运用与分析。但也可以看出，reasonableness 对应"情理"是林语堂结合中国相关思想的蕴意及他对西方语言与思想的了解而自创的。我们认为，暂时撇开它是否合适不论，仅从"自创"可见，它应该也属于自译的范围，这进一步印证了自译，包含这里的隐性自译，与传统翻译的同一，以及更进一步，"隐性自译"这种提法的合理性（legitimacy）。然后再来看一下 reasonableness 与"情理"的契合性。由于本节重点是分析论证隐性自译，因此我们满足于点到为止，不作赘述。

  按柯林斯词典，reasonable 有六个义项，考虑到本语境中它的属人性，可以确定相关的有两项：①If you think that someone is **fair and sensible**, you can say that they are reasonable；②If you say that a decision or action is reasonable, you mean that it is fair and sensible③。由以上解释可见，reasonable 在英语中主要意指"fair and sensible"，我们再进一步看一下这两个单词的相关解释：fair: Something or someone that is fair is **reasonable, right, and just**④。sensible: ①Sensible actions or decisions are good because they are **based on reasons** rather than **emotions**；②Sensible people behave in a sensible way⑤。可以看到，除了"正义、正直"，fair 与 reasonable 可以互解；但 sensible 的意指却明显偏重 reason，即理性，且强调了"并非基于情感"。两个词联合起来，其意义主要还是"理性、不偏不倚"，而对情感因素的排除，则可以说在一定程度上终结了 reasonable 与"情理"的互通性。毕竟，"情"，即人性，在"情理"中的分量很重，如果这一部分对应不上，无论如何不能说 reasonable 合适。当然，至于哪一个词更合适，我们这里无法下定论，因为这要经过复杂的中西思想甚至哲学流派观点的对比及相关论证，绝非三言两语可以说清，而这一点，译名统一始终难以解决的事实已经给出了一定印证，但由此引发出的思考，在当下或许更有价值。首先，我们有了一个新发现，或者说为相关自译属

---

① Lin Y T, *My Country and My People*, Beijing: Foreign Language Teaching and Research Press, 2000: 85.

② Lin Y T, *My Country and My People*, Beijing: Foreign Language Teaching and Research Press, 2000: 85.

③ 参见 https://www.collinsdictionary.com/dictionary/english/reasonable。

④ 参见 https://www.collinsdictionary.com/dictionary/english/fair。

⑤ 参见 https://www.collinsdictionary.com/dictionary/english/sensible。

于传统翻译范围找到了一个新的支撑——自译同样不可以任自译者自由发挥，而是有其严格的界限与规约；其次，译名统一难度很大，但却值得为之努力，林语堂的尝试虽然不尽如人意，但却有助于我们后来人在此基础上朝向真理又迈进了一步——至少，他为我们提供了史实、对比分析方式、角度及思路等方面的启示，这些都是宝贵的资料；最后，也是最重要的，我们认为虽然这里的个案分析或许不能给出很多直接的成果，但它却可以极大启发我们对未来相关研究的思考，例如自译与变译的关系、自译的分类、自译与传统翻译的关系、译名统一的决定性因素、译名统一问题与时代发展的关系、译名统一问题对中华学术外译的重要性等等。

再来看 intuition，这个词在汉英翻译中可以说属于极具歧义性的一类。究其原因，首当其要的就是中西哲学中都有这个词，但它们之间既有同更有异，需要很复杂的分析、对比程序；其次，可以说更糟糕的是，越来越多的人在想当然地把二者等同，这无疑进一步增加了我们对其进行梳理的难度，同时，这也意味着相关研究会继续提上日程，尤其是在中华学术外译日新月异发展的当下；最后，它也反映出了当下翻译界所存在的一个大问题——跨学科译者及相关研究者的严重短缺，这不仅会极大阻碍中国古代典籍的正常"出海"，也会导致一些非翻译专业的人士来"添乱"——没有经过严格有序的翻译训练，人们很难做到很好地翻译诸多领域的术语、传达诸多学科的主旨思想，而当下的事实却是，非翻译专业的人士越来越多介入各自学科文本的内译或外译，但他们并不遵守翻译的基本原则与标准，这无疑会导致翻译问题的层出不穷且难解。下面对这个词展开分析，以印证前述思考。

"直觉"一词对人们而言不可谓不熟悉，很多人把它等同于"第六感"。无论是在理论上还是在实践中，人们都会将自己对无法科学解释之现象的把握归于直觉，例如直觉到他人的不正常动向，甚至直觉到灾难的临近等等。从林语堂的上下文可知，他也是在这个背景下使用 intuition 来意指"直觉"，例如"由于我们并不知道'道'或真理如何运行，因此只能通过一种直觉来感知它"[1]。如我们在《老子的智慧》一节中所分析的，"道"本身是一个包罗万象、无法用语言界定的范畴，它的运行机理自然对人们而言是无法把握的，也是自然科学无法解释的，因此人们只能通过直觉来感知它。林语堂的解释本身无可厚非，但亦如前述，intuition 一词在西方哲学领域中也是一个范畴，尤其在以研究意识为核心的现象学领域，它更是一个关键词，绝非"直觉"所能涵盖的。国内哲学界也是考虑到

---

[1] Lin Y T, *My Country and My People*, Beijing: Foreign Language Teaching and Research Press, 2000: 84.

这种"共有"现象，为区分清晰起见，一般都将它译作"直观"，其用意之一即在于与中国人所熟悉的"直觉"区分开来。当然，在西方同样存在"直觉"这个概念，例如与它所指相同的"第六感"或超感官知觉（Extra-sensory perception，ESP）并非中国人首次提出。虽然目前尚无最终定论，但大都认为最早把 ESP 作为研究对象成书的是美国杜克大学心理学系的约瑟夫·莱因（Joseph Rhine）博士，他的著作《超感官知觉》(*Extra-sensory Perception*) 由波士顿心灵研究协会（Boston Society for Psychic Research）出版于 1934 年。柯林斯词典对 intuition 的解释是：Your intuition or your intuitions are unexplained feelings you have that something is true even when you have no evidence or proof of it。显然，这与前述对直觉的描述并无大的差异，但当我们在现象学语境中面对 intuition 时，却会发现：简单说，"直观"（intuition）即对普遍之物的感知[①]。直观被埃德蒙德·胡塞尔（Edmund Husserl）看作是"第一原则"，它既可以是感性经验的直观，也可以是异常清晰（eidetic）的直观[②]，等等。限于篇幅与主题相关，我们不再展开关于 intuition 的深入探讨，但已可看出，把 intuition 与"直觉"简单对应绝非良策，一味地坚持并不利于翻译研究的健康发展。虽如此，挑战一种已经得到很大程度共识的术语，更不是易事，但这并不意味着不可能。我们更关注的，是由此显示出的一个重要信息：译名统一问题越早解决越好。

《吾国与吾民》本身具有比较强烈的哲思色彩，使其在作为我们探讨隐性自译语料的同时，也激发出很多未来可能纳入深度思考的论题，由此可知当下研究的意义不可谓不大。但这只是一个方面，尚无法涵盖林语堂的整个知识架构。受众普遍对第九章"生活的艺术"中的描述产生了更浓厚兴趣，正如这一事实所反映的，我们在分析林语堂翻译策略及其与林语堂知识背景关系的时候，也不应忽略他的相对《吾国与吾民》而言更感性的《生活的艺术》。

5.4.2 《生活的艺术》中的隐性自译

赛珍珠的丈夫、出版商理查德·沃尔什（Richard Walsh）认为，"中国人的生活艺术久为西方所见称，而向无专书，苦不知到底中国人如何艺术法子，如何

[①] 倪梁康：《何为本质，如何直观？关于现象学观念论的再思考》，《学术月刊》，2012 年第 9 期，第 49-55 页。

[②] 倪梁康：《观念主义，还是语言主义？：对石里克、维特根斯坦与胡塞尔之间争论的追思》，《浙江学刊》，2006 年第 5 期，第 55-64 页。

品茗、如何行酒令、如何观山玩水、如何养花蓄鸟、如何吟风弄月等。"[1]这应是《生活的艺术》广受欢迎的主因，但同样也是林语堂本人的文学魅力所在。林语堂在中国现代散文史自成一家，有"幽默大师"的美誉，在他数十本蜚声国际的著述中，始终怀着旷达善意的人生信念[2]，《生活的艺术》即是很典型一例。

关于林语堂撰写《生活的艺术》，我们发现了一种有趣的分析：1968 年 6 月林语堂在韩国汉城（今首尔）作了以"促进东西文化的融合"为题的演讲。他指出：

中国人的思考以直觉的洞察力及对实体的全面反应为优先，西方人以分析的逻辑思考为首要；中国的"道"相当于西洋的"真理"，但"真理"仅指到达正当生活的途径，纵使离开了人生，依然称为"真理"；而中国所谓"道"，平易近人，是指人人应该走，且是人人可能走的途径，是日常生活的一部分[3]。分析者基于林语堂自己的话语，对他的人生态度进一步展开分析，其中的合理性不言而喻，尽管确定性尚未可知，但我们已注意到：首先，从这里可以看出，林语堂对"道"的认知正如我们在第一节里所分析的，尚未达到哲学分析应有的深度，例如这里并未脱离经验层面理解"道"，因而对后者设置了局限，自然也影响了他之后各方面的文化和翻译策略；其次，《生活的艺术》之定位也得到了明确——民众的日常生活，以及对它的提炼和加工，这决定了林语堂在选择翻译策略时的导向，而在此书中确有一篇林语堂明确指出是"翻译"的文字——屠隆的笔记小说《冥寥子游》（《生活的艺术》汉译本为"译引"）[4]。因此，这一节我们将在它与林语堂的隐性自译文本之间作一个简单比较，以期得到更多有价值的发现和启示。我们选取的对比文段是第五章"谁最会享受人生"（Who Can Best Enjoy Life）中的第一段，主要是林语堂引用的老子的话语。由前一小节分析可知，这里包含着隐性自译。

> Knowing then that in Nature's ways no man has a permanent advantage over others and no man is a damn fool all the time, the natural conclusion is that there is no use for contention. In Laotse's words, the wise man "**does not**

---

[1] 林太乙：《林语堂传》，台北：联经出版事业公司，1990 年，第 171 页。

[2] 何洵怡：《鲁迅与林语堂视觉下的中国人：综论〈阿 Q 正传〉、〈祝福〉、〈吾国与吾民〉》，《文学评论》，2012 年第 5 期，第 130-135 页。

[3] 朱双一：《陈季同、辜鸿铭、林语堂："中国形象"的书写和传译：闽籍近现代中国三大家比较论》，《福建师范大学学报（哲学社会科学版）》，2019 年第 1 期，第 89-99 页。

[4] 任东升，卞建华：林语堂英文创作中的翻译现象，《外语教学》，2014 年第 6 期，第 95-99 页。

contend, and for that very reason no one under Heaven can contend with him." Again he says, "**Show me a man of violence that came to a good end, and I will take him for my teacher.**" A modern writer might add, "Show me a dictator that can dispense with the services of a secret police, and I will be his follower." For this reason, Laotse says, "**When the Tao prevails not, horses are trained for battle; when the Tao prevails, horses are trained to pull dungcarts.**"①

这一段中有几处老子的原话："夫唯不争，故天下莫能与之争"(《老子·第二十二章》)；"强梁者不得其死，吾将以为教父"(《老子·第四十二章》)；"天下有道，却走马以粪；天下无道，戎马生于郊"(《老子·第四十六章》)。

林语堂在"谁最会享受人生"的开篇即援引老子的话，这表明，在他看来，道家的生活态度是相对最理想的，于是就有了答案：不争；平和，而且人人都应与道同在，这样的生活是最理想的。这既符合林语堂的人生态度，也为"生活的艺术"增添了一份不染尘世烟火的清爽及哲思的厚重。但显然，林语堂还是区别看待老子与苏东坡的文本，因此这里的翻译似乎对原文改动并不大。只是"强梁者不得其死"被林语堂在句首加了一个 show，后面加了 and I will，将其变成了更能突显话者气势的祈使句（且不论他对后半句的理解有误）②，以及最后这一句译文中，他把"天下有道"和"天下无道"两小句调换了顺序。尤其是最后这句，由于不知其原因为何，这里只能作出推断：首先可以确定的是，林语堂是在翻译老子的话，或者说，他是在隐性自译自己所引用的老子的话语；其次，因为是引用继而自译，而不是传统的翻译，因此林语堂拥有一定的自由度，从而按自己的喜好调整小句的顺序。这种变译可谓隐性自译中的变译，因此又一次印证了隐性自译在涵盖内容上与传统翻译的同一。反过来，也可以说，是隐性自译促成了这种变译，或许是因为前者有传统翻译，甚至是显性自译所难以获得的自由度。这同时也印证了隐性自译、显性自译与传统翻译的差异所在，进而展示出自译本身的层次性。然后我们再来看这种变译是否合理：从《老子》现有译本看，虽然改变句子顺序的现象很常见，但像"天下有道""天下无道"这种对称性强，甚至有押韵关系的句组，人们一般不会轻易改变原文顺序；从老子写文的内在逻辑性

---

① Lin Y T, *The Importance of Living*, New York: The John Day Company, 1937: 106.

② 关于"吾将以为教父"的含义，基本解释是"我将以此作为施教的宗旨"，而非林语堂这里理解的"我就称他为老师"。当然，这里也印证了我们前文提到的——林语堂的哲学通识难以支撑他对哲理的深入思考。

看,"有无"相比"无有"是常态,后者往往出现在强调"无"的语境中。纵观整部《老子》,只有两处出现了"无有",例如"绝巧弃利,盗贼无有。"(《老子·第十九章》)和"无有入无间,吾是以知无为之有益。"(《老子·第四十三章》),第一处的"无"并非与"有"构成我们语境中的这种对立关系,只是表示"没(有)"之意。因此,林语堂这里其实没有必要改变两小句的顺序,则可以讲得通的理由,应是前述所分析。从整体看,这里也没有必要再纠结这一点,因此不再赘述。

通过上文分析,我们已经部分看到林语堂的隐性自译与传统翻译的同一与差异;下面再看一下同样是林语堂为译者,其隐性自译与传统翻译会擦出怎样的火花。前文提到的"冥寥子游"是第十一章"旅行的享受"中第二节的内容。现取其中几句:

> 冥寥子曰:"得道之人,入水不濡,入火不焦。触实若虚,蹈虚若实。靡入不适,靡境不冥,则其固然。余乃好道,非得道者也。得道者,把柄在我,虚空粉碎"①。

林语堂专门翻译过屠隆的《冥寥子游》②,这里的译文是从其中译引的:And Mingliaotse replies: "He who has attained the Tao can go into water without becoming wet, jump into fire without being burned, walk upon reality as if it were a void and travel on a void as if it were reality. He can be at home wherever he is and be alone in whatever surroundings. That is natural with him. But I am not one who has attained the Tao, I am merely a lover of Tao. One who has attained the Tao is master of himself, and the universe is dissolved for him."[3]

可以看到,这一段中,林语堂在次序、句序上都没有做出大的改变,可以说十分"中规中矩"。相形之下,前述《老子》的那几句隐性自译,尤其是增加祈使语气的"强梁者不得其死"和调换句序的"天下有道"与"天下无道"两句的处理方式则显得灵活很多,当然也凸显了变译策略的特征。

综上,通过对林语堂原创作品中的隐性自译现象的挖掘、分析及论证,以及将其与传统翻译的对比,我们认为,自译可分为隐性与显性两种。对隐性自译的研究在目前学界尚很少见,但显然具有很大的研究价值与潜力。从林语堂的隐性

---

① 屠隆:《冥寥子游(汉英对照)》,林语堂译,天津:百花文艺出版社,2002:8,10。
② 屠隆:《冥寥子游(汉英对照)》,林语堂译,上海:上海西风社,1940。
③ Lin Y T, *The Importance of Living*, New York: The John Day Company, 1937: 340.

自译可知，它主要表现为双语作者自创文本中"引经据典"部分的外译或内译。诚然，就对原作的理解与把握以及在转换上的自由程度而言[①]，自译者具有普通译者难以企及的优势，例如对翻译方向的决定、回到原作做出相应改动、节选部分章节翻译、改变章节顺序等。但隐性自译或自译都属于传统翻译的范围，只是有所侧重，因而它也要遵循后者的相关翻译原则与规定而不能"逾矩"。当然，对自译而言尤其重要的原则和规定还需人们在未来继续深入探讨。

5.5 小　　结

"文章千古事，得失寸心知"，原创如此，译作亦不例外，对兼具作家、翻译家、语言学家和中西文化交流大使四种身份的林语堂而言，更是如此。虽然不乏不尽如人意之处，但总体而言，林语堂对中华典籍的英译可圈可点。在《孔子的智慧》中，林语堂专辟一节讨论了自己的翻译方法：意译为主，并阐释了做此选择的原因，我们认为这与他的知识架构及背景很相符。从语言层面看，林语堂比较注重英语的连贯性，认为它是英译时的一个重点考虑对象，指出汉语语法的特征一般而言是由句序或词序来表明文本意义的，而英语则主要依靠关联词。这就意味着中国古代经典英译时，译者不可避免要将原文进行一定程度的变动。这应该是林语堂"变译"策略的一个主因。就此而言，林语堂比较重视译者自身对古代经典的洞见，当然也不否认其他评论的辅助作用[②]。林语堂曾描述过自己翻译过程中的临时措施，这一点我们颇感兴趣，即他会选择一些临时的词语翻译出当下的内容，在完成整个文本的翻译之后，对同一个词在不同地方出现的临时性对应作出比较，选出最合适的，有时也会允许几个选择同时存在。至于后者，主要是由不同语境所致，例如同样是"礼"，在表示孔子的一般的社会哲学时，主要翻译成"the principle of social order"；而在表示个人行为时，则翻译成"moral discipline"。这首先凸显了林语堂对整体性的重视，其次也显示出他对其翻译宗旨"信、顺、美"的坚持——通过不同语境的分析，可以看出他从根本上还是坚

[①] 笔者注：自译者的"自由"是近年来有关自译研究的一个关键词，这一概念主要涉及自译者在翻译过程中所拥有的独特优势和创作空间。自译者兼具作者和译者的双重身份，因此在翻译过程中具有更高的自由度和能动性。他们不仅可以从原作者的角度对作品进行重新审视和调整，还可以根据译语文化的背景和读者的期待对译文进行适当的重塑。

[②] Lin Y T, *The Wisdom of Confucius*, Beijing: Foreign Language Teaching and Research Press, 2009: 35-37.

持忠实翻译的，而他对"顺"的强调从前述整体（流畅）性即可窥见一斑，至于"美"，"苏东坡诗文""红楼梦选段"两节可以说给出了充分印证。

通过"孔子的智慧""老子的智慧""苏东坡诗文""红楼梦选段"等不同角度的译文分析，我们对林语堂的翻译策略，尤其是变译策略，有了进一步的了解，也对前几章的理论阐释给出了实践层面的佐证与印证。在此基础上，我们也有了新的发现，例如林语堂的整体翻译视角、对细节的表现力、变译策略中的隐性自译等。或许更重要的是林语堂的译文分析及策略阐释带来的诸多启示，这为我们未来深入研究相关论题，尤其是中华典籍/学术外译研究，提供了一个基础。目前我们主要关注以下几点。

首先，在《孔子的智慧》第五章"孔子的格言（《论语》）"，开初，林语堂提起过朱熹读《论语》的心得，我们对此颇感兴趣。其中有一段是："朱熹也曾说，先读《论语》，每日读一两段。不管难懂与否，也不管深奥不深奥。只将一段文字从开头读，若是读而不了解其含义，就思索一下，若思索之后仍然不能了解，就再读。反复阅读探索其滋味，长久之后，便了解其中的含义了。"①这段话不长，但内涵信息丰厚：首当其要的是，林语堂不吝笔墨引用朱熹这段话，说明他赞同后者的观点，这一点可从后文得到佐证，即林语堂提出"把阅读与思索，在求知识的进程上，看作相辅相成的两件事，这是儒家基本的教育方法。关于这两种方法，孔子本人也提到过，在《论语》上也有记载。"②细分之下：从语言层面来看，朱熹的阅读理解策略反映出之前林语堂指出的汉语的特点（我们认为这是中国思维特征在语言上的表现）——没有很明显的逻辑关联，跳脱性较大，因而需要读者的主动跟随。显然，这一点在《论语》中表现得尤其突出；从哲学层面来看，朱熹的方法不期然与弗里德里希·施莱尔马赫（Friedrich Schleiermacher）的"解释学循环"达到了殊途同归，只是缺乏客观的、逻辑性论证，但已印证了中西思维会通的可行性与合理性，并从汉语阅读理解角度印证了"解释学循环"作为方法的有效性；从翻译尤其是英译层面来看，这显然可为译者——无论是中译者进行语内—语际翻译，还是西方汉学家进行中外翻译——提供了更好把握文本原义的方法与经验，同时也为译者培训提供了很好且有效的案例。

其次，我们注意到，林语堂模仿耶稣圣徒归纳总结耶稣的话的方式来重新安排和归纳《论语》的内容③。简言之，以宗教传道方式解读中国儒家经典。可以理

---

① 林语堂：《林语堂名著全集（第22卷）》，张振玉译，长春：东北师范大学出版社，1994年，第110页。
② 林语堂：《林语堂名著全集（第22卷）》，张振玉译，长春：东北师范大学出版社，1994年，第111页。
③ Lin Y T, *The Wisdom of Confucius*, Beijing: Foreign Language Teaching and Research Press, 2009: 122.

解的是，在林语堂的知识背景中，基督教占据了相当比例，即使不是主流，也是不容忽略的外在影响因素。改变整部著作的结构以迎合受众，这个现象在当下的典籍外译、学术著作外译中是一个正在逐渐引发人们注意的问题。总的来说，现在存在一种受众方（包括出版社一方）希望改变整个文本结构与输出方考虑尊重原典的思路流向而拒绝改变结构之间的矛盾，而且这个矛盾有愈演愈烈的趋势，因为外译的作品越来越多。林语堂这里无疑是一个典型例子。对西方受众而言，这种处理方式很受欢迎，也很符合英语所承载思维的习惯；但对母语为汉语的外译者培训而言，这种方式却未必奏效：仅从《孔子的智慧》第五章即可看出，如果对《论语》不是烂熟于心，要找到某句原作的对应译文都不是件简单的事情。我们尤其关心的是改变文本结构带来的更大的问题：原作的原义不能成功转渡到译作中。例如"孔子的智慧"一节开头提到的"孝悌"是中国传统文化，包括儒家文化的核心理念，但纵览《孔子的智慧》整个第五章，除了第一个例句，并未见林语堂选择其他与孝悌相关的例子，例如《论语》原著第二篇"为政"中的"子游问孝"一节就没有出现在这里"孔子的格言"中。或许是因为林语堂熟知西方对老年人的态度和理念与中国并不相同，因而认为没有必要过多宣传。但结合全球流行的新冠疫情，我们不由得会陷入沉思：从翻译领域对此作出的回应是，西方国家在医疗设施不够的情况下放弃（例如英国敦促老年人签署放弃治疗同意书）老人（例如意大利、西班牙等国）的做法，恰恰与我们的传统理念相违。在这种情况下，如果顺应西方受众的习惯安排文本结构，导致"孝悌"观念从原来的中心位置走向了边缘，我们不禁想问：这还是我们将古代典籍和思想精髓推向世界的初衷吗？由此观之，变译也不可能脱离翻译的本质而拥有过多自由，关于它的有效界限，是一个值得三思的问题。

第6章　林语堂"入西述中"与文化回译

林语堂的诸多作品均用英文写就，这些"入西述中"的文本在回归中国文化的过程中，国内相关译者的读者意识在回译策略和译本呈现上有何特点？本章以林语堂著译作品《苏东坡传》《武则天传》《朱门》为例，从中国特色文化内容翻译、贴近读者叙事风格、副文本使用、萃译方法运用、经典文本查阅等方面对原作及其汉译本进行比较研究，试图考察林语堂"入西述中"的著译作品在回译成汉语的过程中，译者读者意识的体现以及"文化回归"的路径，同时反观林语堂在"入西述中"过程中所使用的多种策略，以期为中华文化走出去提供有益的参考，验证林语堂文化变译活动与中西文化交流的共生关系。

6.1　"入西述中"与文化回译

林语堂在创作《苏东坡传》时，把大量中国文化知识，包括历史人物、事件、风俗、制度、诗词歌赋、中医药等用英语介绍给西方读者。从该传记后列出的一百多本参考书目可以看出书中所涉及的内容之丰富，由此可以说明林语堂在"入西述中"时是有"本"可依的，尽管没有一个有形的、具体的、单个的原文本与之对应。本节拟讨论"入西述中"及其回译，笔者把这种回译称为文化回译或文化回归。

"入西述中"作者和文化回译译者所面对的读者群不同。林语堂"入西述中"的目标读者是西方读者。20世纪，许多西方读者对中国历史文化了解甚少，林语堂为介绍中国文化就不得不费一番心思，给西方读者讲述本来对中国读者来说不必解释的内容，他就得详细解释，反复说明。张振玉、宋碧云、谢绮霞、劳陇、黑马等译者在把林语堂"入西述中"作品回译时，目标读者是中国读者。由于林语堂"入西述中"中的人物及相关故事大多是中国读者耳熟能详的,所以译者在回译过程中就须转换视角,对原文本做出相应转换,适应中国读者的阅读期待。

6.2 《苏东坡传》回译者的读者意识[1]

读者意识指"写作者从接受者的角度考虑和调整写作内容、形式的主体意识。读者意识的核心,在于写作主体不仅意识到读者是写作行为及其成果的接受者、判断者,而且明确读者作为接受主体"[2]。在写作过程中,作者须考虑目标读者的接受心理、接受能力和审美情趣,并尽力满足其需要。翻译作为一种特殊形式的写作也是如此,译者在翻译过程中也须清楚目标读者可能是谁、有何需求以及如何满足他们的需求。

6.2.1 《苏东坡传》及相关研究

《苏东坡传》于1947年在美国出版,该书前后酝酿长达十多年,是林语堂最满意的作品之一,被宾板桥[3]认为是林语堂"向西方读者阐释中国文化的最佳之作"[4]。1977年,该书由中国台湾译者宋碧云回译成中文,1979年另一位译者张振玉的回译本问世。在考察《苏东坡传》回译本的过程中,我们发现两位译者均体现出很强的读者意识,主要表现在以下几个方面。

6.2.1.1 中国文化内容的介绍

林语堂在"入西述中"时,为便于西方读者接受,有时用减法,化繁为简,降低读者阅读难度;有时又用加法,化简为繁,对读者详细解释,不厌其烦。他在《苏东坡传》里用了不少笔墨介绍苏东坡时代的历史文化,如中国古代科举制、娼妓制的由来,古代的官职、监察机构,古诗词,年龄计算法,名讳习惯,以及

---

[1] 栾雪梅,卞建华:《从〈苏东坡传〉看作者和译者的读者意识》,《外国语言与文化》,2018年第2期,第93-103页。

[2] 齐大卫,魏守忠:《写作词典》,北京:学苑出版社,1999年。

[3] 宾板桥(Woodbridge Bingham, 1901—1986),美国汉学家,其代表作如下:《唐朝的建立:隋亡唐兴初探》(*The Founding of the T'ang Dynasty, the Fall of Sui and Rise of T'ang: A Preliminary Survey*)。

[4] 转引自潘建伟:《自我说服的旷达:对话理论视野中的苏轼"旷达"形象问题:兼谈林语堂〈苏东坡传〉的中西文化观》,《杭州师范大学学报(社会科学版)》,2010年第5期,第42-48页。

国画、书法、砚台等，这些对西方读者了解苏轼所处的时代背景及其背后的中国文化是必不可少的。但这些内容也许在中国读者看来过于繁冗、杂沓，回译者须根据不同读者的阅读期待而酌情处理。

1. 文化习俗的回译

中国古代文人都有名、字和号，对此，外国人往往会感到云里雾里，因此，林语堂"入西述中"时化繁为简。他在《苏东坡传》"原序"中说明："为免读者陷入中国人名复杂之苦恼，我已尽量淘汰不重要人物的名字，有时只用姓而略其名。此外对人也前后只用一个名字，因为中国文人有四五个名字。"[①]请看下例。

例1 At this point it is convenient to state the various names of the three Sus. In accordance with ancient custom, a Chinese scholar has several names. Besides the family name he has a legal personal name (*ming*) with which he signs his own signature in all letters and official registrations. He has a courtesy name (*tse*) by which he should be addressed orally and in writing by his friends. The usual way of addressing a person formally is by his courtesy name without his family name, with "Mr." added to it. In addition many scholars adopt special poetic names (*hao*) on various occasions as names for their libraries or studies—names that are often used in their seals, and by which they are popularly known once they become famous. Others are sometimes referred to by the names of their collected works. A few who rise to a position of national importance are referred to by the name of their home town. (A Chinese Wendell Willkie might have been known as "Indiana Willkie," and F.D.R. would have been entitled to be called "Hyde Park Roosevelt.") A great many eminent officials received also a posthumous honorific title.[②]

---

① Lin Y T, *The Gay Genius: The Life and Times of Su Tungpo*, Beijing: Foreign Languages Teaching and Research Press, 2012: XVII；林语堂：《苏东坡传》，宋碧云译，台北：远景出版事业公司，1977年，第5页；林语堂：《苏东坡传》，张振玉译，西安：陕西师范大学出版社，2009年，第12页。

② 林语堂：《苏东坡传（*The Gay Genius*）（中英双语）》，张振玉译，长沙：湖南文艺出版社，2019年，第68-69页。

（张译）走笔至此，正好说明一下"三苏"的名字。根据古俗，一个中国读书人有几个名字。除去姓外，一个正式名字，在书信里签名，在官家文书上签名，都要用此名字。另外有一个字，供友人口头与文字上称呼之用。普通对一个人礼貌相称时，是称字而不提姓，后而缀以"先生"一词。此外，有些学者文人还另起雅号，作为书斋的名称，也常在印章上用，此等雅号一旦出名之后，人也往往以此名相称。还有人出了文集诗集，而别人也有以此书名称呼他的。另外有人身登要职，全国知名，人也以他故乡之名相称的。如曾湘乡，袁项城便是。①

（宋译）说到这里，我们先谈谈三苏的许多名号。根据古风，中国文人向来有好几个名字。除了姓氏之外，他有一个"名"字，专签在信件或官文末尾。有一个"字"供朋友们叫喊或写信。通常正式写信给朋友都用"字"不加姓，附上"先生"的尊称。此外很多文人在各种场合还用"号"作为藏书室或书斋的名称——常刻在图章上，一旦成名就家喻户晓。还有人用文集的书名来称呼他。少数举国知名的人物甚至被冠上故乡的名字。（中国的温德维基也许会被人称为"印第安维基"，罗斯福也许被封为"海德公园罗斯福"）很多显赫的官员死后还有追封的荣衔。②

为了让西方读者更好地了解中国的人名文化，林语堂特意通过文内加注法说明著名人物是如何被冠上家乡名字的。温德尔·威尔基（Wendell Willkie，1892—1944）是一名律师和公司经理人（corporate executive），出生于美国印第安纳州（Indiana），1940 年被提名为共和党总统候选人，后来其竞争对手富兰克林·D. 罗斯福（Franklin D. Roosevelt，1882—1945）赢得了大选。罗斯福是美国第 32 任总统，也是美国迄今为止在任时间最长的总统，出生于纽约州的海德公园（Hyde Park）。林语堂于 1945 年旅居美国期间开始创作《苏东坡传》，他在写到中国的人名文化时，拿当时美国人非常熟悉的两个名人做类比举例说明，这样易于读者理解中国的人名文化。不仅如此，林语堂在介绍苏东坡的祖

---

① 林语堂：《苏东坡传（*The Gay Genius*）（中英双语）》，张振玉译，长沙：湖南文艺出版社，2019 年，第 56 页。

② 林语堂：《苏东坡传》，宋碧云译，台北：远景出版事业公司，1977 年，第 28-29 页。

第 6 章　林语堂"入西述中"与文化回译 | 175

父时,还用了一大段文字向西方读者娓娓讲述了中国的名讳文化。苏东坡的祖父名序,而苏东坡是一个诗文大家,又要写很多序。为避开祖父的名讳,苏东坡把所有的序改为"引"。林语堂还给出司马迁、《后汉书》的作者等多个例子,向西方读者说明,讳言父母或祖父母大名是中国古老的规矩,甚至连皇帝也不例外。

对照两个汉译本,我们发现,也许是因为想向中国读者解释一下林语堂是如何"入西述中"的,也许是考虑到不少现代中国读者也需要进一步了解中国古代的人名文化,张译和宋译都对原文中林语堂对中国古代文人名、字、号的相关解释进行了如实还原,但对最后一个括号里文内阐释的处理方法不同。张译似乎略胜一筹,因为宋译虽然更忠实于原文,但由于中国读者对这两个人(尤其是对前者)及其出生地比较陌生,恐怕很少有人知道"温德维基"是何许人也,更不知道"印第安维基""海德公园罗斯福"所指为何。可见,张译相较宋译而言,更多地考虑到了中国读者的感受,改用了读者熟知的曾湘乡(指曾国藩,湖南湘乡人)和袁项城(指袁世凯,河南项城人)来说明和类比,更容易使读者产生共情,接受效果会更好。

例 2　"Your Majesty should take the emperors Yao and Shun, and not merely Tang Taitsung as your standard. The principles of Yao and Shun are really very easy to put into practice. Because the scholars of the latter days do not really understand them, they think that the standards of such a government are unattainable." (Yao and Shun were the emperors idealized by Confucius, ruling China in the semi-legendary era of the twenty-third and twenty-second centuries B.C.)[①]

(张译)陛下当以尧舜为法,固不仅唐太宗而已。尧舜之道行之亦甚易。后世儒臣并不真了解先王之道,认为尧舜之政,后世不可复见。[②]

(宋译)陛下应该以尧舜为表率,不该只学唐太宗。尧舜的主张其实很容易实现。因为后代学者不了解他们。才以为这种标准遥不可及。

[①] Lin Y T, *The Gay Genius: The Life and Times of Su Tungpo*, Beijing: Foreign Languages Teaching and Research Press, 2009: 105.

[②] 林语堂:《苏东坡传(*The Gay Genius*)(中英双语)》,张振玉译,长沙:湖南文艺出版社,2019 年,第 166 页。

（尧舜是孔子笔下的理想圣君，统治公元前二十三到二十二世纪半传奇的中国。）[1]

林语堂在第七章"王安石变法"（Experiment in State Capitalism）中写到王安石和宋神宗的一次谈话时，提到了古代的尧和舜，特意加括号对尧和舜加以介绍。两位译者在回译时采取了不同的翻译策略：宋碧云照直翻译，而张振玉或许是因为考虑到中国读者对尧和舜太熟悉，况且这部分内容原是放在括号里，故省去未译。

又如，在第十二章"抗暴诗"（Poetry of Protest）中，林语堂先是把苏轼在密州创作的《水调歌头·中秋》译成英文，然后以此为例，用两大段文字向西方读者详细分析了这首词的格局和结构，并介绍了中国诗词的平仄韵律特征。

例3 林语堂译文：

How rare the moon, so round and clear!
With cup in hand, I ask of the blue sky,
"I do not know in the celestial sphere
What name this festive night goes by?"
I want to fly home, riding the air,
But fear the ethereal cold up there,
The jade and crystal mansions are so high!
Dancing to my shadow,
I feel no longer the mortal tie.
She rounds the vermilion tower,
Stoops to silk-pad doors,
Shines on those who sleepless lie.
Why does she, bearing us no grudge,
Shine upon our parting, reunion deny?
But rare is perfect happiness—
The moon does wax, the moon does wane,

---

[1] 林语堂：《苏东坡传》，宋碧云译，台北：远景出版事业公司，1977年，第74页。

And so men meet and say goodbye.

I only pray our life be long,

And our souls together heavenward fly!①

苏轼原文：明月几时有，把酒问青天。不知天上宫阙，今夕是何年。我欲乘风归去，又恐琼楼玉宇，高处不胜寒。起舞弄清影，何似在人间。转朱阁，低绮户，照无眠。不应有恨，何事长向别时圆。人有悲欢离合，月有阴晴圆缺，此事古难全。但愿人长久，千里共婵娟。

张、宋两位译者也分别沿用了各自一贯的做法，宋译以平、仄代替原文的 O 和 X 把原文全部译出，再现了林语堂是如何"对西述中"的，而张振玉或许也是出于如上文同样的考虑，把这两大段内容略去未译②。

在下面这个选自第二十七章"域外"（Outside China）的例子中，两位译者不约而同采用了文内加注的方法，使中国读者能更好地领会苏东坡的朋友章惇的"良苦用心"。

例 4 One story based on conjecture says that the two Su brothers were banished to these two districts because Chang Chun thought it was fun to send them to districts whose names bore component parts contained in the respective personal names of the Su brothers.③

（张译）据揣测说，苏氏兄弟被贬谪到这个地方，是因为他俩的名字与地名相似（子瞻到儋州，子由到雷州），章惇觉得颇有趣味。④

（宋译）据说他们兄弟被贬到这两区，是因为地名和苏家兄弟的名号

---

① 林语堂：《苏东坡传（*The Gay Genius*）（中英双语）》，张振玉译，长沙：湖南文艺出版社，2019 年，第 373-374 页。

② Lin Y T, *The Gay Genius: The Life and Times of Su Tungpo*, Beijing: Foreign Languages Teaching and Research Press, 2012: 219-221；林语堂：《苏东坡传》，宋碧云译，台北：远景出版事业公司，1977 年，第 152-154 页；林语堂：《林语堂名著全集（第 11 卷）》，张振玉译，长春：东北师范大学出版社，1994 年，第 175-176 页。

③ 林语堂：《苏东坡传（*The Gay Genius*）（中英双语）》，张振玉译，长沙：湖南文艺出版社，2019 年，第 774 页。

④ 林语堂：《苏东坡传（*The Gay Genius*）（中英双语）》，张振玉译，长沙：湖南文艺出版社，2019 年，第 761 页。

刚好字尾相同的（子由到雷州，子瞻到儋州）章惇觉得很有趣。①

对不懂汉语的英语读者来说，关于兄弟俩的名字与贬谪地是如何相似，再多的解释很可能也是徒劳无功的。因此，在英文文本中，林语堂没有做详细解释，但在回译成汉语时，两位译者都添加了文内注释，让中国读者能明白苏氏兄弟被贬谪到这两个地方的原因，以及他们的名字与贬谪地在字形上的关联。

从以上例子可以看出，对林语堂"入西述中"读者意识和文本呈现，两位译者在回译时各有亮点，或删减，或添加，都充分顾及了读者的接受效果。

2. 文化意象的回译

林语堂在"入西述中"时，为便于英语读者理解，会使用一些读者熟知的人物、事件或文化意象做类比和替换，而两位译者回译成汉语时，往往根据中国读者的文化习惯和接受能力进行意象的再次替换，回译成中国读者熟悉的人物、事件或意象。如：

例 5　In modern times I am sure Su would have opposed the principle of unanimity in the United Nations Security Council as being essentially antidemocratic. He knew that at least since Chinese Adam no two persons have ever completely agreed, and that the only alternative to democracy is tyranny.②

（张译）苏东坡如生于现代，必然反对联合国安理会全体同意原则，在基本上为反民主。他知道，中国自盘古开天辟地以来，还没有两个人事事完全同意，而民主制度的另一途径，唯有暴政制度。③

（宋译）我相信苏东坡若生在现代，一定反对联合国安理会的否决权，认为不民主。他知道盘古开天以来，没有两个人看法完全一样，除了民主就是专制。④

---

① 林语堂：《苏东坡传》，宋碧云译，台北：远景出版事业公司，1977年，第320页。
② 林语堂：《苏东坡传（The Gay Genius）（中英双语）》，张振玉译，长沙：湖南文艺出版社，2019年，第256页。
③ 林语堂：《苏东坡传（The Gay Genius）（中英双语）》，张振玉译，长沙：湖南文艺出版社，2019年，第227页。
④ 林语堂：《苏东坡传》，宋碧云译，台北：远景出版事业公司，1977年，第104页。

这是第八章"拗相公"（The Bull-headed Premier）中的一句话。林语堂先是做了个苏东坡是现代人的假设，并用美国读者非常熟悉的"联合国安全理事会"（The United Nations Security Council）打了个比方，然后用了西方读者熟知的《圣经》中上帝创造第一人 Adam 加上 Chinese 向他们表达"中国远古人类"这个概念；盘古是中国神话中开天辟地的人物，两位译者的回译文都准确地回译成"盘古开天辟地"这一中国读者耳熟能详的神话传说，而没有直译成"中国的亚当"，因为他们心中有一个共识，即译文是给中国读者看的。

由此可见，两位译者依据自己对各自读者接受能力的把握，选择恰当的文化意象，以获得最好的接受效果，表现出强烈的读者意识。

3. 诗词的回译

苏东坡是宋代诗词大家，留下了大量脍炙人口的诗词，要写他的传记，肯定会涉及诗词。林语堂在创作中引用了不少苏东坡诗词，行文过程中必然会有一些隐性翻译作为写作的必要补充，从这个角度讲，林语堂可以说是亦写亦译，既是作者，也是隐性译者。对于原文中引用的苏东坡诗，林语堂说："有的我译成英诗，有的因为句中有典故，译成英诗之后古怪而不像诗，若不加冗长的注解，含义仍然晦涩难解，我索性就采用散文略达文意了。"[①]如：

例 6　That Year in May, Su Tungpo's wife died at the age of twenty-six, leaving him a son six years old. His father said to him, "Your wife has followed you and lived with you without being able to enjoy success with you. You should bury her together with her mother-in-law." On the tenth anniversary of his wife's death, Su wrote an exquisite poem revealing his sentiments about her, full of a strange, ghostly beauty and a haunting music which unfortunately cannot be reproduced.

Ten years have we been parted:

The living and the dead—

Hearing no news,

Not thinking

And yet forgetting nothing!

[①] 林语堂：《苏东坡传》，张振玉译，西安：陕西师范大学出版社，2009 年，第 12 页。

I cannot come to your grave a thousand miles away

To converse with you and whisper my longing;

And even if we did meet

How would you greet

My weathered face, my hair a frosty white?

Last night

I dreamed I had suddenly returned to our old home

And saw you sitting there before the familiar dressing table,

We looked at each other in silence,

With misty eyes beneath the candle light.

May we year after year

In heartbreak meet,

On the pine-crest,

In the moonlight!①

（张译）那年五月，苏东坡的妻子以二十六岁之年病逝，遗有一子，年方六岁。苏洵对东坡说："汝妻嫁后随汝至今，未及见汝有成，共享安乐。汝当于汝母坟茔旁葬之。"在妻死后的第十周年，苏东坡写了两首词以寄情思，两首小词颇离奇凄艳，其令人迷惘的音乐之美，可惜今日不能唱出了。其词如下：

十年生死两茫茫，不思量，自难忘。千里孤坟，无处话凄凉。纵使相逢应不识，尘满面，鬓如霜。

夜来幽梦忽还乡，小轩窗，正梳妆。相顾无言，惟有泪千行。料得年年断肠处，明月夜，短松岗。②

（宋译）那年五月，苏东坡的太太死了，年方二十六岁，留下一个六

---

① 林语堂：《苏东坡传（The Gay Genius）（中英双语）》，张振玉译，长沙：湖南文艺出版社，2019年，第135-156页。

② 林语堂：《苏东坡传（The Gay Genius）（中英双语）》，张振玉译，长沙：湖南文艺出版社，2019年，第135-156页。

岁的儿子。他父亲对他说，"你太太跟了你，却无法享受你的成就。你该把她葬在她婆婆身边。"他太太死后十周年，苏东坡曾写过一首短词来表示满腔的哀思，文意凄美，充满荡气回肠的音律，可惜现在无法唱出了。①

"十年生死两茫茫，不思量，自难忘。千里孤坟，无处话凄凉。纵使相逢应不识，尘满面，鬓如霜。

夜来幽梦忽还乡，小轩窗，正梳妆。相顾无言，惟有泪千行。料得年年断肠处，明月夜，短松岗。"②

这两首词取自第六章"神、鬼、人"（Gods, Devils and Men），是苏东坡在其妻因病去世十周年后写成，以寄情思。作为译者的林语堂在翻译这两首词时没有多少发挥空间，但作为作者的林语堂却有较大的灵活性和发挥余地。他先在这两首词前做铺垫，介绍苏东坡的妻子26岁便因病去世，遗有一子，年方6岁，又用其父苏洵对儿子苏东坡的话说明其妻嫁给苏东坡以后，未能见证苏东坡之成就，也未能与苏东坡共享安乐，颇为遗憾。随后引出上面的两首词，虽然没用注释，但英语读者可以很好地理解这两首词创作的背景，词所表达的无限哀思、深深情感，颇令读者动容，亦写亦译的妙处可见一斑。

从词的翻译来看，虽然林语堂把苏轼的词译成了英文诗歌，两位译者在回译时都顺利地译回了苏东坡的原诗词，没有受英语原文中诗歌风格的干扰。诗词回译相对比较简单，只要译者能找准原诗词"原文复现"就可以了。类似的情况在第十一章"诗人、名妓、高僧"（Poets, Courtesans and Monks）也有例证。

例7　The light of water sparkles on a sunny day;
A misty mountains lend excitement to the rain.
I like to compare the West Lake to 'Miss West,'
Pretty in a gay dress, and pretty in simple again.③
水光潋滟晴方好，山色空蒙雨亦奇。

---

① 林语堂：《苏东坡传》，宋碧云译，台北：远景出版事业公司，1977年，第65页。
② 林语堂：《苏东坡传（*The Gay Genius*）（中英双语）》，张振玉译，长沙：湖南文艺出版社，2019年，第135-156页。
③ 林语堂：《苏东坡传（*The Gay Genius*）（中英双语）》，张振玉译，长沙：湖南文艺出版社，2019年，第298页。

欲把西湖比西子，淡妆浓抹总相宜。①

不过，林语堂在"入西述中"时往往旁征博引，或者在"入西述中"过程中，针对英语读者的阅读期待，对原文进行行文方式上的变通，如韵体诗改为散文诗等，以至于在某种程度上发生了变形，所以，有时候要把原文准确回译成中文中的诗词也并非易事。请看下例：

例 8　The poem prayer he addressed to this cloud when in the city says, "Now I am going to let you return to the mountaintops. Pray do not embarrass us, the officials."②

（张译）到了城里，他祷告乌云的诗里有："府主舍人，存心为国，俯念舆民，燃香霭以祷祈，对龙湫而恳望，优愿明灵敷感。"③

（宋译）他入城对这片云祈祷说，"开缄仍放之，掣去仍变化。云兮汝归山，无使达官怕。"④

张宋两位译者把原文中的诗词，一个回译成散文，一个回译成诗，出现了两个完全不同的版本，而林语堂在原文里用的是 poem prayer，可见回译成散文并不合适，经查证资料，笔者发现苏轼写过《攓云篇》一诗，里面描述的情形和林语堂在英文原著里的描述一致。宋译引用的是《攓云篇》的最后两句"开缄仍放之，掣去仍变化。云兮汝归山，无使达官怕。"，与原文正相符合⑤。当然两位译者都尽可能回译成原文，宋碧云在该书的《译序》部分谈到其翻译原则时说，她虽不打算将对话"还原"成古文（读起来太别扭），至少也要查到出处，与英文对照翻译，以保留原句的风采。引用的诗文则一定要"还原"，所以她硬是下了"死功夫"，把林语堂在书后列的一百多本参考书一一找来查证，其中的艰辛可想而知⑥。这既是对作者负责，也是对读者负责的态度。

---

① 林语堂：《苏东坡传》，宋碧云译，台北：远景出版事业公司，1977 年，第 298 页；另见林语堂：《苏东坡传》，宋碧云译，台北：远景出版事业公司，1977 年，第 124 页。

② Lin Y T, *The Gay Genius: The Life and Times of Su Tungpo*, Beijing: Foreign Languages Teaching and Research Press, 2009: 80.

③ 林语堂：《苏东坡传（*The Gay Genius*）（中英双语）》，张振玉译，长沙：湖南文艺出版社，2019 年，第 126-127 页。

④ 林语堂：《苏东坡传》，宋碧云译，台北：远景出版事业公司，1977 年，第 57 页。

⑤ 栾雪梅：《〈苏东坡传〉汉译指瑕》，《东方翻译》，2017 年第 4 期，第 27-34 页。

⑥ 林语堂：《苏东坡传》，宋碧云译，台北：远景出版事业公司，1977 年。

6.2.1.2 叙事风格的回译

如前所述,林语堂很清楚西方读者对中国文化的隔膜,而英汉两种语言的巨大差异常常会加深这种隔膜。因此,他一方面以异域风情营造疏离感,满足读者求异猎奇心理;另一方面也处处替西方读者着想,用各种变通方式解释中国特有的文化现象,以亲切、幽默、娓娓道来的风格写作,非常契合西方读者的审美趣味[1]。这种"亲近读者"的叙事风格具体表现在特写及纵横交错式结构的使用、叙事时间单位的选择、附录及副文本的添加。

1. 叙事结构的回译

林语堂重点通过人与人之间的关系描写苏东坡,如第五章"父与子"(Father and Sons)展现了文人之家的父子情深;第十章"两兄弟"(The Two Brothers)描写了苏轼、苏辙的手足之情及个性差异;对苏东坡在人生不同阶段与高僧、歌妓、官员、朋友及黎民百姓等交往的描述,从不同侧面展现了一个立体的苏东坡形象,这种特写式写法有助于增强传记的文学效果和感染力。此外,林语堂采用了纵横交错的叙述结构,按时间、年代顺序从历时的角度描述苏东坡的一生,但时而又从共时的角度穿插一些有关苏东坡的趣闻轶事。"这种纵横交错的结构,增加了传记的丰富性和生动性"和可读性[2]。两位回译者在回译时基本上尊重了原文的叙事结构,保留了原文结构特点。

2. 时间单位的回译

林语堂把中国皇帝的年号转换成西方读者熟悉的公元纪年法,有时甚至把所谈论的事件与西方读者熟悉的事件联系起来写,启发读者联想,丰富了读者的阅读体验。

例9 Su Tungpo was born in 1036 and died in 1101, twenty-five years before the conquest of northern China by the Kins and the end of the Northern Sung Dynasty.[3]

(张译)苏东坡生于宋仁宗景祐三年(一〇三六),于徽宗建中靖国

---

[1] 吴慧坚:《重译林语堂综合研究》,广州:花城出版社,2012年,第34页。
[2] 万平近:《林语堂评传》,上海:上海远东出版社,2008年,第225页。
[3] 林语堂:《苏东坡传(The Gay Genius)(中英双语)》,张振玉译,长沙:湖南文艺出版社,2019年,第19页。

元年（一一〇一）逝世，是金人征服北宋的二十五年之前①。

（宋译）苏东坡生于宋仁宗景祐三年（公元 1036 年），死于徽宗建中靖国元年（1101 年），也就是华北被金人攻占，北宋灭亡前二十五年②。

宋碧云把苏轼生卒时间放在历史的大背景下，增加了传记作品的真实性，让读者有历史的穿越感，而两位回译者都根据中国的文化习俗，又转换成了皇帝年号加公历纪年的方式，体现了他们强烈的读者意识。

3. 副文本的回译

林语堂《苏东坡传》原序中说："本书正文并未附有脚注，但曾细心引用来源可证之资料，并尽量用原来之语句，不过此等资料之运用，表面看来并不明显易见。供参考之脚注对大多数美国读者并不实用。"③可见，其对是否使用脚注等副文本手段有自己的考虑。鉴于《苏东坡传》最初的目标读者是美国读者，林语堂为便于他们阅读和理解，也为了更好地传播中国文化，采取了零脚注的写作方式，但在书后附有苏东坡的年谱以及详尽的参考书目和资料来源，供读者和研究者查阅和研究，体现了强烈的读者意识和严谨的治学态度。张、宋两位译者对副文本的处理方式有所不同。张译基本参照原作进行，没有使用脚注，也保留了苏东坡的年谱、参考书目及资料来源。宋译除了沿用原作者以上做法外，在一些章节后还另加了"注"（包括释注）和"译注"，对资料来源或一些名词加以解释、对自己的翻译方法加以说明、对翻译过程中发现的原文疏漏加以更正，并提供现代学者的新发现等等，为中国读者和研究者提供了丰富的资料。事实上，林语堂的《原序》本身就是副文本的重要组成部分，他对苏东坡的总结十分到位。今天的作者写到苏东坡时，常常会引用他在《原序》里的那段话。这对读者更好地理解作品和人物，吸引他们走进传记中描绘的人物和时代很有帮助。当然，宋碧云的《译序》和张振玉的《译者序》也从各自角度谈了自己的翻译体会，这对读者和研究者都是很有帮助的，也充分体现了他们的读者意识。

---

① 林语堂：《林语堂名著全集（第 11 卷）》，张振玉译，长春：东北师范大学出版社，1994 年，第 4 页。
② 林语堂：《苏东坡传》，宋碧云译，台北：远景出版事业公司，1977 年，第 6 页。
③ 林语堂：《苏东坡传》，张振玉译，西安：陕西师范大学出版社，2009 年。

6.2.2 小结

通过本节分析，可以看出，张振玉、宋碧云两位译者在回译《苏东坡传》时都表现出很强的读者意识，只不过他们与林语堂面对的读者不同。作为"入西述中"者的林语堂既是作者，又是隐性译者，他时时处处为其英语读者着想，在内容选择和译介方式上都有缜密思考，其"入西述中"策略对我们当下中华文化走出去启示良多。两位中国译者在回译文上也着实下了功夫，张译似乎体现出更强的读者意识，更多地考虑到中国读者的接受情况，采取了变换、省略、添加等各种方法，助力读者更好地理解原文的精髓，取得更好的接受效果，也更好地体现原作者林语堂的翻译思想。宋译本似乎更忠实于原作，在副文本回译方面用力更多，添加了（译）注、释注，对原文和译文的相关内容加以解释说明。这些都极大地方便了读者阅读，为今后深入研究林语堂"入西述中"提供了丰富资料。

6.3 《武则天传》回译中的萃译[①]

如前所述，萃译是变译的一种形式，是指在翻译过程中萃取、合译、雅化原文的过程[②]。萃取是"对原著的叙事品质和语言艺术、目的语诗学规范和预期读者语言审美进行综合判断后，在译前或译中甚至译后对原著文本的精选取舍"[③]；合译是"根据原文语用价值和语里意义以及译文语表形式的需要，将原文某些语言单位合并为译文中一个单位的全译方法"[④]；雅化狭义上可指全译意义上的文化双语转换手段和效果，广义上可指整体意义上译本的文学品质优于原著[⑤]。本节通过统计分析，探讨萃译在林语堂《武则天传》（*Lady Wu*）张振玉汉译本中的整体布局和具体体现。

6.3.1 《武则天传》及相关研究

据《二十世纪唐研究》统计，自20世纪40年代末以来，武则天的传记（不

[①] 参见刘凤，卞建华：《瘦身翻译理论在文化回归时的体现：以林语堂 *Lady Wu* 汉译本为例》，《兴义民族师范学院学报》，2021年第3期，第37-43页。

[②] 任东升：《"萃译"之辩》，《解放军外国语学院学报》，2018年第4期，第16-20，15页。

[③] 任东升：《"萃译"之辩》，《解放军外国语学院学报》，2018年第4期，第16-20，15页。

[④] 余承法：《全译方法论》，北京：中国社会科学出版社，2014年，第308页。

[⑤] 余承法：《全译方法论》，北京：中国社会科学出版社，2014年，第308页。

算文学传记）不下 20 种，"数量之多，无疑是唐代人物之最"[①]。与其他版本的《武则天传》不同，林语堂的《武则天传》从唐玄宗的堂兄邠王李守礼的视角，讲述了一代女皇武则天充满传奇的一生，塑造了一个野心强大、骄奢淫逸、虚荣自私的妇人，同时也塑造了一个杰出的政治家。该书属于"入西述中"，致力于对外传播中华文化，是向西方读者介绍中国的媒介，目标读者有别于其他版本的《武则天传》。"在风格上……别具一格，是从西方文化观念出发而对中国历史事件所做的探索性阐释……这样做更多的是为了适应英文世界读者的阅读习惯和审美认知方式……"学界很多学者从不同的视角对林语堂所著《武则天传》进行了研究[②]，或基于改写理论，认为由于《武则天传》的文体风格，传记作者的个人意识形态在改写过程中所起的作用大于社会意识形态[③]；或基于女子镜像，认为林语堂对武则天等其他女性的道德评判大相径庭，情感审美大异其趣，隐匿着男性视域与男人命名[④]；抑或基于诗学观的视角，认为《武则天传》中译者的诗学观影响其翻译策略的选取，恰当的翻译策略有助于原文主题的传达[⑤]。这些研究具有理论和现实意义，也给笔者带来很多启发。尽管关于《武则天传》的研究众多，却没有学者从萃译的角度对其进行探讨。因此本节希望从萃译的角度对其进行研究，以期从一个新视角对《武则天传》的翻译过程进行阐释，为今后相关研究提供参考。

6.3.1.1 萃译在《武则天传》回译本中的体现

针对不同的读者类型和信息来源，译者往往需要发挥自身的主体性，采取恰当的翻译策略。林语堂"入西述中"针对的是西方读者，对中国读者而言众人皆知的文化风俗，如人名文化，对西方读者就得娓娓道来，但是当这些文化风俗返回中国语言文化，面向中国的读者大众时，译者就应转换视角，使其符合中文的表达习惯[⑥]。由于《武则天传》受众为英语读者，林语堂在写作时有意对一些中国传统文化进行解释，这虽然在很大程度上增强了文章的可读性，但

[①] 胡戟：《武则天本传》，西安：陕西师范大学出版社，1998 年，第 6 页。
[②] 陈晓初：《林语堂和传记文学》，《重庆科技学院学报（社会科学版）》，2008 年第 3 期，第 142-143 页。
[③] 卫爽：《改写理论视角下林语堂 Lady Wu 研究》，天津：天津科技大学，2016 年。
[④] 吴毓鸣：《论林语堂女子镜像的男性视阈与男人命名》，《福建工程学院学报》，2010 年第 5 期，第 441-445 页。
[⑤] 高巍，卫爽：《诗学观视角下探析林语堂英译〈讨武曌檄〉：以林语堂译本〈Lady Wu〉为例》，《重庆交通大学学报（社会科学版）》，2015 年第 5 期，第 129-131 页。
[⑥] 王宏印，江慧敏：《京华旧事，译坛烟云：Moment in Peking 的异语创作与无根回译》，《外语与外语教学》，2012 年第 2 期，第 65-69 页。

是也不可避免地造成了文章的冗杂。正因如此，当这本著作回归国人视野，也就是译回汉语时，需要进行一定的处理——删减不必要的解释性内容，即对原作精华进行萃取。林语堂所著《武则天传》共分为三部分，本节通过对每一部分进行统计，发现张振玉在回译时共有 69 处采取了萃译策略，其中第一部分出现了 26 处，第二部分出现了 29 处，第三部分出现了 14 处。具体分布情况可见表 6.1 和图 6.1。

由表 6.1 可以看出，萃译在回译《武则天传》时主要体现在称呼、风俗惯例、成语、制度体系、官署名、地名、年份、名篇名著、人物介绍、宫门殿宇、文化特色词、年号以及姓氏人名的翻译。纵向来看，萃译策略在回译文化特色词、地名、名篇名著时体现得尤为明显，分别是 20 处，11 处和 7 处；横向来看，萃译策略在第一部分和第二部分使用得更为频繁，分别是 26 处和 29 处。

图 6.1 非常直观地体现出各个类别在各个部分出现次数的对比效果，例如文化特色词在第二部分的出现频次要远高于第一部分和第三部分；而地名在各个部分的体现呈阶梯状分布。

通过表 6.1 和图 6.1 可以看出萃译现象的数量和分布情况，接下来本书将从文化特色词、地名等几个萃译现象体现比较典型的方面具体分析萃译策略是如何使用的。

表 6.1　萃译现象分布表　　　　　　　（单位：次）

类别	第一部分	第二部分	第三部分	合计
称呼	3	0	2	5
风俗惯例	1	0	2	3
成语	2	0	0	2
制度体系	3	0	0	3
官署名	0	2	0	2
地名	5	4	2	11
年份	1	0	0	1
名篇名著	4	3	0	7
人物介绍	1	4	1	6
宫门殿宇	0	3	3	6
文化特色词	4	12	4	20
年号	1	0	0	1
姓氏人名	1	1	0	2
合计	26	29	14	69

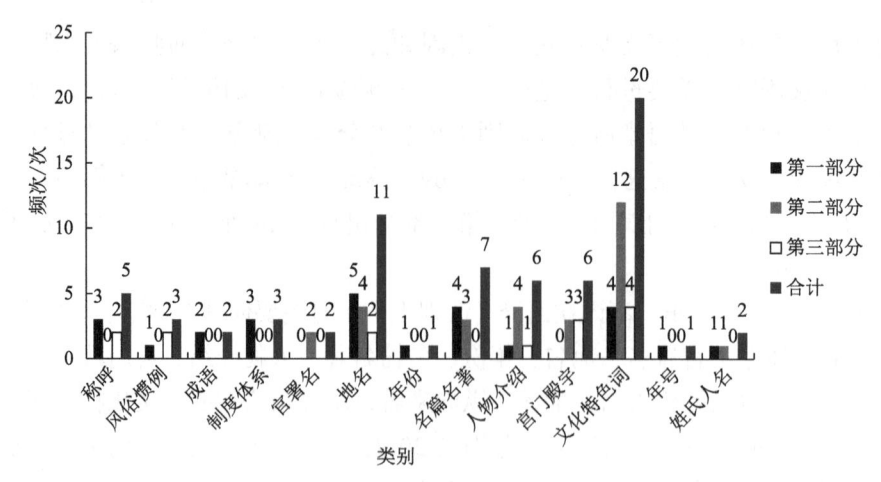

图 6.1 萃译现象分布直方图

6.3.1.2 萃译在文化特色词回译中的体现

"文化特色词（culture-specific word）指的是反映某种文化现象、体现某种文化认识、折射某种生活方式的词语"[①]，林语堂所著的《武则天传》中出现了很多的文化特色词。为了避免冗杂，译者在回译这些内容时采用了萃译策略，比如"象牙朝笏"的翻译。

例 10 原文：Suiliang leisurely stepped forward, and knelt down before the throne. His hands were holding <u>the ceremonial ivory tablet which all ministers had to hold at audience.</u>[②]

译文：褚遂良迈步向前，在宝座之下叩头。手里拿着<u>象牙朝笏</u>。[③]

在这个例子中，唐高宗正欲废王皇后改立武则天为皇后。关于此事，朝中大臣纷纷反对，褚遂良也是其中之一，这句话描述的便是他在朝堂上义愤填膺、冒死进谏的场景。画线部分的象牙朝笏是他在朝堂中手执之物。象牙朝笏具有中国文化特色，西方读者并不知道其为何物。《礼记·玉藻》记载："笏，天子以球玉，诸侯以象，大夫以鱼须文竹，士竹本，象可也。"从商代开始到明代，朝官上朝都要执笏，到了清朝才废除这一制度。基于当时的语境，国内读者结合上下文可以判断出这是官员上朝时手里拿的东西，也就是朝笏，因而回译时进行瘦身，

[①] 姚喜明：《汉英词典编纂中文化特色词的处理》，《上海翻译》，2010 年第 4 期，第 53-56 页。

[②] Lin Y T, *Lady Wu*, Beijing: Foreign Language Teaching and Research Press, 2009: 51.

[③] 林语堂：《武则天正传》，张振玉译，沈阳：万卷出版公司，2013 年，第 35 页。

省去解释部分。除去表示器具的文化特色词，很多其他带有中国文化特色的特定表达在回译时也采取了萃译策略。比如，太庙、辟雍、圣母神皇和弥勒佛、神都等词汇在写给外国读者时采用了音译意译相结合或者音译加解释的方法来表达其中的意思，而在回译时只进行了音译。

6.3.1.3 萃译在地名回译中的体现

在《武则天传》的回译过程中，地名回译时萃译策略的使用也占据了相当的分量，有11处之多（表6.1）。在外译地名时，林语堂常采用音译加解释的策略，将地方所处的位置或者现在的名称在括号内表示出来，以此来避免读者产生误解。在回译时，张振玉省去了解释的部分，直接进行了音译，避免了冗杂现象的产生。

例 11 原文：The next year, father was banished to Chengtu (Szechuan).①

译文：次年，先父谪往成都。②

例 12 原文：Archduke Yuangwei, an old man of seventy, was placed in a convict's "cage" and sent on his way to Jienchow (border of Kweichow and Szechuan).③

译文：霍王元轨已是七十高龄的老者，被装进囚笼之中，流放黔州。④

例11中，太子贤（邠王李守礼的父亲）被废为庶人一年后又被武后贬谪到成都。对成都这个地点名词，林语堂在外译时解释了它所属的地区——四川省，而张振玉在回译时对这一解释进行了省略，因为在中国大多数人都知道成都隶属四川，所以无须再译。例12这段时期正值唐室王公兴兵讨伐武后不久，武后对唐室元老重臣等进行迫害残杀之时。其中提及的霍王李元轨正是当时武则天迫害之人，而迫害的手段便是将其装进囚笼，流放黔州。对于黔州的回译，张振玉同样省去了解释部分，这是因为"黔"字是贵州省的简称，国内读者见"黔"即知贵州省，所以无须多做解释。还有很多地名，像济州、荆州、幽州等，原文都对地名进行了解释，中国读者大多有能力直接通过地名辨别出其所属何省、所在何地，因而回译时也就不再翻译了。

---

① Lin Y T, *Lady Wu*, Beijing: Foreign Language Teaching and Research Press, 2009: 113.
② Lin Y T, *Lady Wu*, Beijing: Foreign Language Teaching and Research Press, 2009: 104.
③ Lin Y T, *Lady Wu*, Beijing: Foreign Language Teaching and Research Press, 2009: 166.
④ Lin Y T, *Lady Wu*, Beijing: Foreign Language Teaching and Research Press, 2009: 156.

6.3.1.4 萃译在书名回译中的体现

泱泱华夏五千年，造就了中国文化，也造就了无数的巨著名篇。林语堂所著《武则天传》中就出现了《书经》《后汉书》《讨武曌檄》等著作名篇。这些作品如果直接音译，西方人难免感到困惑，毕竟中国的这类作品他们知之甚少，这也是外译时林语堂采用注释、意译、意译加音译等方法进行翻译的原因。在回译时，因为在国内读过书的人几乎都知道这些名著，所以萃译只译书名即可。

例 13 原文：At this time he was occupied with a group of scholars in compiling the *Commentary to Later Han History*.①

（注释：This has remained to this day commentary on *Houhanshu*.）

译文：又会与诸儒共注范晔的《后汉书》。

《后汉书》由我国南朝刘宋时期的历史学家范晔编撰，是一部记载东汉历史的纪传体史书，与《史记》《汉书》《三国志》合称"前四史"。书中分十纪、八十列传和八志（司马彪续作），记载了从光武帝至汉献帝的 195 年历史。关于《后汉书》，国外读者了解得不多，因而在原文中添加了注释；而回译时，因为这本书是经典著作，译出书名国内读者就可明了。

6.3.1.5 萃译在制度体系回译中的体现

制度体系的翻译只在原文的第一部分集中出现了 3 次，虽然频次不高，却是萃译的典型。因为中国唐代制度体系虽与西方大不相同，却贯穿全文始终。所以当某种制度体系第一次呈现给西方读者时将它讲解透彻便成为重中之重。林语堂在《武则天传》中介绍相关制度体系时就下了很大的功夫，比如唐代官僚制度的外译。

例 14 原文：Here is the government setup. Their relative ranks are indicated by the numbers (1), (2), (3), etc.

3 Arcbdukes **(1)** and 3 Grand Masters **(1)**, or high advisers: positions of the highest honor, filled by men of long standing and high prestige, with no particular duties.

Privy Councilors **(3)** the "group" **(shiang):**

...

---

① Lin Y T, *Lady Wu*. Beijing: Foreign Language Teaching and Research Press, 2009: 109.

Imperial Secretariat (**Menshia**):

Lord Secretary (2)

2 Vice-Secretaries (3)

...

Supreme Court (**Dalishy**):

Chief Judge(3B)

Assistant Chief(4B)[①]

译文:[②]

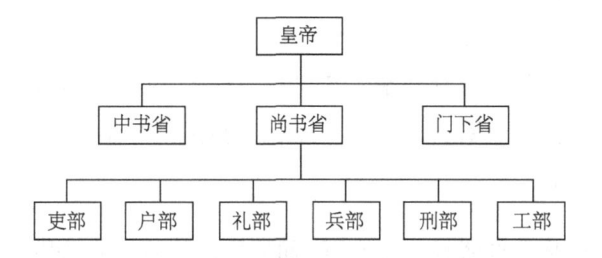

```
                    皇帝
        ┌────────────┼────────────┐
      中书省         尚书省         门下省
              ┌──┬──┬──┼──┬──┐
             吏部 户部 礼部 兵部 刑部 工部
```

在这个例子中,制度体系的描写在中英文本中的差异十分明显。三省六部制是唐朝的政府管理体制,在我国有着悠久的历史。"在三国时期就出现雏形,经历了魏晋南北朝的发展到了隋代形成了内史省、门下省和尚书省的三省制以及三省制之下的六部制度;到了唐代,三省六部制更加完备,三省职权划分更加明确,在职能行使上进一步制度化、法律化"[③]。关于这一制度,普通国外读者几乎闻所未闻,于他们而言理解有相当的难度,因而林语堂在英文文本中进行了非常系统的梳理和解释。然而,这些解释对于掌握了一定历史背景信息的中国人来讲十分冗杂,所以张振玉回译时只给出了一个简明扼要的图表,让人看起来一目了然。除了政府管理体制,妃嫔制度和贬谪制度在《武则天传》中也通过音译加意译或者解释等翻译方法进行了阐述,回译时也都进行了萃译。

[①] Lin Y T, *Lady Wu*, Beijing: Foreign Language Teaching and Research Press, 2009: 47.

[②] 林语堂:《武则天正传》,张振玉译,沈阳:万卷出版公司,2013年,第32页。这段译文开头的制度体系是张振玉把上面的英文翻译成了这幅图。

[③] 赵冬云,张晓芳,牛素珍:《隋唐时期三省六部制的设置及其发展》,《兰台世界》,2014年第18期,第16-17页。

6.3.1.6　萃译在姓氏人名回译中的体现

如前所述，中国的姓氏文化独具特色，来源纷繁复杂。帝王赐姓便是来源之一。赐姓有褒有贬，依情况而定。以唐代为例，比较典型的荣誉表彰有"赐姓、对功臣'图形'（画像）以纪念以及旌表"等①。除去作为荣誉表彰，也有很多宗族被赐凶姓以示惩罚，武则天对王皇后和萧淑妃的赐姓便是如此。

例 15　原文：In her triumph, Lady Wu now turned into a merciless and rather uncouth punster, with a wry sense of humor. She thought happily that the deceased Empress's name, *Wang*, rhymes with *mang* ("cobra"), and *Shiao* was homonym for "vulture"②.

译文：武后洋洋得意之余，又以残忍的心肠，邪恶之诙谐，取一语双关之义，追改王皇后为蟒氏，萧淑妃为枭氏，命令王萧两家后代的子孙各自姓蟒姓枭。③

这里的蟒氏意味着像蟒蛇一样歹毒，而枭氏意味着像猫头鹰一样是不祥之物。除去王皇后和萧淑妃，历史上还有很多被赐凶姓的例子。"汉代英布被诛后，其族人被赐'黥'氏""南朝萧响的后裔被贬为'蛸'（毒蜘蛛一类）姓"④。西方读者对中国的姓氏文化并不了解，不能从读音判断出蟒、枭所暗含的意义，因而需要进行解释，避免给他们带来阅读障碍，而中国读者一般能够见字知其义，因而回译时可以省去不再解释，这就又达到了萃取提炼的效果。

以上是本文选取的相对集中和典型的几个例子，除此之外还有官署名、年份、年号等都用到了萃译（表 6.1）。这些萃译策略的使用散落在文中各处，增加了译文的流畅性，方便了中国读者阅读。

6.3.2　小结

统计数据显示，在《武则天传》回译本中，萃译现象共出现了 69 次，以第一部分和第二部分居多，分别是 26 次和 29 次，涉及称呼、风俗惯例、成语等 13

---

① 张耐冬：《中国古代是否存在"国家荣誉制度"：以唐代为例》，《人民论坛》，2012 年第 36 期，第 10-11 页。
② Lin Y T, *Lady Wu*, Beijing: Foreign Language Teaching and Research Press, 2009: 58.
③ 林语堂：《武则天正传》，张振玉译，沈阳：万卷出版公司，2013 年，第 43 页。
④ 王全营：《中华姓氏的主要来源》，《决策探索》，2017 年第 19 期，第 48-50 页。

个方面。这些数据说明了萃译策略在《武则天传》的回译中运用广泛，涉及中国文化的方方面面。通过对出现比较集中和相对典型的例子进行具体分析，比如对文化特色词、地名、制度体系的分析和探讨，我们发现萃译策略的使用大大增强了译文的可读性和流畅性，有效避免了信息冗杂现象的发生。"翻译中的读者意识主张译者以读者的阅读感受为中心，在不违背原作规范的基础上尽力提升作品的可读性和可接受性。"[1]无论是林语堂在"入西述中"时采用的阐释注释型翻译策略，还是张振玉在回译时采用的萃译策略，都体现了译者鲜明的读者意识。林语堂因为考虑到了外国读者的期待视野和阅读能力，对很多的背景信息进行了补充，启发我们在对外文化译介中可以通过解释说明、加注等方法让中国文化更好地"走出去"；张振玉因为考虑到中国读者的期待视野和阅读水平，在文化回归过程中对"入西述中"文本中的信息进行了萃取，以此迎合中国读者的阅读习惯。我们认为，文化翻译不能一味地以是否忠实于原文为定于一尊的标准，来判断翻译策略及译本呈现形式是否正确，而应在准确把握目标读者的文化传统、意识形态、审美期待、阅读习惯以及传播媒介的基础上，合理选择翻译策略，使译文更加符合目的语言的行文习惯和诗学传统，增强文本的可读性，提高文本传播的效果。

6.4 《朱门》"行香子"词的回译：译底与译心[2]

《朱门》于1953年由美国约翰·黛出版公司出版，是林语堂英文小说三部曲之一。目前国内常见的汉译本有：劳陇和劳力合译的《豪门》（中国青年出版社，1991），劳陇和黑马合译的《朱门》（作家出版社，收入《林语堂文集》，1995，简称劳译本），谢绮霞翻译的《朱门》（收入《林语堂名著全集》，东北师范大学出版社，1994，简称谢译本），谢译本后来又被多家出版社重版。劳陇的两个译本除书名不同外，内容差别不大。

林语堂是一位创造力旺盛、学养丰厚的作家，同时又是译笔出色的翻译家，酷爱中国古典文化，对明清小品情有独钟。其"入西述中"作品旁征博引，涉及面极广，且创作中有翻译，翻译时有创作，有时难分彼此，水乳交融，由于添加、

---

[1] 周晓梅：《中国文学外译中的读者意识问题》，《小说评论》，2018年第3期，第121-128页。

[2] 栾雪梅，卞建华：《译底与译心：从〈朱门〉行香子词的回译看中国经典的回归》，《中国翻译》，2020年第1期，第139-144页。

删减、改写等处理方式的运用，作品中某些中国文化经典内容在传译的过程中可能已发生了变形。因此，无论是从浩如烟海的文献中查找到林语堂原作中所引中国文化经典原文，还是再译回原文都相当不易。

按照回译结果的不同，可分为译底和译心两种，一种是回译的结果与原语文本重合即达至译底，是为"至译"，不重合则为"未至译"，此时形成的译文称为"译心"[①]。译底只有一个，而译心可能有很多。无论结果如何，回译对译者来说都是个考验。本节以林语堂英文小说《朱门》第七章中"行香子"词的回译为切入点，依据劳译本和谢译本，分析两个汉译本在回译过程中所采取的不同翻译方法，分析其优缺点，探究它们对中华文化经典回译的启示。

6.4.1 《朱门》"行香子"词

《朱门》第七章，唱大鼓的艺人崔遏云与郎菊水、樊文朴到郊外赏花，遏云唱了几曲"行香子"小调，后来郎菊水又向遏云介绍了苏东坡创作的两首"行香子"，遏云很快就学会并唱出。苏东坡"行香子"的出处不难查到，两位译者也都顺利找到了原文，尽管谢译本个别地方有出入。然而若细看遏云唱的"行香子"，两个译本给出的译文差别很大，出现了一个"译面"对应两个"译心"的情况。

这些"行香子"词的译底到底是作者林语堂自创还是引自哪部古代文献？1964年，他开始写专栏，因专栏内容无所不谈，没有限制，即以"无所不谈"四字做专栏名称。次年，台北文星书店出版《无所不谈》一集，收入文章39篇。1967年，文星书店又出版了《无所不谈》二集，收入文章50余篇。1974年，台湾开明书店则将一、二集和后来所写的合为一集出版，书名为《无所不谈合集》，共收入文章180篇[②]。其中就有《译〈乐隐词〉八首》（下文简称《八首》）。在译诗后面的"跋"里他写道：

> 此次回国，惹起乡愁，匆匆形色，引人离思。却因起居未定，应酬繁剧；我想见故人，故人亦想见我，但席间话旧，总嫌匆促，由是昏天黑地，东奔西跑，好像身非己有，未得收拾闲情……早晨起来，觉得欲使心情安静，还是写文章。诗文养神之功，胜于安谧剂万万。乃检出旧译《乐隐词》行香子八首……诗文除陶淑性情以外，似乎没甚用处，但

[①] 王正良：《回译研究》，上海：上海外国语大学，2006年。
[②] 刘炎生：《林语堂评传》，南昌：百花洲文艺出版社，2010年，第217页。

就此一点已有动心忍性之功，不可小觑。

林语堂这里所说的旧译是否就是《朱门》里的这七首不得而知，但笔者发现《朱门》里崔遏云吟唱的七首"行香子"词的确全部包括在《译〈乐隐词〉八首》里，且汉英对照。英文除个别地方有改动，前后顺序有所不同外，其余和《朱门》中的英文如出一辙。

6.4.2 "行香子"词与《乐隐词》及《金瓶梅词话》的关联

"行香子"是词牌名，遏云唱的七首"行香子"词即是用这个词牌写成，而林语堂译的那八首《乐隐词》也是"行香子"。至于为什么叫《乐隐词》，只有汪炳泉[①]提到：李葵生《兰皋明词汇选·序》言该书第五卷载有七首《行香子》词，前四首署名作者；后三首题《乐隐》，署"无名氏"作，依次为《阆苑瀛洲》《短短横墙》《水竹之居》，顺序恰与词话本一样，《乐隐词》也许因此得名？他所说的词话本指的就是《金瓶梅词话》。笔者在《金瓶梅词话》卷首发现了四首词，摘录如下。

> 阆苑瀛洲，金谷陵（红）楼，算不如茅舍清幽。野花绣地，莫也风流。也宜春，也宜夏，也宜秋。酒熟堪酤（酌），客至须留，更无荣无辱（无荣辱）无忧。退闲一步，着（著）甚来由（东西）。但倦时眠，渴时饮，醉时讴。

> 短短横墙，矮矮疏窗，忔憎儿小小池塘。高低叠峰（嶂），绿水边傍（旁边），也有些风，有些月，有些凉。日用家常，竹几藤床，靠眼前水色山光。客来无酒，清话何妨。但细烹茶，热烘盏，浅浇汤。

> 水竹之居，吾爱吾庐，石磷磷床（乱）砌阶（皆）除。轩窗随意，小巧规模。却也清幽，也潇洒，也宽舒。懒散无拘，此等何如，倚阑（栏）干临水观鱼。风花雪月，赢（赢）得工夫。好炷心（些）香，说些话，读些书。

> 净扫尘埃，惜耳（尔）苍苔，任门前红叶铺阶。也堪图画，还也（有）奇哉。有数株松，数竿竹，数枝梅。花木栽培，取次教开，明朝事天自安排。知他富贵几时来。且优游，且随分，且开怀。（注：括号内是林

[①] 汪炳泉：《新刻〈金瓶梅词话〉》卷首《行香子》词分析，《河南理工大学学报（社会科学版）》，2017年第4期，第81-86页。

语堂所引《乐隐词》里的用词）

需要说明的是，由于这些"行香子"词没有题目，学者们根据内容把它们称为《四季词》，分别为《阆苑瀛洲》《短短横墙》《水竹之居》《净扫尘埃》，而在《八首》中林语堂把上面的四首词每首一分为二，所以他题目上提到的是八首词。虽然我们不能确定林语堂所译的《乐隐词》是否依据的是《金瓶梅词话》，但可以肯定的是其原文和上面的《四季词》除个别地方有异文以及先后顺序不同外，其余完全一样。

有关这几首"行香子"词的作者，向来众说纷纭。清代的词话和词选著作大都认为是元代的中峰禅师所作，也有个别选本题署于真人。杨琳、孙秋克[①]推断这几首词的大致创作年代在元代和明代。本节拟结合专家学者对这几首"行香子"词的考证，对它们的回译进行探讨。

6.4.3 "行香子"词的回译

林语堂在《朱门》第七章是这样引出这七首"行香子"词的：

她（指遏云）开始唱一段古代的词曲，词人们常常谱写的曲调……那个曲调名为《行香子》，是个短令，每曲结尾处有三句三个字的短句，音节甚为悦耳。

从这一点看，两个回译本都很好地体现出了"行香子"词的特点。

为便于比较，我们把这几首词都标了数字，同时把林语堂《译〈乐隐词〉八首》中相对应的汉语原文列在后面。

第2首 原文（P95）	劳译（P89）	谢译（P81-82）	《八首》里的原文
A short, low wall, and windows hid by trees, A tiny grassy pond myself to please; And there upon its shady, rugged banks: A cool breath ——A little moon ——A little breeze!	矮矮垣墙，小小轩窗。 翠荫处，青草池塘。 柳烟初碧，曲岸新妆。 枕 一树风， 一弯月， 一箪凉。	短短横墙，隐隐疏窗， 畔着小小池塘。 高低叠嶂， 绿水近旁， 也有些风， 有些月， 有些诗！	短短横墙　矮矮疏窗 忔楂儿小小池塘 高低叠嶂 绿水旁边 也有些风 有些月 有些凉

[①] 杨琳：《〈金瓶梅词话〉引首词〈行香子〉作者考》，《文学与文化》，2016年第4期，第17-21页；孙秋克：《再说〈金瓶梅词话〉卷首[行香子]》，《河南大学学报（社会科学版）》，2007年第6期，第25-30页。

续表

第5首 原文（P96）	劳译（P90）	谢译（P82）	《八首》里的原文
For household use, some furniture decrepit; 'Tis enough: the hills around are so exquisite! When guests arrive, to kill the idle hours: Fill the kettle ——Brew the tea ——And sip it!	窗含西岭，门倚云松。 食草具，乐比王公。 曲经常有，棋侣诗朋。 饮　泉一瓢， 茶一盏， 酒一盅。	也爱休憩，也爱清闲， 谢神六教我愚顽。 眼前万事， 都不相干， 访好林峦， 好洞府， 好滨山！	日用家常　竹几藤床 靠眼前水色山光 客来无酒 清话何妨 但细烹茶 热烘盏 浅浇汤

　　这两首词合起来恰好组成《金瓶梅词话》中的《短短横墙》。第2首词中，林语堂用 trees、please 和 breeze 押同样的尾韵，谢译本中该词的翻译是七首词中最贴近原词的一首，译者用了江阳韵，采用了墙、窗、塘、嶂、旁等押韵的词，音韵和谐悦耳，只是不知"有些诗"译自哪里？劳译也用了江阳韵，使用了墙、窗、塘、妆、凉等押韵词，取得了很好的音韵效果，最后三个短句译得极富诗意，很好地保留了原词的风貌和意蕴。

　　第5首词中，林语堂为追求一种和谐的音韵美效果，同样使用了一组押尾韵的词，如 decrepit、exquisite 和 it，甚至为此不惜舍弃了竹几、藤床两个重要的意象，以保持原词音节的和谐与节奏感。当然，两个译本都很好地体现出一种音韵美，如劳译本用了中东韵，使用了松、公、朋、盅等押韵词，谢译本用了言前韵，使用了闲、顽、干、峦、山等押韵词，但查找文献，我们发现，谢译本并非自译的该词，而是借用了宋代词人曹勋的《行香子·也爱休官》，尽管稍有异文：也爱休官。也爱清闲。谢神天、教我愚顽。眼前万事，都不相干。访好林峦。好洞府，好溪山。虽然是"行香子"词，但与原文意思不符。

第4首 原文（P95）	劳译（P89-90）	谢译（P82）	《八首》里的原文
And how about an idle life leading? From balcony watch the fish in water feeding, And earn from flowing time a leisure life: 　Light an incense 　——Have a chat 　——And some reading.	如梦浮生，闲愁怎平？ 依画槛，俯数游鳞。 眉头才展，白驹已瞑。 且 焚兰麝， 谈禅语， 读《黄庭》。	何妨到老， 常闲常醉， 任功名生事俱非。 哀顾难强， 拙语多迟， 但酒同行， 月同生， 影同嬉。	懒散无拘 此等何如 倚栏干临水观鱼 风花雪月 赢得工夫 好炷些香 说些话 读些书

第 4 首词来自《水竹之居》。原文中，林语堂将第一行"And how about leading an idle life?"语序稍作变动，把 leading 放在了句末，使 leading、feeding 和 reading 押同样的尾韵，取得更好的音韵效果。与谢译相比，劳译本的前半部分和原词更为贴近，用了中东韵，采用了平、暝、庭等押韵词，以体现原文的音韵美。后半部分译者发挥自主性更多一些，把 incense、chat 和 reading 具体化，很可能为了押韵的需要。谢译这首词也非自译，而是取自宋代词人晁补之的《行香子•同前》词：何妨到老，常闲常醉，任功名、生事俱非。衰颜难强，拙语多迟。但酒同行，月同坐，影同嬉。虽是"行香子"词，但与原文语义也不符。

第 6 首 原文（P96）	劳译（P90）	谢译（P82）	《八首》里的原文
O sweep the yard, but spare the mossy spots! Let petals bedeck thy steps with purple dots As in a painting. What's more wonderful, Some pine trees —And bamboos —And apricots!	轻扫庭台， 慢拂苍苔。 莫惊散， 落红满阶。 浓茵似酎， 远岚如黛。 更 松叶碧， 竹枝翠， 杏花白。	野店残冬， 绿酒春浓。 念如今此意谁同。 溪光不尽， 山翠无穷。 有几竿梅， 几竿竹， 几株松。	净扫尘埃 惜尔苍苔 任门前红叶铺阶 也堪图画 还有奇哉 有数株松 数竿竹 数枝梅

第 7 首 原文（P96）	劳译（P90）	谢译（P83）	《八首》里的原文
Let bloom in order peach and pear and cherry! Each in its turn and none is in a hurry. Who knows but when and what our fortune is? So be wise —Be content —Be merry!	如霞桃红，似雪梨杏。 次第开， 切莫匆匆。 日月如梭，人生若梦。 君 需明达， 且知足， 暂轻松。	水花之居， 吾爱吾庐。 石嶙嶙乱砌阶际。 轩窗随意， 小巧规模， 却也清幽， 也潇潇， 也心舒！	花木栽培 取次教开 明朝事天自安排 知他富贵几时来 且优游 且随分 且开怀

第 6 和第 7 首词合起来正好组成《净扫尘埃》。在第 6 首词里，林语堂用了 spots、dots 和 apricots 几个押韵词，以追求一种和谐的音韵美。众所周知，松、竹、梅是中国文化中的重要意象，也是中国文人最爱吟咏的对象，林语堂把"梅"替换成"杏"，很可能主要出于音韵美的考虑，不过劳译倒是译得非常契合原文，且音美意足，用了怀来韵，采用了苔、黛、白等押韵词，并且很好地保留了英语

原诗里的意象，措辞雅致，画面感强，意境优美。

谢译也用了中东韵，使用了冬、浓、同、穷、松等押韵词，虽然词的后半部分和原文还算契合，但前半部分和原文不搭，经查阅资料，笔者发现谢译第 6 首取自宋代汪莘的《行香子 腊八日与洪仲简溪行，其夜雪作》：野店残冬。绿酒春浓。念如今、此意谁同。溪光不尽，山翠无穷。有几枝梅，几竿竹，几株松。说的是作者腊八日与友人山行。路遇小店，暂歇浅酌，然后沿着山涧而行，路旁几枝蜡梅含苞待放，几竿翠竹傲雪迎风，几株苍松凌寒挺立，一幅富有诗情画意的岁寒三友图，历历在目[①]。

在第 7 首词里，林语堂把"花木"具体化，变成了 peach and pear and cherry，主要也是为了押韵的需要，因为 cherry 和后面的 hurry 和 merry 正好押同样的尾韵，音节和谐、悦耳，给人美的享受。"Who knows but when and what our fortune is?" 与"明朝事天自安排，知他富贵几时来"是多么契合！徐朔方曾据此推断这几首行香子词并非明本（即前面提到的元代中峰禅师）所作："细玩词意，作者当是仕进不遂而隐退的士子。明本二十四岁出家，哪有这样的感触？'水竹之居，吾爱吾庐'，很难说是住在寺院中的僧人口气。'明朝事天自安排，知他富贵几时来'，对功名虽已失望，实际上并未忘情。明本早年出家，怎么能这样措辞？"[②]他的质疑不无道理。因为这种"并未忘情"，不知"富贵几时来"，所以要"优游，随分，开怀"，而劳译只是表达出了"时光飞快流逝"的意思，原词中词人对未来所抱有的那种憧憬和希望并没有很好体现出来。

有趣的是，谢译的第 7 首词取自《水竹之居》，这是林语堂《八首》里译的第一首，《朱门》缺少的正是这一首。谢译和林语堂所引原文有个别字词的不同：水竹（花）之居，吾爱吾庐。石磷磷（嶙嶙）床（乱）砌阶除（际），轩窗随意，小巧规模，却也清幽，也潇洒（潇），也宽（心）舒。虽然它是"行香子"词，但与林语堂的英语原文风马牛不相及。[③]

令笔者感到困惑的是，既然译者都已经找到了这首词，为什么后面的"懒散无拘，此等何如？倚阑干临水观鱼。风花雪月，赢得工夫。好炷心香，说些话，读些书。"却未能成功地回译第 4 首词呢？显然译者是知道这几首词的。

---

① 喻朝刚，周航：《分类两宋绝妙好词》，北京：生活书店出版有限公司，2015 年，第 276-277 页。

② 栾雪梅，卞建华：《译底与译心：从〈朱门〉行香子词的回译看中国经典的回归》，《中国翻译》，2020 年第 1 期，第 139-144 页。

③ 注：括号里是谢译本用词。

第 3 首 原文（P95）	劳译（P89）	谢译（P82）	《八首》里的原文
No marble halls, no painted gates or tower Can quite compare with my secluded bower. The grass beneath my feet enchants the eye: Or in rain —or in shine —or in shower.	玉阶金堂， 画栋雕梁。 怎比那， 绿茵芬芳。 茅檐低小， 竹里深藏。 对 春日丽， 秋雨急， 北风狂。	红了樱桃， 绿了芭蕉， 送香归客向蓬飘。 昨宵谷水， 今夜兰花， 奈云溶溶， 风淡淡， 雨潇潇。	阆苑瀛洲 金谷红楼 算不如茅舍清幽 野花绣地 莫也风流 也宜春 也宜夏 也宜秋
第 1 首原文（P95）	劳译（P89）	谢译（P81）	《八首》里的原文
When a friend comes who is well-loved and admired, As by some idle common nothing inspired, Ask him to stay awhile for friendship's sake: Drink when happy —Sing when drunk —Sleep when tired!	伯牙抱琴， 偶过寒门。 行到处， 全不经心。 凭几闲坐， 谈古论今。 任 倦则眠， 乐则饮， 醉则吟。	有也闲愁、无也闲愁， 有无闲得白头。 花能助喜， 酒能忘忧， 多乐则饮， 醉则歌， 倦则眠！	酒熟堪酌 客至须留 更无荣辱无忧 退闲一步 著甚东西 但倦时眠 渴时饮 醉时讴

这两首词正好组成《金瓶梅词话》中的《阆苑瀛洲》。在第 3 首词里，林语堂同样采用了第 1 行的 tower、第 2 行的 bower 和末行 shower 押韵的方法，以体现一种音韵美。词的原意是说，即使是大理石大厅、雕梁画栋的大门或高楼都无法和我那僻静的茅舍相媲美。我脚下的碧绿青草无论在雨中还是在阳光下都能给人赏心悦目之感，和"阆苑瀛洲，金谷红楼，算不如茅舍清幽。野花绣地，莫也风流。也宜春，也宜夏，也宜秋"是部分契合的。林语堂采用了意译的翻译方法，也做了一个对比，他虽然没有提及春、夏、秋三个季节，但提及了三种天气状况下碧绿青草给人的美的视觉感受，具有异曲同工之妙。劳译基本上表达出了英语原意，采用了江阳韵，用了梁、芳、藏、狂等押韵词。谢译虽然也是"行香子"词，采用了遥条韵，用了蕉、飘和潇等押韵词，但经查阅资料，该词出自宋代蒋捷的《行香子·舟宿兰湾》：红了樱桃。绿了芭蕉。送春归、客尚蓬飘。昨宵谷水，今夜兰皋。奈云溶溶，风淡淡，雨潇潇。虽然也是"行香子"词，但意思与

英语原文大相径庭。

第1首词中第1行、第2行和末行的 admired、inspired 和 tired 押同样的尾韵，音节铿锵悦耳。劳译基本上译出了原意，运用了伯牙和子期的典故，让人想起这对千古知音及他们的友谊，且琴、心、饮、吟押同样的尾韵，使用了人辰韵，很好地传达出原文的音韵美的效果。谢译也用了由求韵，使用了像愁、头、忧等押韵的词语，但我们发现该词大部分取自元代马致远的《行香子·无也闲愁》词的前半部分：无也闲愁，有也闲愁，有无间愁得白头。花能助喜，酒解忘忧。对东篱，思北海，忆南楼。虽然后面译者又换上了原词中的三个短句，但前半部分和林语堂的英语原文相差甚远。

6.4.4 小结

从《朱门》"行香子"词两个回译文来看，显然译者都没有找到原文，达至译底，但却采取了不同的翻译方法，谢译本找到了一条"捷径"，把宋、元两朝不同词人创作的"行香子"词拿来使用，虽然外形酷似，但是内容与林语堂的英语原文相去甚远。劳译本无论从形式上还是从内容上，都较好地体现了"行香子"词的特点，很好地传递了词的音韵美和意象美，较好地诠释了词的风格和意境。结合两个译本对"行香子"词的翻译以及笔者发现译底的过程，我们可以获得如下几点启示。

首先，要从上下文中寻找线索，确认相关英语文本是否译自中国典籍。比如，林语堂在第七章的上下文中曾向我们暗示过这些"行香子"词的来历：在遏云唱完之后，郎菊水从来没想到遏云居然会唱真正古代诗人的词曲，该线索说明这些"行香子"词并非作者自创，而是来自中国古代真正的诗（词）人，尽管他没有明确说出这些诗（词）作者，而且也说不出，因为他们的名字已不可考。如果确认是来自中国典籍的话，就必须下一番查找的功夫，在回译中找到译底。

其次，译者在确定这些词来自中国古代经典后，对原文的查找须有的放矢。可以先通过直译大概了解诗词的含义，然后利用其中的一些关键词语、文本的布局、作者的相关注释等，寻找任何能够帮助我们顺利回译的线索。以这几首词为例，它们都是"行香子"词，每首后面都有三个字的短句，这是最显著的特征。笔者就是在阅读林太乙的《林语堂传》时，看到她写林语堂在台北阳明山的住所时说让人想起《乐隐词》两首，其中一首《短短横墙》后面的"也有些风，有些月，有些凉"几个短句特别眼熟，好像在哪里读过，后经对照发现它们和林语堂在《朱门》中通过遏云之口唱出的一首"行香子"词的最后三个短句"A cool breath——A little moon——A little breeze!"正好契合。然后笔者又以乐隐词为线索通过网络找到了其他几首乐隐词，后又在中国知网上读到其他学者提到林语堂写的《译〈乐隐词〉八首》一文，一步一步直达译底。如果实在找不到原文，也要像劳译本的译者那样尽最大努力去还原，使译心尽可能贴近译底，只有这样才能担负起林语堂所说的"译者对原著者的责任、对中国读者的责任、对艺术的责任。三样的责任心备，然后可以谓具有真正译家的资格。"[①]

[①] 林语堂：《论翻译》，见罗新璋，陈应年：《翻译论集（修订本）》，北京：商务印书馆，2015 年，第 493 页。

第7章 林语堂"入西述中"作品的传播

林语堂"入西述中"作品大部分可看作"文化变译"作品，可以说，"入西述中"是策略，"文化变译"是方法。他在长达30多年的旅美生活中，笔耕不辍，致力于重新挖掘整理中国传统资源，发展出一套"抒情哲学"，并将其成功推向世界。也许，林语堂是"中国文学史上迄今为止其作品被译作最多世界各种语言的作家"[①]，"兼具'君子'与'文艺复兴人物'（Renaissance man）之美"，"学贯中西，百年一人"[②]。本章将对林语堂"入西述中"作品在海外的传播、其"入西述中"策略成功的内外部原因进行阐释，并对林语堂作品的得与失进行反思和分析。

7.1 林语堂"入西述中"作品在海外的传播

自从其著译作品《吾国与吾民》在美国出版并大获成功以来，林语堂先后完成了《生活的艺术》、《英译老残游记第二集及其他选译》（*A Nun of Taishan and Other Translations*，1936）、《孔子的智慧》、《京华烟云》、《浮生六记》（1939）、《冥廖子游》（*The Travels of Mingliaotse*，1940）、《有不为斋古文小品（汉英对照）》（*Gems from Chinese Literature*，1940）、《讽颂集》（*With Love and Irony*，1940）、《风声鹤唳》、《中国印度之智慧》、《啼笑皆非》（1943）、《枕戈待旦》（*The Virgil of a Nation*，1944）、《苏东坡传》（1947）、《中国传奇小

[①] 钱锁桥：《林语堂传：中国文化重生之道》，桂林：广西师范大学出版社，2019年，第403页。
[②] 老子：《老子的智慧》（上、下册）（汉英对照），林语堂译，合肥：安徽科学技术出版社，2012年，第4页。

说》、《老子的智慧》、《寡妇、尼姑与歌姬：英译三篇小说集》(*Widow, Nun and Courtesan: Three Novelettes from the Chinese*, 1951)、《朱门》、《远景》(*Looking Beyond*, 后改名为 *The Unexpected Island*, 1955)、《武则天传》(1957)、《古文小品译英》、《红牡丹》(*The Red Peony*, 1961)和《赖柏英》(*Juniper Loa*, 1963)等系列著译作品，在全球范围内广泛传播，除了在美国、英国、加拿大、南非、新加坡、印度、瑞士等主要英语国家出版发行外，还被译成意大利、德国、日本、阿根廷、法国、西班牙、葡萄牙、丹麦、瑞典、荷兰、巴西、韩国、挪威、匈牙利、墨西哥、芬兰、马来西亚等国的语言文本，并被回译成中文，在欧洲、亚洲、拉丁美洲数十年畅销不衰，"具有跨时间跨地域的广泛影响，其魅力经久不衰"[1]。

在林语堂系列著译作品中，《吾国与吾民》、《生活的艺术》和《京华烟云》是最受欢迎的作品。《吾国与吾民》对中国传统思想、哲学、文化艺术、中国社会的发展以及中华民族的性格、精神等进行了译介，成为当时乃至当代欧美人士了解中国文化的重要著作。该书在1935年4个月间印了7版，登上畅销书排行榜，"是掷向美欧文坛的敲门砖。它全面介绍中国文化，是那么有分量，以致一掷，欧美文坛便向他开了大门"[2]，取得了轰动性的效果。美国的研究者、作家和评论家们对该书给予了高度评价，赛珍珠在该书序言中评价道："这是迄今为止最真实、最深刻、最完备、最重要的一部关于中国的著作。更值得称道的是，它是由一位中国人写的，一位现代的中国人，他的根基深深地扎在过去，他丰硕的果实却结在今天。"[3] R. E. 克尼迪（R. E. Kennedy）在《纽约时报·星期日书评》评论说："读林先生的书使人得到很大启发。我非常感激他，因为他的书使我大开眼界。只有一个中国人才能这样坦诚、信实而又毫不偏颇地论述他的同胞。"[4]书评家纳撒尼尔·伯发（Nathaniel Peffer）在《星期六文学评论周刊》指出："林先生在欧洲美国都住过，能以慧眼评论西方的习俗，他对西方文学有丰富的认识，不仅认识而且了解西方文明，他的笔锋温和幽默。他这本书是以英文写作的以中国为题材的最佳之作，对中国有真实、灵敏地理解。凡是对中国有兴趣的人，我向他们推荐这本书。"[5]

---

[1] 王珏：《林语堂英文译创研究》，上海：上海交通大学出版社，2019年，第131页。
[2] 林语堂：《林语堂名著全集（第1卷）》，长春：东北师范大学出版社，1994年，第3页。
[3] 乐黛云：《从中国文化走出去想到林语堂》，《中国文化报》，2015年12月18日，第3版。另参见施建伟：《近幽者默：林语堂传》，北京：华文出版社，2017年，第279页。
[4] 施建伟：《近幽者默：林语堂传》，北京：华文出版社，2017年，第279页。
[5] 林太乙：《林语堂名著全集（第29卷）》，长春：东北师范大学出版社，1994年，第140页。

《生活的艺术》是林语堂所有著作中，译本最多、销路最广的作品。该书出版后，被美国"每月读书会"选为 1937 年 12 月的特别推荐书，成为 1938 年全美最畅销书，并高居畅销书排行榜之首持续 52 个星期之久，从那时起在美国再版 40 次以上，并被译成世界多种文字，版本有 50 多个，成为众多读者的"枕边书"[1]。美国书评家彼得·普雷斯科特（Peter Prescott）在《纽约时报》上发文写道，"读完《生活的艺术》这本书后，让我很想跑到唐人街，遇到每一个中国人，我便向他深鞠躬"[2]。凯瑟琳·伍兹（Katherine Woods）在《纽约时报》发表书评说，"林语堂把许多历史悠久的哲学思想滤清，配以现代的香料；他根据个人独特的创见，用机智、明快、流利动人的文笔写出一部有骨子、有思想的著作。作者在书中讨论到许多问题，见解卓越，学识渊博，对中西思想有深刻的理解。"[3]1989 年，美国总统乔治·布什（George Bush）为出访东南亚做准备工作，其一便是读林语堂的书，他说："林语堂讲的是数十年前中国的情形，但他的话今天对我们每个美国人都仍然有用。"[4]

1939 年由约翰·黛出版公司出版的长篇小说《京华烟云》，以庚子年间义和团运动到"七七事变"我国社会的变迁为背景，借鉴经典名著《红楼梦》的艺术形式，向外国人描述中国的历史文化和现代生活，特别是我国人民保卫祖国同仇敌忾的英勇斗争故事。该书一经出版，就被美国"每月读书会"选中，成为当年 12 月特别推荐的书，并被国际笔会两次提名为诺贝尔文学奖候选作品，《时代》周刊的书评说："《京华烟云》很可能是现代中国小说之经典之作。"[5]

此外，1948 年，林语堂所撰写的《老子的智慧》被列入只出版经典之作的兰登书屋"现代丛书"，与 1938 年为"现代丛书"撰写的《孔子的智慧》和 1942 年由兰登书屋出版的《中国印度之智慧》是姊妹篇，该书曾被列为美国大学教科书。

笔者从亚马逊网站搜索林语堂的图书，发现林语堂 20 世纪的著译作品至今大多依然属于畅销书，受到各国读者的好评，大多获得 5 星级或 4 星级评价[6]，参见表 7.1。

---

[1] 施建伟：《近幽者默：林语堂传》，北京：华文出版社，2017 年，第 302 页。
[2] 转引自施建伟：《近幽者默：林语堂传》，北京：华文出版社，2017 年，第 302 页；另参见王兆胜：《林语堂正传》，南京：江苏文艺出版社，2010 年，第 88 页。
[3] 转引自林太乙：《林语堂名著全集（第 29 卷）》，长春：东北师范大学出版社，1994 年，第 158 页。
[4] 转引自林语堂：《林语堂名著全集（第 1 卷）》，长春：东北师范大学出版社，1994 年，第 4 页。
[5] 转引自林太乙：《林语堂名著全集（第 29 卷）》，长春：东北师范大学出版社，1994 年，第 173 页。
[6] 亚马逊根据机器学习模型而不是原始数据的平均值来计算产品的星级。该模型考虑了各种因素，包括评级的年龄、评级是否来自经过验证的购买者，以及建立审查者可信度的因素。(Amazon calculates a product's star ratings based on a machine learned model instead of a raw data average. The model takes into account factors including the age of a rating, whether the ratings are from verified purchasers, and factors that establish reviewer trustworthiness.)

表 7.1　林语堂部分著译作品亚马逊网站读者评价表

书名	5星级占比/%	4星级占比/%	3星级占比/%	2星级占比/%	1星级占比/%	评价人数/人
《生活的艺术》	65	19	9	5	2	74
《吾国与吾民》	54	7	4	7	28	37
《老子的智慧》	87	13	0	0	0	10
《京华烟云》	100	0	0	0	0	11

现选取部分给予林语堂著译作品5星级评价的读者及其相关评论。

英国读者 S.K.[①]（2005年9月30日）用"极具娱乐性和启发性"来概括《生活的艺术》之特点并写道：

> 我偶然发现了林语堂，不过，读完第一章后，立刻就被吸引住了。他的思想是如此独特，如此智慧，如此幽默，并且有着无限的吸引力。此人总是脚踏实地，不太理想化，但从来没有给人以悲观或悲伤的印象。他思想很深刻，但其深入浅出的书写方式，让任何能读写的普通人都能理解他在说什么。没想到自己到现在才开始读这本书。真希望十年前就读过。事实上，我真希望在阅读所有瑜伽、佛教和其他更难的宗教/精神文本之前，就已经阅读过这本书了。感受到他关于这个世界充满智慧的感悟本身就是一份礼物！美好的阅读过程，即使你个人并不觉得有必要认同他的观点。（I discovered Lin Yutang by accident. Nevertheless, I was hooked immediately after reading the first chapter. His ideas are so unique, so intelligent, so humorous, and endlessly fascinating. This man always keeps his feet on the ground, not too idealistic and yet never coming across as a pessimistic or sad man. His ideas are deep, but the way in which its written is in such plain language, any layman who can read and write can understand what he's talking about. I can't believe I have only started reading it now. I wished I have read it 10 years ago. In fact, I wish I had read this prior to reading all the yoga, Buddhist and other more difficult religious/spiritual texts. To be imbued with his sense of wisdom about the

---

① 该读者在亚马逊图书网站上留的名字是 S.K.。

world is a gift in itself! Excellent reading, even if you do not personally feel impelled to subscribe to his views.）

另一位英国读者多米尼克·M.·加内特（Dominic M. Garnett，2009年7月21日）在《生活的艺术》书评中写道：

读林语堂精辟悠闲的哲学是一种乐趣。他既非常严肃又极其幽默，深入浅出。我只希望那些被哲学著作吓得魂不附体的人能从这本小册子开始阅读。内容很有思想性，但非常清晰有趣。有趣的是——我喜欢文化比较……我想书中的有些想法可能听起来有点过时——但这本书的主要内容仍然引人注目。该书质疑现代世界的盲目喧嚣和痛苦，却没有让读者感到有说教或政治的意味。读此书就像和一个充满智慧的亲戚进行一次机智的谈话——一本你可以一遍又一遍地拿起的书，总是会让人报以微笑或者点头赞同。被遗忘的经典，也是最稀有的东西——美好的、具有可读性的哲学。（Reading Lin Yutang's brilliantly laid back philosophy is a pleasure. He has terrific humor as well as seriousness, is straightforward despite being profound. I only wish others who get so daunted and put off by works of Philosophy would start with this little volume. The content is deeply thoughtful but so very clear and entertaining. And so funny—I love the comparison of cultures...Some ideas may sound a little dated I guess—but the general crux of the book is still compelling. It questions the mindless bustle and misery of the modern world without getting dragged into preaching or politics. It is like a witty conversation with a wise relative—a book you can pick up again and again which always generates a smile or a sympathetic nod. A forgotten classic, as well as that rarest of things—beautifully readable philosophy.）

一位美国CD音乐收藏家（2018年3月5日）评价道：

一本关于如何审视自己的生活并享受真正重要东西的好书！（Great book about how to examine one's life and enjoy what is truly important!）

这本伟大的书讲述了如何享受生活中简单的事情，以及如何不让生活在你还没有完全沉浸其中的情况下流逝。允许/鼓励人们检查自己是做什么来谋生的，以及花了多少时间去做而没有享受真正重要的东西。该书对于如何在如今这种现代、非常忙碌的生活方式中生存并取得成功提出了极好的建议。（Great book about how to enjoy the simpler things in life and how not to let life pass you by without being fully immersed and active in it. Allows/encourages one to inspect what one does to earn a living, and how much time is spent doing this without true enjoyment of what is truly important. Great advice for surviving and prospering in today's modern, very hectic lifestyle.）

另一位美国读者罗伊（Roy，2010年7月16日）写道：

如果你的书架能承受重量，找一本20世纪30年代左右的精装书吧。这是那种你会想一读再读的书；随便翻开读点什么，你都会忍不住说"太棒了"……

如果你喜欢书中所述，也可以了解一下"侘寂"——日本版的中国哲学价值观"简约生活"。这种日本演绎（无意双关）将侘寂融入平面设计……并贯穿于生活之中。《侘寂：给艺术家、设计师、诗人和哲学家》这本书里，日本著名的茶道便体现了纯粹与简约之美，林语堂在这本佳作中也是如此阐释。亚马逊上有三页关于侘寂的书籍；有些是装饰性的咖啡桌书，其中大部分内容相当浅显。选购时需仔细甄别。另一本我非常欣赏的侘寂主题书籍是《阴翳礼赞》。同时探讨中日视角并非多余；两者的差异只会让理解更加深刻。对了：我能想到的西方"少即是多"理念源自著名建筑师密斯·凡德罗，这句话正是他的名言。尤其是美国人，他们热衷于用华丽装饰和以自我为中心的时尚来"impress（双关，有'打动'和'压印'之意）"他人，若能领会林语堂和侘寂的理念，定会受益匪浅。

另一点：在亚马逊其他页面，作者被标为"约翰·戴"；实际上，这指的是约翰·戴公司——出版商（或许20世纪30年代出版这本佳作的正是该公司；希望这条错误信息能得到纠正……林语堂才应被视为这部杰作的作者）。[If your bookshelf can take the weight, get a hardbound edition circa the 1930's. This is the kind of book you'll want to revisit again and again; just open and read anything and you'll say 'yesss'...

If you like what's written, learn about "Wabi-Sabi" too, the Japanese equivalent to the Chinese philosophic values of simplicity and essential living. This Japanese rendition orients (untended pun) Wabi-Sabi to graphics...then carries it through to life. Wabi-Sabi: for Artists, Designers, Poets & Philosophers. Their famous tea ceremony exemplifies the beauty of purity and simplicity, as does Yutang in this fine book. Amazon offers three pages of books regarding Wabi-Sabi; some are "decorative" coffee-table books and most of those are rather superficial. Shop carefully. Another Wabi-Sabi book I much appreciate is In Praise of Shadows. Delving into both Chinese and Japanese perspectives is not redundant; the differences just go to give further depth and understanding. Oh: The only Western take on 'less is more' thinking which occurs to me is via Mies Van Der Rohe, a noted architect; that 'less is more' line is his. Americans especially, with their yen (another pun, intended) for embellishment/ego-centric fashions aimed at impressing others would benefit greatly by the concepts of Lin Yutang and Wabi-Sabi.

Another point: Elsewhere at Amazon, the author credited is 'John Day'; actually, the reference is the John Day Company; publishers (maybe of this fine book in the 1930s; hope that misinformation will be straightened out... LIN YUTANG should be credited with this masterpiece.]

一位自称Second Look[①]的加拿大读者，在书评中写道：

林语堂深刻探析了中国人的灵魂，他以对中西两个世界极大的温柔和敏锐的感觉讲述故事，是用新的眼光看待中西方。写得非常好，非常

[①] 该读者在亚马逊图书网站上留的名字是Second Look。

明智。(…Lin Yutang's deep search for the Chinese soul, told with great gentleness and sensitivity to two worlds, is to see both through new eyes. Very well and wisely written.)

印度读者 Virender Sareen 写道:

在过去的 50 年里,我一直在寻找这本书——在大学时代,我从一本借来的书里读到了一部分。很高兴它还在印刷中。一本非常简单明了的关于如何过上美好、体面,更重要的是享受生活的选集！青少年必读！！(Have been looking for this Book for past 50 years—had read partly in college days from a borrowed copy. Glad it still being printed and available. A very plain and simple anthology on how to lead a nice, decent and more importantly an enjoyable life! A must read for teens and youngsters!!)

美国读者 artsy4artsy 在书评中写道:

林语堂揭示了我们现代生活中许多荒谬之处,同时温柔地肯定了我们一直以来心知肚明的道理:人生中最美好的事物都是免费的。这不是一本可以匆匆读完的书。它有些像《圣经》,适合慢慢阅读,读几页便能咀嚼其中的滋味,回味上一整天。(Lin Yutang debunks a lot of our silliness while affirming what we knew all along: the best things in life are free. This is not a quick read. It is something like the Bible in that you can read a few pages and chew on the yummy substance of it for a day or so. Lin Yutang de bunks a lot of our silliness while affirming what we knew all along: the best things in life are free.)

美国读者汉娜(Hannah C.)(2017 年 7 月 4 日)是这样评价《生活的艺术》的:

漂亮、精彩、发人深思的书。林语堂用语精湛,风趣幽默,读起来简直是一种乐趣。他对 20 世纪 30 年代美国的许多见解在今天仍然非常真实。(Beautiful, wonderful, thought provoking book. Lin Yutang is masterful, witty, and simply a pleasure to read. Many of his insights about America in the 1930s still ring very true today.）

美国 Roberto Cuchinelli（2020 年 7 月 8 日）则写道：

我读过的最重要的一本书之一。我购买了一本初版，以便有一天可以送给我的孩子们。林语堂以最清晰和坦率的语言谈论了最重要的事情。（One of the most important books I have come across. Was forced to purchase a 1st edition so I can gift to my kids one day. Yutang speaks with the utmost clarity and candor about the things that matter most.）

美国詹姆斯·W. 安德森（James W. Anderson）（2022 年 9 月 6 日）也评论道：

这里有一小段话，本身就是无价之宝："没受过什么教育的人的标志，就是认为自己外表的成功和失败是绝对的、真实的。"每一页都充满了这样的智慧！这是一本不需要从头读到尾的书，但却能让人随手翻开一页，从中只需倒退一两个段落，就能领会其思想脉络的精髓。（Here is one little quote, priceless in itself: "The mark of the half-educated man is his assumptions that his outward successes and failures are absolute and real." Every page is full of such wisdom! It is a book that does not need to be read cover to cover, but invites the dip into a random page, from which one need only back up a paragraph or two to get the essence of his thought context.）

美国读者朱迪思·克兰西（Judith Clancy, 2014 年 5 月 12 日）称《吾国与吾民》为"智力巨人"，她写道：

我不熟悉林语堂，直到我读了另一本提到他的书。中国是一个极其复杂的国家，有着令人震惊的历史，但林能够以一种完全健全和可理解的方式定义、解释和塑造这个国家的历史。他对欧洲文化、宗教和文学的理解令人印象深刻。他改变了我对中国及其民族的看法。（I was not familiar with Lin Yutang until I read another book that referred to him. China is a terrifically complex country with an astounding history, but Lin was able to define, explain, and shape this country's past in an entirely robust and comprehensible manner. His understanding of European culture, religions and literature was most impressive. He changed my view of China and its people.）

美国读者加里·哈珀（Gary Harper，2015年1月9日）对《老子的智慧》评论道：

在我读过的所有有关道教的译本中，这无疑是最准确的一个。林语堂是最难得的作家——集科学家、诗人和神秘主义者于一身。他了解"道"的奥秘以及圣人在宇宙中的位置和目的。如果你想了解"道"，为自己寻找圣人，这是你应该寻找的一个译本。该书简洁而完整，林对"道"这个问题的处理一点也不矛盾，也不踌躇。一个道士需要知道"道"。在这个译本中，你会发现一个道家学者已经为所有那些寻求自己发现"道"的人揭示了"道"的本质，会发现整个宇宙都在等着你。所以，透过该书的外在表现形式去探索那内部的宇宙吧——你不会后悔买了这本书。（Of all of the Taoist translations which I have read, this is, hands down, the most accurate one. Lin Yutang is that rarest of writers—A scientist, a poet, and a mystic all in one. He understands the mystery of Tao, and the place and purpose of the Sage within the universe. If you seek to know the Tao, and to find the Sage for yourself, this is the one translation which you should seek out. It is concise, and complete, and there is nothing at all ambivalent or tentative in Lin's treatment of the subject. It takes a Taoist to know the Tao. In this translation, you will find that a Taoist scholar has revealed the essence of Tao, for all who seek to discover it for themselves. Within these pages, an entire universe awaits you. So, go there, to that inner universe, which manifests also externally—And you will not regret purchasing this book.）

英国读者 G. J. 克诺普（G. J. Knopp）评价道：

这是一部关于《道德经》的精彩论述，有庄子的评论和林语堂的解读，其中的评论显然是根据作者的基督教信仰撰写而成的，但依然非常有帮助。（This is a brilliant exposition of the *Tao Te Jing* with commentary by Chuang Tze and interpretation by Lin Yutang. The commentary is informed by the writer's apparent Christian belief but is still extremely helpful.）

美国读者 CL[①]（2013年4月3日）评价《京华烟云》：

这本书……完全是一个古老的无价之宝，里面有智慧的灵魂。我听说《京华烟云》是因为一部著名的中国电视剧，当我听说这部小说原本是用英文写的时，更好奇了。我迫不及待地想看完它，但我知道这需要一段时间。（This book...is totally an ancient priceless object with wise soul in it. I have heard about *Moment in Peking* because of a famous Chinese TV series, and when I heard about the novel was written originally in English, I was more curious. I can't wait to finish reading it, but I know it will take a while.）

美国读者诺拉·M. 古杜斯（Nora M. Qudus）（2013年9月6日）评论道：

我一年至少读一次这部小说。它值得有一套迷你系列。该小说通过一个家族的视角展示了中国文化从古代到现代的变迁。人物形象异彩纷呈，故事情节复杂，满足了任何爱好者或读者的需求。当这本书结束时，我总是很难过。没过几天，我知道自己很快会再来看一下这本书的。（I read this novel at least once a year. It is worthy of a miniseries. It shows the culture through the eyes of a family and the transition from ancient to modern China. The characters are richly fleshed out and story complex to satisfy any lover or reading. I am always sad when the book ends. And then after a few days I know I will visit again soon.）

---

① 该读者在亚马逊图书网站上留的名字是 CL。

美国读者 Ososanna（2017 年 6 月 10 日）写道：

我第一次读这部小说是在我大约 15 岁的时候……我当时很喜欢它，很高兴能再读一遍。将这本书与《飘》相提并论很吸引人，但这是一个更复杂的故事，讲述的是一个家庭在中国历史巨变时期的挣扎。这本书写得非常敏感细腻，而且书里面没有斯嘉丽（Scarlet O'Hara）那样装腔作势的态度和举止。这不是个罗曼史（我认为《飘》基本上是），而是一个传奇。[I first read this novel when I was about 15 years old. ... I loved it then, and am delighted to re-read it. It's tempting to compare it to *Gone With the Wind*, but it's a more complex story of a family's struggles during a period of great upheaval in Chinese history. It's written with great sensitivity, and doesn't have Scarlet O'Hara's histrionics. It's less a romance, (which I think GWTW basically is) and more of a saga.]

加拿大读者杰克·珀塞尔（Jack Purcell，2004 年 5 月 10 日）评价其为"中国史诗历史小说"，他说：

20 世纪 60 年代中期，《京华烟云》是我接触的林语堂写的第一本书。这本书给我留下了深刻的印象，因此，我到处寻找林语堂曾用英文发表过的其他作品。我费时费力找了这些英文作品之后，得出结论，他写的《京华烟云》是我最喜欢读的书。我决定至少每十年就再读一遍，直到后来我把这本书借给了别人并弄丢了，阅读才暂时中止。我想你会喜欢这本书的。（During the mid-1960s *Moment in Peking* was the first book by Lin Yutang I ever encountered. The work impressed me enough to cause me to search everywhere to find everything else he ever published in English. After I'd done so, at considerable time and trouble, I concluded that *Moment in Peking* was his most enjoyable read. I made it a policy to read it again, at least once per decade until I loaned my copy to someone and lost it. I think you'll love this book.）

从上述书评可以看出，林语堂集作家、译家、编辑、批评家和文化大使于一身，有目的、有规划、有针对性地用异语创作出系列著译作品。这些作品虽仁者见仁、智者见智，但的确受到了许多西方读者的喜爱，在读者中引起了广泛共鸣。这些作品传播了中国文化智慧，塑造了中国文化形象，达到了中国文化对外译介的目的，并产生了持续而深远的影响。

1975年，美国图书馆学家安德森编撰了《林语堂精摘》(*Lin Yutang: The Best of an Old Friend*)，并在前言中写道："他一身融汇了东西的智慧。只要将他的著作读上数页，谁也会觉得与高人雅士相接，智者之言，新切有味，其思想合理中节，谦虚而宽容，开朗而友善，热情而明智。其风度、其气质，古之仁人，不能过也。其写作著述，机智而优美，巧慧而闲适，不论涉及人生的任何方面，莫不如此。于人生则因林见树，由大识小，辨别重轻，洞悉本末。若寻一词足以形容林氏，只有'学养'一词。若谓文化人中之龙凤，林氏当之无愧也。"[①]林语堂在1976年3月26日去世后，中外报刊及相关人士均给予高度关注。《纽约时报》详细介绍了林语堂的生平及其对中西文化交流的卓越贡献，并以三栏篇幅登其半身照片，该报称"他向西方人士解释他的同胞和国家的风俗、向往、恐惧和思想的成就，没有人能比得上"[②]；美国《圣路易邮报》称他为"精力充沛的饱学之士……在很多方面都获有优越的成就"；华盛顿大学吴讷孙教授说："林语堂是一位伟大的语言学家、优良的学者、富于创造力和想象力的作家。不宁唯是，他是一位通人，择善固执，终于成为盖世的天才……他向西方和中国人证明，一个人可以超越专家这个称谓的局限而成为一个通才。"[③]一篇文章说："林语堂可能是近百年来受西方文化熏染极深而对国际宣扬中国传统文化贡献最大的一位作家和学人……若干浅识的西方人知有林语堂而后知有中国，知有中国而后知有中国的灿烂文化。尤可贵者，其一生沉潜于英语英文，而绝不成为'西化'的俘虏，其重返中国文化的知识勇气及其接物处世的雍容谦和，皆不失为一典型的中国学者。"《联合报》社论写道："他一生最大的贡献，应该是，而且也公认是对中西文化的沟通……将我中华文化介绍于西方者……林语堂虽非唯一人，却是极少

[①] 林语堂：《八十自叙》，见林语堂：《林语堂名著全集（第10卷）》，长春：东北师范大学出版社，1994年，第243-244页；另见林太乙：《林语堂传》，西安：陕西师范大学出版社，2002年，第286页。"东方和西方的智慧聚于他（林语堂）一身，我们只要稍微诵读一下他的著述，就会觉得如在一位讲求清理的才智之士之前亲受教益。他有自信、有礼、能容忍、宽大、友善、热情而又智慧。他的笔调和风格像古时的人文主义者，描述人生的每一个方面都深刻机敏，优美雍容，而且由于顾到大体，所以在评估局部事物时能恰如其分。最足以描绘他的形容词是：有教养。他是最令人钦佩、最罕见的人———一位有教养的人的典型。"

[②] 施建伟：《近幽者默：林语堂传》，北京：华文出版社，2017年，第514页。

[③] 施建伟：《近幽者默：林语堂传》，北京：华文出版社，2017年，第514页。

数人中最成功的一人。"一篇文章写道："论及中国的文学与思想，古代唯知有孔子，现代每每唯知林语堂……透过文学作品而沟通东西文化、促进国际了解的影响与贡献，确乎是伟大的，甚至可以说求之当世，唯此一人……"①这些评论虽多是溢美之词，但可以从一个侧面反映出林语堂一生致力于为中西融通所做的努力有目共睹，海外学界及社会各界对其"入西述中"活动给予了高度认可。

7.2 林语堂"入西述中"作品生成原因分析

7.2.1 文化观念和文化态度：新旧融通、中西融通

面对不同的文化，译者往往会采取三种文化立场："一是站在出发语文化的立场上；二是站在目的语文化的立场上；三是站在沟通出发语文化与目的语文化的立场上。第一种文化立场往往导致所谓'异化'的翻译方法；第二种立场则可能使译者采取'归化'的翻译方法，而第三种立场则极力避免采取极端化的'异化'与'归化'的方法，试图以'交流与沟通'为翻译的根本宗旨，寻找一套有利于不同文化沟通的翻译原则与方法。"②林语堂在美国的成功首先与其"新旧融通""中西融通"的文化观念和文化态度有关。这种文化观念和文化态度的形成与其成长经历有关。他出生于战乱时代，来自一个基督教家庭，从小就受到教会学校的教育，后来先后就读于圣约翰大学、哈佛大学和莱比锡大学，始终浸润在西方教育的环境里。不过，他从大学开始就对中国传统文化感兴趣，表现出一种"文化自觉"，兼顾中学和西学，去欧美留学，也是如此。在哈佛大学，他主修比较文学，内容是欧美文学。在莱比锡大学，其博士学位论文题目是《论古汉语之音韵学》。因此，"贯穿林语堂求学背景最特殊的一个关键词，就是'中西并举'"③。林语堂曾生活过的上海是中西文化、新旧文化的交汇之地。这里华洋杂居，既有受过教育的中国人，也有社会底层人士；既有租界，也有各种洋人办的协会。上海已经呈现出与农村截然不同的现代城市风貌。林语堂以其独特的

---

① 林语堂：《八十自叙》，见林语堂：《林语堂名著全集（第10卷）》，长春：东北师范大学出版社，1994年，第243-244页。

② 许钧：《翻译概论》，北京：外语教学与研究出版社，2009年，第182页。

③ 钟源，张力文：《访谈丨钱锁桥：林语堂的思想底色》，澎湃新闻，2019年6月18日，https://www.thepaper.cn/newsDetail_forward_3515625。

眼光和视角，用散文书写了很多城市新兴的东西[①]。林语堂的人生经历使其具有双语、双文化素养，而且无论是其生活模式还是行为模式，都身处东西两个世界，因而具有全球视野和非同寻常的比较批评眼光，其探索和反思的不仅仅是中国的文化复兴，而且也包括整个世界文化的走向，未来的世界文化和文明必须共同借助东西方智慧来构建[②]。

正如乐黛云所言，林语堂的家庭背景和人生经历使他对中国文化有深刻而广泛的热爱和了解，能够捕捉到中国文化的精髓；同时也使他比较容易理解西方读者的文化趣味和内心需求，因而有可能针对他们的兴趣爱好，对中国文化给予准确、到位、贴切的解释。林语堂基于坚定的"中西融通"跨文化思想，以平和的心态、自由的精神、杰出的文学才能，选题广泛，不拘一格，创造出"对话体""语录体"，从容不迫，娓娓道来，易于为普通读者所接受[③]。例如，他在《吾国吾民》的正文开头处写道，"behind the creations of literature and the events of history there is always the individual who is after all of prime interest to us"（因为在文学创作和历史事件的背后，总是那些单个的人使我们产生最大的兴趣），这里的"我们"指的是英语读者。在《吾国吾民》下面的行文中，林语堂也总是用 us（我们）而不是 you（你们），在叙述口气上把自己当作读者中的一员，拉近了与他们的距离，使之倍感亲切。

7.2.2　翻译观念和译介目的：译创一体、读者意识

翻译观是指"人们在长期的翻译实践中逐渐形成的对翻译活动的总的看法，是翻译实践活动的指导思想"[④]。翻译观与一般具体的翻译原则和标准不同，前者具有整体性，而后者指具体翻译实践过程中应遵循的原则和要达到的标准，具有多元性和灵活性。译者的翻译观决定其翻译方法和实践，并最终体现在译作之中。林语堂既重视翻译实践，又有一套相对完整的翻译思想，这集中体现在他的长篇论文《论翻译》及其散文和译序、跋中。他对翻译主体（译者）、翻译客体（原作）、翻译思维和程序、译作及翻译批评标准进行过详细论述。他反对字译，提

---

① 钟源，张力文：《访谈｜钱锁桥：林语堂的思想底色》，澎湃新闻，2019 年 6 月 18 日，https://www.thepaper.cn/newsDetail_forward_3515625。
② 钱锁桥：《林语堂传：中国文化重生之道》，桂林：广西师范大学出版社，2019 年，第 23-24 页。
③ 乐黛云：《从中国文化走出去想到林语堂》，《中国文化报》，2015 年 12 月 18 日，第 3 版，https://nepaper.ccdy.cn/page/1/2015-12/18/3/201512183_pdf.PDF。
④ 方梦之：《译学辞典》，上海：上海外语教育出版社，2004 年，第 48 页。

倡句译，提出译者应遵从"寻常作文之心理"的观点，认为译者无字字对译之必要，且字字对译常是不可能之事。这既是林语堂的经验之谈，又是经过证明的思维理论，我们可以在林语堂的翻译作品中深切地体会到这一点。林语堂赞同贝奈戴托·克罗齐（Benedetto Croce）的观点——"凡真正的艺术作品都是不能译的"，只可重作，译文即译者之创造品。他认为，诗是文学品类中最纯粹之艺术，古今中外，最好的诗（尤其是抒情诗）都是不可译的。"绝对忠实之不可能，但是于艺术文特觉显明。"[①]这种观点显示出译者在翻译艺术文时的无奈心理，但却不无道理。

林语堂向西方读者译介的作品大多是古典哲学、小说、散文和诗词方面的作品，翻译难度很大。想必正是受上述翻译观的影响，同时为了获得最大的社会效益，他没有选择面向西方汉学家的学院式的翻译道路——面向原语文本的策略（source-text oriented strategy），而是采用了"入西述中"策略，走了一条着眼于普通英语读者的大众化、通俗化的道路——面向目的语文本的策略（target-text oriented strategy）[②]，作了不少编译、选译或仿译。如前所述，为了让西方普通读者较为全面地了解孔子、老子、庄子等中国古代哲人的思想，他从译文的预期功能出发，采用了他认为得体的翻译策略和必要的变通手段，对《论语》《道德经》《庄子》进行了重组改写处理，更名为《孔子的智慧》和《老子的智慧》。他将原文篇章结构抛开，将原文内容分门别类，加上自己对孔子、老子和庄子思想的理解、领悟和介绍，使这几部融创作与翻译为一体的作品成为逻辑严密、有头有尾、可读性更强的书。正如诺德所指出的那样，译者要对读者负责，必须向他们解释自己所做的一切以及这样做的原因[③]。林语堂在许多作品的序言中，对自己的翻译策略都有说明。他在《生活的艺术》序中写道："我不想仅仅替古人做一个虔诚的迻译者，而要把我自己所吸收到现代脑筋里的东西表现出来。这种方法当然有缺点，但是从大体上来说，确能使这工作比较诚实一些。因此，一切取舍都是根据我个人的见解。"[④]他在《中国传奇小说》导言中说明："有时严格翻译实不可能。语言风俗之差异，必须加以解释，读者方易了解。在现代短篇小说之技巧上，尤不能拘泥于原文，毫无改变，因此本书乃采用重编办法，而以新形式写出。若

---

① 林语堂：《论翻译》，见罗新璋，陈应年：《翻译论集（修订本）》，北京：商务印书馆，2015年，第504-505页。

② 卞建华：《对林语堂"文化变译"的再思考》，《上海翻译》，2005年第1期，第47-50页。

③ Nord C, *Translating as a Purposeful Activity: Functional Approaches Explained*, Shanghai: Shanghai Foreign Languages Education Press, 2001: 25.

④ 林语堂：《林语堂书评序跋集》，季维龙，黄保定选编，长沙：岳麓书社，1988年，第281页。

干故事中，作者曾有所省略，有所增加，冀其更能美妙动人。虽有更动，必求不背于正史。"[①]他在《苏东坡传》序中也说："原文中引用的诗，有的我译为英诗，有的因为句中有典故，译成英诗后古怪而不像诗，若不加冗长的注解，含义仍然晦涩难解，我索性就采用散文略达文意了。"[②]

　　林语堂的翻译观直接影响其翻译目的。循着这样的翻译目的，林语堂有选择、有策略地向西方读者译介了代表中国古典文化的书籍。因为他是以译文读者为中心的，所以通过文化置换，即归化的翻译策略（如意译、套译、改译），尽力使译文符合他们的思维习惯；通过文化借用，即异化的翻译策略（如音译、直译、不译）来维护原语的表达习惯。这两个看似矛盾的文化立场和翻译观念在其译文中交替使用，达到了水乳交融之境界。根据互文性理论，任何一种翻译策略之使用都反映其哲学观和文化观。林语堂是有着强烈的东方文化情结的爱国者，是中国传统文化当之无愧的传播大使。请看下面的例子。

Yamen	衙门
Ch'i	气
Chinshih	进士
Hsiuts'ai	秀才
Hanlin	翰林
Ginseng	人参
Pailou	牌楼
Wonton	馄饨
Koutow	磕头
Yin and Yang	阴和阳
Makua	马褂
San Niang	三娘
San t'ait'ai	三太太
The ch'ingming festival	清明节
Lishu	隶书
Shuyuan	书院
Laoyeh	老爷

---

① 林语堂：《林语堂书评序跋集》，季维龙，黄保定选编，长沙：岳麓书社，1988年，第297页。
② 林语堂：《林语堂书评序跋集》，季维龙，黄保定选编，长沙：岳麓书社，1988年，第315页。

续表

Li	里
Mow	亩
Monkey Kingdom	花果山
the Goddess of Mercy	观世音菩萨
bird's nest soup	燕窝汤
like broken jade and buried incense	玉碎香埋
a tray of loose sands	一盘散沙
like dropping petals and flowing waters	落花流水
officials protect officials	官官相护
showing too much edge	锋芒毕露
the "three expediences and four virtues"	三从四德
ransack one's dry intestines	搜索枯肠
an "eight-legged essay"	八股文
A man who cannot tolerate small ills can never accomplice great things.[1]	小不忍则乱大谋
By losing that pawn, one wins the whole game.	失一卒而胜全局
Of all the thirty-six alternatives, running away is the best.	三十六计，走为上计
A true hero never incurs present risks.	好汉不吃眼前亏
Taking a step backwards in your thought[2]	退一步海阔天空
To make wedding dress for other women[3]	为他人作嫁衣裳
Having sons, I am content with life; Without office, my body is light.[4]	有子万事足，无官一身轻
Rule a big country as you would fry small fish[5]	治大国如烹小鲜
The tree desires repose, but the wind will not stop; The son desires to serve, but his parents are already gone.	树欲静而风不息，子欲养而亲不待
What is God given is what we call human nature.	天命之谓性

---

[1] Lin Y T, *My Country and My People*, Beijing: Foreign Language Reaching and Research Press, 2000: 47.
[2] Lin Y T, *My Country and My People*, Beijing: Foreign Language Reaching and Research Press, 2002: 47.
[3] 林语堂：《生活的艺术》，越裔译，长沙：湖南文艺出版社，2018 年，第 219 页。
[4] 林语堂：《生活的艺术》，越裔译，长沙：湖南文艺出版社，2018 年，第 397，407 页。
[5] 老子：《老子的智慧》（上、下册）（汉英对照），林语堂译，合肥：安徽科学技术出版社，2012 年，第 724-725 页。

从上面的例子可以看出，林语堂作品中既有异化之笔，也有归化译法，这种异化与归化灵活交替使用的"入西述中"方式，以及熟悉的信息中夹杂着陌生信息的传译策略，在当时西方广大读者中产生了重要影响，较好地实现了译文的预期功能——既能让更多的西方普通读者好奇，又能便于他们了解并接受中国文化。

7.2.3 社会因素和文化语境：相对隔膜、寻求寄托

社会因素主要包括社会发展状况、开放程度及主流价值观，文化语境主要包括文化环境、民族文化立场、文化心理等[1]。这些因素对翻译过程中的文本选择、策略制定、方法实施、译本呈现及传播效果都有着不可忽视的影响。在林语堂所处的时代，大多数西方人对中国的情况不甚了解，他们心目中的中国形象大都是扭曲、变形和虚幻的。有些在中国待过一段时间的所谓"中国通"，回国后著书立说，但大都以海外猎奇内容为主，"对于中国文化，他们只知道孔夫子、龙、玉、丝、茶、筷子、鸦片烟、男人头上的辫子、女人的小脚、狡猾的军阀、野蛮的土匪、保守的农民以及瘟疫、贫穷和各种痼疾等等"[2]。当时生活在高度工业化社会中的现代西方人，被飞速的生活节奏压得透不过气来[3]。为改变上述种种对中国人的偏见，林语堂在中西两种文化的夹缝中另辟幽径，以其特有的中西合璧、中西融通文化观，在《吾国吾民》中，向西方人讲述了一位中国人对自己祖国和民族的真实看法。为治疗当时西方人的"现代文明病"，他有目的地选择了那些宣扬中国诗人旷怀达观、高逸退隐、陶情遣兴、涤烦消愁的人生哲学。在《生活的艺术》中，林语堂摆出一副为西方文化人生价值观的弊端寻找疗救药方的姿态。不过，他并没有简单地以中国文化中的人生价值观来替代西方文化中的人生价值观，而是着眼于重新唤醒美国人头脑里也曾经有过，但在当时却已经丧失的自然主义、人文主义哲学精神。这不仅在认识上填补了西方读者对中国的认知空白，而且还用东方文明的悠闲哲学批评了美国高度工业机械化社会所造成的人的异化[4]。林语堂"入西述中"传播中国文化的思维方式正好跟当时的美国社会非

---

[1] 许钧：《翻译概论》，北京：外语教学与研究出版社，2009年，第138-141页。
[2] 施建伟：《近幽者默：林语堂传》，北京：华文出版社，2017年，第279页。
[3] 施建伟：《近幽者默：林语堂传》，北京：华文出版社，2017年，第293页。
[4] 施建伟：《近幽者默：林语堂传》，北京：华文出版社，2017年，第293页；参见卞建华：《对林语堂"文化变译"的再思考》，《上海翻译》，2005年第1期，第47-50页。

常契合。在美国人看来，一方面，林语堂讲的生活方式就是美国的生活方式，因为这是现代社会共有的东西；另一方面，他讲的又不完全是美国的东西，因为引用的都是中国的说法，所以这就是一个很好的结合，这种既有新知又有故识的交流方式因契合美国读者的阅读视野而引起了强烈共鸣[①]。

由于林语堂"入西述中"策略的有的放矢，《吾国吾民》《生活的艺术》《老子的智慧》等讲述中国文化的作品摸准了美国读者的脉搏，风靡一时，高居当年美国畅销书排行榜首。可以说，当时的社会环境影响了林语堂的译介目的，进而影响了他的译介行为。林语堂顺应了社会环境的需要，在译介中国文化时，他所选择的文本基本符合西方文化的各种规范，能够满足当时西方人的文化心理需求，并采取了相应的变通手段和策略，同时又"裹挟"了不少中国文化"原汁原味"的内容。正是这种既尊重目标受众——西方读者的阅读心理，又传递古老"中国智慧"的策略，使其"入西述中"作品比较顺利地进入了西方文化，赢得了大量的英语读者，达到了预期的文化传播目的。

7.2.4 赞助人和出版商：出谋划策、宣传推介

赞助人指能推动或阻碍文学进行阅读、写作和重写的权力机构或个人，包括政党、阶级、宫廷、出版商、媒体、宗教团体和个人等，"利用意识形态制约文学形式和主题的选择和发展；为作家和重写者提供谋生手段，在经济上予以控制；给予作家一定的社会地位，使其融入某种圈子和生活方式"[②]。林语堂"入西述中"策略的成功得益于赛珍珠及其丈夫华尔希的出谋划策、大力推介。因此，作为林语堂"入西述中"行为发起人和赞助人的赛珍珠夫妇对林语堂"入西述中"策略有很大影响。华尔希是一位精明的出版商，和纽约文化圈关系密切，而当时获得普利策奖的赛珍珠，作为创作中国题材作品的作家已名声大振。20世纪30年代，林语堂为英文《中国评论周报》开辟"小评论"（The Little Critic）专栏，受到赛珍珠的注意。1934年，赛珍珠夫妇与林语堂在中国见面。有感于当时西方人对中国人的种种误解，赛珍珠希望由中国人来写一本渗透着中国人的基本精神、阐述中国的著作，而林语堂也表示自己正想写一本书，谈谈对中国的真实感受。于是，双方一拍即合，林语堂成为赛珍珠的特约撰稿人。次年，林语堂的《吾国与吾民》

[①] 钟源，张力文：《访谈｜钱锁桥：林语堂的思想底色》，澎湃新闻，2019年6月18日，https://www.thepaper.cn/newsDetail_forward_3515625。

[②] 方梦之：《译学辞典》，上海：上海外语教育出版社，2004年，第75-76页。

在赛珍珠夫妇大力推荐下,一经出版,便获得成功,成为美国的畅销书,也建立了林语堂在美国读者心目中的地位。赛珍珠在美国公众还不熟悉林语堂的情况下,亲自拨冗为《吾国与吾民》作序,给予高度评价,在某种程度上,是以自己的声誉为林语堂做了信用担保。正如林语堂所言"由于赛珍珠和她丈夫 J. P. Walsh,我才写成并且出版了我的 *My Country and My People*(《吾国与吾民》),这本书之推广销售也是仰赖他们夫妇"①。可以说,如果没有赛珍珠夫妇的扶持,或许就不会有《吾国与吾民》,林语堂也很可能不会去美国写作,也就未必能有后来的《生活的艺术》《京华烟云》等系列著译作品的出版。作为出版商的赛珍珠夫妇,从该书受欢迎的程度认识到,林语堂的写作笔调与西方的读者心理是对路的,于是邀请林语堂到美国写作。他到美国后,与赛珍珠夫妇关系非常密切,华尔希在事业上是其编辑、出版商、文学经纪人、新闻代理人以及公共关系顾问②。事实上,林语堂的一系列著译活动都与赛珍珠夫妇的要求和建议分不开。最初,林语堂想翻译一些可以代表中国生活艺术及文化精神的名著,如《浮生六记》、《老残游记二集》、《影梅庵忆语》、《秋灯琐忆》、《幽梦影》(张潮)、《曾国藩家书》和《板桥家书》、李易安的《金石录后序》等。但华尔希认为,从《吾国与吾民》的轰动效应来看,西方读者对该书最后一章"生活的艺术"最感兴趣,《吾国与吾民》出版后,据说很多美国女人都把书中最后一章奉为生活之法则。针对美国读者的心理,华尔希要求林语堂写一本介绍中国人生活的艺术之书,内容包括"如何品茗,如何行酒令,如何观山,如何玩水,如何看云,如何鉴石,如何养花、畜鸟。赏雪、听雨、吟风、弄月……夫雪可赏,雨可听,风可吟,月可弄,山可观,水可玩,云可看,石可鉴,本来是最令西人听来最如醉如痴之题目"③。华尔希对《生活的艺术》的要求,只有两个字"畅销"。谈及《生活的艺术》的写作,林语堂说:"起初,我无意写此书,而拟翻译五六本中国中篇名著……然书局老板意见,作《生活之艺术》在先,译名著在后。因为中国人之生活艺术久为西方人所见称,而向无专书,苦不知内容,到底中国人如何艺术法子……所以书局劝我先写此书。不说老、庄,而老庄之精神在焉;不谈孔孟,而孔孟之面目存焉。这是我写此书之发端。"④在撰写《生活的艺术》的过程中,林语堂边写边

---

① 林语堂:《八十自叙》,见林语堂:《林语堂名著全集(第 10 卷)》,长春:东北师范大学出版社,1994年,第 308 页。
② 施建伟:《林语堂传》,北京:北京十月文艺出版社,1999 年,第 351 页。
③ 林语堂:《林语堂书评序跋集》,季维龙、黄保定选编,长沙:岳麓书社,1988 年,第 328 页。
④ 林语堂:《林语堂书评序跋集》,季维龙、黄保定选编,长沙:岳麓书社,1988 年,第 328、329 页。

交给赛珍珠夫妇审阅,并虚心接受编辑对书稿提出的宝贵意见,随时修改。这种中外密切合作、作者与编辑密切合作的模式促成了该书的成功。在很多情况下,译者需要在其翻译目的和发起人或赞助人的翻译要求之间,作出选择,与其达成共识或作出妥协。否则,翻译作品无法出版,从小处说,会影响译者自身的生计;从大处说,会最终影响文化译介目标的实现。作为林语堂译介活动发起人和赞助人的赛珍珠夫妇,其出版目的和翻译要求对林语堂翻译行为的影响巨大。

然而,正如功能主义目的论代表人物汉斯·威密尔(Hans Vermeer)所说:"只有译者才是翻译行为的专家,他要对所承担的任务的执行以及译文的定稿负责。"[①]面对翻译发起人或赞助人的要求,译者并不总是被动接受、唯命是从,译者可以和翻译发起人或赞助人进行交流、磋商,提出自己的建议,阐明自己的主张,决定其翻译策略。因此,最终决定翻译策略的还是译者本人。钱锁桥也指出:"林语堂和庄台公司的理查德·华尔希他们的合作是很好的中美文化结合样板,也是他能产生如此大影响的一个重要原因,但是我反对说林语堂的成功都是庄台公司营销的结果。"[②]

7.2.5　翻译策略和译介方式:不拘一格、清顺自然

美国汉学家艾朗诺认为,关于翻译,面对不同的读者有各种层次,有各种领域的翻译,因此,学界中有不同类型的翻译[③]。一般来说,学者型翻译的目标受众是学者或学习者,其目的是服务于学术研究,注重的是译文的严谨性;作家型(文人型)翻译的目标受众是普通读者,其目的是服务于普通读者,注重的是译文的可读性。纵观林语堂三十多年的"入西述中"实践,我们认为林语堂兼具学者型译者和作家型译者的特点。在"入西述中"过程中,林语堂的翻译目的明确,基于其对中西文化的深刻理解与中英文转换自如的能力,对所译介文本进行了精心选择,融翻译、创作、编辑、评论于一体。他采取各种策略,形成了简洁明了的行文方式和娓娓道来的叙事风格,从而受到了西方读者欢迎[④]。一位身为大众传媒

[①] Venuti L, *The Translation Studies Reader*, London and New York: Routledge, 2000: 221.

[②] 钟源,张力文:《访谈 | 钱锁桥:林语堂的思想底色》,澎湃新闻,2019 年 6 月 18 日,https://www.thepaper.cn/newsDetail_forward_3515625。

[③] 卞建华:《汉学与翻译学研究的互促与并进:美国汉学家艾朗诺访谈录》,《国际汉学》,2020 年第 3 期,第 15-20 页。

[④] 卞建华:《对林语堂"文化变译"的再思考》,《上海翻译》,2005 年第 1 期,第 47-50 页。

资深撰稿人和编辑的英语读者弗朗西斯·陈（Francis Chin）在与笔者的通信中道出了西方读者喜欢林语堂作品的原因。首先，林语堂的行文风格颇有特色，其文笔精练、简洁扼要、朴实精巧，与弗吉尼亚·伍尔夫（Virginia Woolf）、约瑟夫·康拉德（Joseph Conrad）及其他19世纪末20世纪初英美作家的风格有相似之处。这是符合大多数英语读者的阅读期待的，因为他们一般不喜欢矫揉造作、辞藻华丽、冗长累赘的语言，也不喜欢乏味的、歇斯底里的行文方式。其次，在当时西方读者对中国文化相对隔膜的历史条件下，林语堂的著译作品使英语读者感受到了中国古典文学的魅力，他们惊喜地发现被带进了中国文学的"阿里巴巴山洞"，而林语堂的作品就是打开"阿里巴巴山洞"之门的咒语"芝麻"。最后，林语堂在"入西述中"中所表现出的东方人镇静、平和、从容的世界观和文化观，在冷战时期乃至在当今激烈的东西文明冲突中，都对人们的心灵起到慰藉作用。

《生活的艺术》等作品之所以能脍炙人口，除了内容上有的放矢，符合西方读者的阅读期待之外，也得益于其"不拘一格、清顺自然"的行文风格和"对话体"笔调[1]，这种形式很适应西方读者的阅读心理。林语堂具有强烈的读者意识，这里的读者主要是普通读者，林语堂"把读者当真朋友，句句是肺腑之言，使读他的书的人感觉'林语堂在对我讲他的真心话'……英文用字很巧妙，真可以达到'生花妙笔'的境界，英文可能语大语小，能表现完全的口语化，因此，往往能感动人，一些看起来很平常的语句，却能永远留在人的心底"[2]。他本人也对此颇为自豪，"我创出一种风格，这种风格的秘诀就是把读者引为知己，向他说真心话，就犹如对老朋友畅所欲言毫不避讳一样。所有我写的书都有这个特点，自有其魔力。这种风格能使读者跟自己接近"[3]。林语堂的一些抒情散文与小品写得半雅半俗、亦庄亦谐，真正实现了"化板重为轻松，变铺张为亲切"的艺术效果[4]。更为难得的是，像《吾国与吾民》《生活的艺术》这样用英文撰写的著作，以东西方文化比较这一宏大主题为切入点，从日常生活中零星小事的观察分析入手，把握中外国民性与文化精神的异同，并用潇洒空灵的散文笔调表述出来。这些作品既有独特的见解，又深入浅出、入情入理、清新自然，很受欧美读者欢迎。即使译

---

[1] 施建伟：《林语堂传》，北京：北京十月文艺出版社，1999年，第406页。
[2] 林太乙：《林语堂传》，西安：陕西师范大学出版社，2002年，第218-219页。
[3] 林语堂：《八十自叙》，见林语堂：《林语堂名著全集（第10卷）》，长春：东北师范大学出版社，1994年，第303页。
[4] 林语堂：《临别赠言》，《宇宙风》，1996年9月16日，第25期。

回中文，也自有独特的韵味[1]。

7.3 瑕不掩瑜：对林语堂"入西述中"作品得与失的反思

我们并不讳言，由于文本内外的影响，林语堂"入西述中"作品得与失并存。例如，《苏东坡传》"文笔生动，晓畅"，"史料丰富，翔实"；"体例新颖、别致"，但其"唯心史观所带来的错误……《苏东坡传》一书中还有不少对史料理解、判断、使用上的错误以及严重失实的地方"，例如"林语堂却把历史人物的产生，成长与其生活的时代机械地割裂开来，过多地强调了苏轼所谓'鲜明个性'的作用，从而在一定程度上抽掉了这一历史人物的社会性"[2]，对王安石变法及王安石本人的错误评价，将免役法与保甲法混为一谈，等等[3]。再如，《浮生六记》英译本，情感真挚，译笔灵动，优美流畅，流传甚广，为中西文化交流作出了巨大贡献，堪称翻译的典范，但是，林译存在着风俗内涵的流失、意识形态的矛盾、历史文化内容的失落、度量衡前后不一致和语言风格的背离等不足[4]。

不过，林译的"失"，有的是不可避免的，有的则是策略性的、有意为之的。诺德认为，只要是翻译，就一定是"失"与"得"（loss and gain）并存[5]。译者即译文的作者，从词源学的角度来说，作者即是"让某种东西成长的人"，而译者是把那些由于语言文化差异不能被人理解的文本变成可被理解的文本的人。换言之，译者是让原作成长的人，兼具作者的特质和权力。我们总是讨论翻译中的"失"，对此感到苦恼，而不大讨论翻译中的"得"。其实，翻译就是一个妥协的过程，我们在翻译中失去了一些东西，但并没有失去所有的信息。从功能主义翻译目的论的角度来说，原文只是一个"信息供源"。原文因读者不同而有不同的解读。在翻译过程中，译者对原文的解读、接受和阐释是一种社会行为，受到文本内外各种因素的影响，翻译所能传递的只是原文这个"信息供源"中某些方面

---

[1] 陈平原：《林语堂东西综合的审美理想》，见子通：《林语堂评说七十年》，北京：中国华侨出版社，2003年，第307-331页。

[2] 王瑞明，夏露：《略谈林语堂〈苏东坡传〉的得失》，《社会科学研究》，1985年第1期，第76-79页。

[3] 王瑞明，夏露：《略谈林语堂〈苏东坡传〉的得失》，《社会科学研究》，1985年第1期，第76-79页。

[4] 李玉良：《林译〈浮生六记〉的得与失》，《山东外语教学》，2005年第6期，第79-83页。

[5] Nord C, *Lost and Gains in Translation*（《翻译中的得与失》），青岛：第四届《翻译界》高端论坛暨新时代中国文化外译理论与实践国际学术研讨会主旨报告，2019年10月26日。

的信息。不可否认，在翻译过程中，不同文化及其特定价值体系之间的差距会造成内容上的损失，不同语言系统之间不够对应，或者因原作者表达思想和感情的方式存在特殊性而造成形式上的损失。但我们应该对翻译持乐观的态度，因为翻译可以架起沟通的桥梁，让我们了解不同的语言文化，延续原作的生命，扩大原作的传播区域，让目的语读者阅读到更多的外来文本，从而促进文化的融合，促进不同文化之间的相互包容和彼此尊重，并能促进个人自省，而这些正是翻译中的"得"。

由此看来，林语堂在"入西述中"存在的部分"扭曲""变形"是在特定的历史时期中国文化外译过程中必然经过的一个阶段，这些不足和瑕疵已经随着中外文化交流的加深而逐渐得以弥补。在中国文化由输入向输出转型的当口，在中国文化要真正走出去且要融进去的当代，堪称文化译出典范的林语堂及其"入西述中"思想和实践，无论是当下还是未来，依然值得学习和借鉴。

7.4 小　　结

林语堂也许是"中国文学史上至今为止其作品被译成最多种世界各种语言的作家"[①]，"兼具'君子'与'文艺复兴人物（Renaissance man）'之美"，"学贯中西，百年一人"[②]。本章主要探讨了林语堂"入西述中"策略的传播、接受情况，并在此基础上探讨了林语堂"入西述中"作品生成的内部和外部因素。翻译，即选择。由于译者文化观和翻译观、社会环境和历史语境、翻译发起人或赞助人要求、语言关系和读者接受等方面的影响和制约，译者在许多情况下很难做到完完全全再现原文的特点，于是为达到特定的翻译目的，只能在诸多选择中做出判断，对原文进行适当保留或取舍。诚然，由于历史的局限性，林语堂"入西述中"过程中，也存在着中国文化的部分扭曲和变形现象，不过，我们在评价译作时应该全面考虑影响译作文本的内外各种因素，把其放到一个宏大的历史文化语境中去审视，不但要看到结果，还要深入挖掘背后的原因；不但要看到在从原作到译作过程中我们失去了什么，还要看到在此过程中我们得到了什么。只有这样，才能使翻译研究更加深入、客观地进行下去，并进一步向前发展。从这个

---

① 钱锁桥：《林语堂传：中国文化重生之道》，桂林：广西师范大学出版社，2019年，第403页。
② 老子：《老子的智慧》（上、下册）（汉英对照），林语堂译，合肥：安徽科学技术出版社，2012年，第4页。

意义上说，翻译研究的文化学派、功能学派以及变译理论等相关理念为我们提供了一个更为动态、开放的研究视角，值得我们重视和借鉴。正如弗米尔所指出的那样，"原文面向原语文化，总会受到原语文化的制约。译文则面向译语文化，而且最终应从译语文化的角度衡量它的适用性"[①]。潘文国指出，在对外传播中国文化方面有三种模式，第一种是概论性教材模式，该模式是"自说自话"，说的都是作者自己的话，间或引只言片语的原文来证明译者的观点；第二种是"大中华文库"模式，该模式是"他说他话"，让经典作者自己说话（当然翻译过程中加进了译者自己的理解），该模式是整部整套著作的翻译，好处是完整全面、"原汁原味"，但把阅读、消化的困难全部留给读者，可能会有难度，因而不易普及；第三种是林语堂模式，该模式是"自说他话"，在敬重原典的基础上加上自己的理解和阐发，即经过自己消化之后，把中国人的智慧介绍给外国人。事实证明，第三种即林语堂模式是最成功的模式，是20世纪以来中国人传播中国文化的光辉范例和榜样，也是今天值得提倡的[②]。笔者认为，林语堂在特定的历史时期，站在中西文化的交汇点上，用中西比较的眼光，带着中西融通目的，采取了独特的"翻译"策略——"入西述中"，达到了文化译介的预期功能——"向西方人讲述中国文化"。这些策略的实施既受其文化观、翻译观的影响，又是在当时社会环境和文化语境下，其赞助人、出版商的翻译要求与宣传推广策略共同作用的结果。从林语堂"文化变译"作品在西方的巨大影响来看，其"入西述中"策略无疑是成功的[③]。

---

① Venuti L, *The Translation Studies Reader*, Abingdon: Taylor and Francis, 2012.
② 潘文国：《关于中国文化传承与传播的思考》，《外语教育》，2010年第1期，第1-16页。
③ 卞建华：《对林语堂"文化变译"的再思考》，《上海翻译》，2005年第1期，第47-50页。

第8章 结论：林语堂"入西述中"策略的启示

罗素在《中西文明比较》一文中指出："不同文明之间的交流过去已经多次证明是人类文明发展的里程碑。"[①]21世纪，人类社会面临前所未有之大变局，中国与世界的关系也发生着前所未有的重大变化，中西文明之间更需要加强对话、寻求和谐和健康发展的道路，更需要重视人类面对的共同困境。"两脚踏东西文化，一心评宇宙文章"的林语堂，早在20世纪就"站在'和合'的角度，从人类发展、幸福和命运的高度思考问题……在今日观之，林语堂的高瞻远瞩和超前意识是难能可贵的，这是一种二十一世纪的高度和眼光"[②]，因此，林语堂作为中西文化交流的先行者和成功者之一，其成功案例在我们当下这个倡导"人类命运共同体"，谋求和谐、发展、交流、融通的时代，依然值得我们认真探讨和研究。正是基于上述思想，本书在中西方文化交流的大背景下，主要通过当下中华文化走出去过程中遇到的问题和困难、翻译研究范式的变迁趋向，对林语堂"入西述中"策略进行了较为系统的考察，分析和探讨了林语堂的中西文化观和翻译观及其"入西述中"目的、文本选择、相关策略、影响因素和效果分析，并通过林语堂与其他译者同类译作的比较分析、林语堂"入西述中"作品的文化回译研究，对翻译学研究、中国文化译介及传播相关问题进行了探讨和思考。本书通过研究初步得出林语堂现象对中华文化走出去的启示及相关结论。

[①] 罗素：《一个自由人的崇拜》，胡品清译，长春：时代文艺出版社，1988年；转引自汤一介：《二十世纪西方哲学东渐史总序》，北京：首都师范大学出版社，2002年，第19页。

[②] 王兆胜：《林语堂与中国文化》，北京：社会科学文献出版社，2007年，第311页。

8.1 主要发现

（1）林语堂的多维文化身份使其文化观、语言观、文学观、翻译观相辅相成。得益于林语堂的多维文化身份，其文学撰著与译学创述所包孕的文化观及其影响下的语言观、文学观与翻译观，四位一体、相得益彰。从"中西比较"到"中西融通"，林语堂的文化观通过对其创作观念体系的塑造影响文学、翻译文本的生成与呈现。由于彼此缺乏对"异域文化"的认知与认同，中西方文化长期处于无谓的竞争畛域；而林语堂所倡导的"入西讲中"则是力图在这种畛域之外，为中西方寻求一种平等场域下的对话。尽管彼时语境之下，现代性不断冲击传统价值体系，高、低势能文化间的博弈从未停息，但林语堂一直以"中西融通"的文化胸襟对抗潜生的"东方主义"，这体现出深刻的创作、翻译与时代的互动。因此，译者主体性是我们研究林语堂及其"入西述中"策略的最佳切入点——文化观正是通过塑造译者的语言观、文学观，介入其翻译观的生成，进而形成一个高效运转的有机语言文化系统。

（2）林语堂"入西述中"策略诠释其"翻译即创作"的思想。林语堂的"入西述中"是一种超越语言层面的跨文化交际。相较于学理性的语际"转述"，林语堂摒弃机械的"忠实观"，秉承"译学无成规""翻译即创作"的译学思想，在融化、吸收中国文化的基础上，通过导语整合、互文类比、阐释注释、萃取拓展等策略，将中国智慧创造性地介绍到西方语境中，表现出强烈的"读者意识"。就翻译批评而言，我们应该辩证且科学地认识、界定林语堂"入西述中"策略，跳出本质主义和机械主义窠臼。林语堂传播中国"智慧"，旨在"产生功效，对中西方现当代文化有所贡献"[1]。因此，我们需要把林语堂"入西述中"策略还原到其历史语境和社会背景中去考察。

（3）林语堂的"隐性自译"等拓宽了传统翻译研究的深度和广度。以《孔子的智慧》《老子的智慧》、"苏东坡诗文""红楼梦选段"等为例，本书通过文本细读、译文比较，对以"变译"为代表的林语堂翻译策略体系进行了不同维度的解读与剖析，并对相关理论予以实践层面的佐证与呼应，对林语堂的翻译特征给出了更清晰的描述，并在以往较少涉及的领域有所延展。林语堂为实现"中西

---

[1] 钱锁桥：《林语堂传：中国文化重生之道》，桂林：广西师范大学出版社，2019年，第22-23页。

融通"不断探索尝试,以"入西述中"为核心,其对中华典籍英译所做的努力可圈可点,力有未及之处在所难免,主要表现在为实现原语言语境与目的语读者的多维互动而在语际转换中诉诸妥协——对原文一定程度的变动。林语堂重视中国核心概念的内涵阐释,因此尊重并充分考量不同语境中的语言形式对概念内涵的表达与接受。与此同时,林语堂的译学批评观逐渐呈现,即符合现实情境诉求的新形式的信达雅——坚持忠实、强调整体(流畅)性、符合审美。综述之,通过比较分析不同译者的翻译策略、翻译方法、译文得失,重新评估传统思维定式下的译者观,重新定位译者的翻译主体性,为唤起译界对译者的深入研究提供实证性参照。

(4)林语堂"入西述中"作品及其文化回译过程对特殊形式的"翻译"及其评价标准界定有诸多启示。通过比较研究林语堂"入西述中"作品及其文化回译过程中所反映出来的读者意识、回译策略、典籍还原等,本书发现在"入西述中"时,林语堂具有强烈的读者意识,在确保英文行文畅达的前提下,选择多种文化变译策略,满足预期目标读者的阅读期待;而面对中国读者,相关回译者亦"心中装着读者",选择恰当的方法,担负起"译者对原著者的责任、对中国读者的责任与对艺术的责任"[①]。通过比较,可以为中国文化"出口转内销工作"更好地开展提供较为翔实的佐证,进一步以林语堂原著为依据探讨其文化传播策略的得与失,同时系统考察其"入西述中"策略及其主要著译作品的历时效果轨迹与共时效果关联,其文化译介活动与中西文化交流的共生关系为翻译学相关理念的进一步拓展和更新、为中国文化对外传播模式的探讨提供他者视角。

8.2 林语堂"入西述中"策略对中华文化走出去的启示

当下,面对世界全球化过程中的"逆全球化"声音,林语堂"入西述中"策略启示我们:不应简单地我行我素、一厢情愿或自说自话地"走出去",而是应瞄准西方受众及其特定文化需要,作出有针对性的清晰筹划,制定合理的措施,采取合适的方法,助力中国文化走进西方受众的心里。具体说来,通过本书的研究,我们得到如下启示。

[①] 林语堂:《论翻译》,见罗新璋,陈应年:《翻译论集(修订本)》,北京:商务印书馆,2015年,第492-493页。

8.2.1 坚定文化自信　选择恰当文本

林语堂的"入西述中"实践深刻诠释了其"两脚踏东西文化，一心评宇宙文章"的文化立场，以及其"中西文化观的出发点是人生而不是文化"[①]。以此出发，林语堂的中西文化思想经历了三个阶段：20 世纪 20 年代，他极力倡导西方文化，提出"精神欧化"之主张；20 世纪 30 年代，他开始对中国文化重新进行审视，在批判的同时倡导中国传统文化中与其中庸、近情、闲适人生观相契合的部分；1936 年，他在移居美国后，则站在世界文化的高度，逐渐形成了集其中西文化观之大成的"中西融合"理论[②]。他一直以"世界一体化的眼光，以平等的观念，以宏阔的胸怀以及丰富的想象力将中西文化合二为一，希冀这两种文化能达到接触、理解、贯通及融汇。"[③]这就启发我们，在面对本国文化和他国文化的时候，既不能盲目自大，无视或轻视他国文化，也不能妄自菲薄，仰视或盲目崇拜异域文化，而要遵循"人类命运共同体"的理念，尊重中西语言和文化的多样性，站在自身和他者文化的临界点上，尽可能寻找交流的共同点、契合点，努力在"入西述中"时与受众产生共鸣和互动，促进中西语言文化的交流互鉴、取长补短、和谐共生。

长期以来，中华文化走出去的过程中，强调对经典、长篇、大部头作品"原汁原味"的对外译介，忽视现实性、中短篇、不完整、跨界、短平快、消费性极强的文化信息的变通性传播[④]。谢天振在《中国文学走出去：问题与实质》一文中以创办于 1951 年的《中国文学》，著名翻译家杨宪益主持编译的"熊猫丛书"，汉英对照《大中华文库》的翻译与出版为案例，探讨了这些投入大量人力、物力、财力的中国文化输出"工程"，总体而言，这些工程收效甚微，实际效果并不理想，他进一步指出译介意识、译介选材、译介主体、政策导向、译介目的、译介方式等因素制约了中国文化真正"走出去"[⑤]。

[①] 戴从容：《林语堂的中西文化观》，《福建师范大学学报（哲学社会科学版）》，1997 年第 3 期，第 52 页。

[②] 戴从容：《林语堂的中西文化观》，《福建师范大学学报（哲学社会科学版）》，1997 年第 3 期，第 52-59 页。

[③] 王兆胜：《林语堂的文化情怀》，北京：中国社会科学出版社，1998 年，第 31 页。

[④] 蒋好书：《新媒体时代，什么值得翻译》，《人民日报》，2014 年 7 月 29 日，http://opinion.people.com.cn/n/2014/0729/c1003-25361505.html。

[⑤]《中国文学》创刊于 1951 年，2000 年停刊；"熊猫丛书"由著名翻译家杨宪益主持编译了 195 部文学作品，不过，除个别译本获得英美读者欢迎外，大部分译本并未在他们中间产生任何反响，也未获得预期的效果，2000 年"熊猫丛书"黯然收场。《大中华文库》拟译选题 200 种，已出版 100 余种选题，不过，除个别选题被国外相关出版机构购买版权外，绝大多数已经出版的选题局限在国内发行圈内，尚未真正"传出去"。参见谢天振：《超越文本 超越翻译》，上海：复旦大学出版社，2014 年，第 238-253 页。

如前所述，林语堂著译作品所选择或译介的文本，主要以"幽默""性灵""闲适"文学为主，其中大多与其所从事的研究相关或者出于本人的兴趣和爱好，而这也成为他将这些作品译好的基础。同时，林语堂选择的文本又正好契合了当时西方社会人们的文化需求和接受心理，因而获得了成功。这就启发我们要将翻译国家政策与知名翻译家、汉学家以及目的语国家受众的兴趣爱好、审美期待、接受心理等相结合，力求达到三者之间的平衡，并发挥翻译交互主体性彼此之间的合力，在对外译介中国文学作品、文化典籍、传播中国文化时，尽量选择那些在目的语环境里比较容易接受和传播的作品首先进行译介，力求文化传播效果的最大化。

8.2.2 更新翻译理念 采用多种途径

林语堂的"入西述中"实践对我们进一步更新翻译理念、采用多种方式助力中华文化走出去多有启示。传统译论大多关注理想中的翻译，讨论的翻译对象也大多是宗教或文学等"神圣""经典"文本，在翻译活动中，原文的地位是神圣、至高无上、有权威的，译者所能做的只能是仰视原文，毕恭毕敬地复制、传递原文的形式和内容。那么译文"忠实""对等"于原文，也就成为不言而喻的翻译原则。在传统译论的观照下，翻译是求真、求等、求同、求全的过程，多数译者往往甘做"仆人""配角"，唯原文和原作者马首是瞻，斤斤计较于原文的字词句，翻译标准一般没有脱离信达雅"神似""化境""忠实"等标准的藩篱。

20世纪，语言学相关理论的引入使翻译研究更加科学化、系统化，但由于结构主义语言学、语言代码观以及语言共性观的影响，许多翻译研究者头脑中滋生了这样一种幻想，认为语言像其他自然科学对象一样，可以成为被严格研究的对象，翻译是一种语言或代码转换过程。我们可以从许多强调"对等"概念的翻译定义中看出这种翻译思想。例如，翻译是"用另一种语言（译语）中对等的文本材料替换一种语言（原语）中的文本材料"[1]，"翻译是用译语中最切近的自然对等语再现原语信息，首先是在意义方面，其次是在文体方面"[2]。

即使在20世纪70年代初，人们采用更接近实际的翻译方法，翻译单位由词汇或短语转移到语篇时，语言学派翻译理论的基础也没有被打破。"对等"作为

---

[1] Catford J C, *A Linguistic Theory of Translation: An Essay in Applied Linguistics*, Oxford: Oxford University Press, 1965: 20.

[2] Nida E A & Taber C R, *The Theory and Practice of Translation*, Leiden: E. J. Brill, 1982: 12.

翻译的基本概念抑或是其组成部分依然没有遭到大多数译论家的质疑。语言学派试图从语言学的角度找到解决翻译问题的方法，他们把翻译作品看作实验室里的标本，对其进行科学的剖析，以为只要找到语言与语言之间基本翻译的对等方法就可以解决语言之间的翻译问题。他们先后把音素、词素、词、句子、语篇作为翻译的基本单位寻求语言之间从内容到形式上的对等。毫无疑问，语言学派的翻译理论把翻译研究带进了翻译科学发展的新时代，其历史功绩是有目共睹的。然而，翻译的对等概念一旦付诸翻译实践，就在某种程度上暴露出其不完备性和不可释性，致使其在理论上陷入僵局。

众所周知，翻译不仅涉及两种语言的转换，而且涉及两种文化的沟通。当译者进行两个文本之间的对话时，需要考虑语言、文化等因素，传统语言学派翻译理论的缺陷在于其理论分析往往局限于单个词和句子，而忽视了语篇结构[1]，忽视了翻译这一复杂过程所涉及的种种语言外因素。其实，"没有哪两种语言在将符号转换成有意义的表达方式时，会显示出相同的系统。翻译的基本原理就意味着没有任何译语文本能够成为原语文本的对等物"[2]。在"对等"翻译法中，一切以原文为中心，原文是译者在翻译过程中有所取舍的参照和基础，因为"对等观"要求原文的特殊交际"值"必须在译文中得到"同等表达"。正如国内外不少知名学者所指出的，"对等观"的理论基础建立在不同语言间存在某种程度的"对等"关系的假设上，而这种理论基础是不堪一击的[3]。旨在原文文本与译文文本之间去寻找对等性，而不把翻译目的、读者对象考虑进去的对等论，是只关注个别因素而缺乏系统论整体性原则的表现[4]。

"译即易，谓换易言语使相解也。"[5]贾公彦在一千多年前所下的翻译定义既指出了"翻译就是两种语言之间的转换"[6]，又指出了转换的目的是使相互理解，从而达成有效的交流。可见，翻译即是"改变、转换"，也就是说，"变"是翻译的常态，"不变"是翻译的例外情况。原文是翻译的起点，没有原文就没有译文；译文是原文生命的延续，没有译文，原文的生命就会终结。从这个意义上说，原文和译文是相互依存、相互补充而存在的两个独立的个体。译文就像原语文化

---

[1] 近年来兴起的翻译的功能语言学语篇分析模式，在某种程度上弥补了翻译研究传统语言学派的不足。

[2] Nida E A & Taber C R, *The Theory and Practice of Translation*, Leiden: E. J. Brill, 1969: 27; 另见 Hewson L & Martin J, *Redefining Translation: The Variational Approach*, London: Routledge, 1991: 8.

[3] 贾文波：《应用翻译功能论》，北京：中国对外翻译出版公司，2004年，第35页。

[4] 吕俊，侯向群：《英汉翻译教程》，上海：上海外语教育出版社，2001年，第32页。

[5] 罗新璋，陈应年：《翻译论集（修订本）》，北京：商务印书馆，2015年，第1页。

[6] 谢天振：《超越文本 超越翻译》，上海：复旦大学出版社，2014年，第247页。

与译语文化相结合而生下的"孩子"（混血儿），它可能会最大限度地继承原语文化的特点，也可能会最大限度地继承译语文化的特点，也可能兼而有之，但译文毕竟是原文在译入语文化里产生的另一个独立的生命，指望其成为原文完全的复制品，只是一种理想化的状态。翻译不是发生在真空里的行为，而是在特定社会、文化、历史背景下的行为，译者在翻译过程中所做出的选择是原文、原作者、翻译活动发起人、翻译活动委托人、译者、译文的使用者、译文的接受者各方力量博弈的结果，因此，要求译文绝对地忠实对等于原文只能是一个不可企及的理想化状态。古今中外，众多的翻译实践表明，绝对地或奴性地忠实于原文，对原文亦步亦趋，近乎盲目地跟着原文走，非但不能达到把原文的意义与神韵客观真实地传递给译文读者的目的，而且会导致译文与原文的貌合神离，造成对原文本质上不忠实。同时，由于机械而盲目地追求语言层面的忠实，译出的作品难以符合目的语读者的审美期待与接受心理[①]。

林语堂的"入西述中"思想和实践告诉我们，我们对翻译的性质和特点应有更深刻、更全面的理解，因为翻译不仅仅是语言换码过程，而且是文化交流过程，"翻译绝不是把一种语言里的词汇搬到另一种语言那么简单，译者在翻译行为中总是扮演积极的角色"[②]。文化译介不仅仅和原作者、原文有关，而且也和译者、译文接受者以及其他诸多因素有关。因此，在翻译过程中，我们仅仅关注语言的转换、语言形式和字句的不增不减是不全面的，还需从整体上把握译文对原文意义的传递，针对不同的原文类型、预期读者、文化语境和翻译目的做出正确的判断和灵活多样的选择，进行全译抑或变译。我们不必拘泥于到底是严格意义上的翻译，还是宽泛意义上的翻译行为、完美意义上的全译，或是基于特定需求的变译，只要是有利于中国文化对外译介的方式，就可以而且也应该是我们采用的译介方式。

8.2.3　明确传播目的　增强受众意识

林语堂的"入西述中"活动有着明确的传播中国文化的目的，其"入西述中"作品表现出强烈的受众意识对当下的中华文化走出去战略多有启示。由于传统翻译观的影响，长期以来，我们大多数人认为，翻译的目的就是两种语言文字之间的转换，想让中华文化走出去，只要把中国语言文字写成的文学作品、文

[①] 许钧：《翻译概论》，北京：外语教学与研究出版社，2009年，第11页。
[②] 钱锁桥：《小评论：林语堂双语文集：英汉对照》，北京：九州出版社，2012年，第32页。

化典籍作品忠实、准确地转换成外文就算"合格"了，就算达到目的了。然而，"这些'合格'的译文除了极小部分外，却并没有促成中国文学、中国文化切实有效地'走出去'"①，原因何在？因为"翻译质量在于交际效果，而不是表达方式和方法"②。翻译是目的性非常强的社会活动，而成功的翻译必须以满足读者期待、最大限度地完成跨文化交际功能为先决条件。而"对等"或"忠实"与人们认定或接受的翻译并无太大关系。试图用一个标准（无论看起来多么正确）来评价所有时代、所有文化的翻译，注定是徒劳无效的③。正如王宏志所言：

> 经过一千多年众多精英知识分子的反复讨论，对于"翻译的标准"这个可以说是翻译学上一个最基本的问题，始终没有得到一个获得普遍认同或较为圆满的答案，什么既忠实又通顺的翻译始终只是一个虚拟的神话，"神似""化境"等要求更是可望而不可即的空话……在这些传统的论述里，翻译就是追求和原著一模一样的译本。这既没有可能，也没有必要。因为面对着不同的语言、不同的文化、不同的读者、不同的社会政治因素，甚至不同的年代，难道还能够期待产生完全相同的译本来吗？④

目前，我们在中国文化对外传播研究、翻译研究以及翻译教学过程中，依然存在着目的不明确或者目的单一的问题。不少译者在进行翻译、评价翻译的时候，往往只是为了"翻译"而翻译，为了"批评"而批评，对翻译语境、目的、要求、用途、媒介、时间、场合、接受者等情况不做太多思考，就好像我们是在文化真空里进行翻译似的。实际上，在翻译现实中存在而人们又往往忽略的翻译目的需要我们进一步重视⑤。译者在翻译之前，需要了解待译文本的预期文本功能、目标

---

① 谢天振：《超越文本 超越翻译》，上海：复旦大学出版社，2014年，第246页。

② 达尼尔·葛岱克：《职业翻译与翻译职业》，刘和平，文韫译，北京：外语教学与研究出版社，2011年，第6页。转引自谢天振：《超越文本 超越翻译》，上海：复旦大学出版社，2014年，第247页。

③ 廖七一：《中国近代翻译思想的嬗变：五四前后文学翻译规范研究》，天津：南开大学出版社，2010年，第7-8页。

④ 王宏志：《怎样研究鲁迅的翻译》，见乐黛云，李比雄：《跨文化对话（第15辑）》，上海：上海文化出版社，2004年，第82, 83页。

⑤ Nord C, *Translating as a Purposeful Activity: Functionalist Approaches Explained*, Shanghai: Shanghai Foreign Languages Education Press, 2001: 60.

文本接受者、文本接受预期的时间和地点、文本要传递的媒介、文本创作和接受的动机等,并分析原文的文本类型、创作背景和具体语境,以及翻译活动的目的,据此来确定翻译策略。只有这样,我们才可能有的放矢地进行翻译,而面对翻译的结果——译文,才可能具体问题具体分析,按照较为客观、多元的标准来进行翻译批评。

针对中华文化走出去过程中遇到的问题和挑战,我国学者也在不断反思,陆续发表文章,探讨相关问题。黄忠廉提出,文化输出需大力提倡"变译"[①]。蒋好书先后发文,探讨了"新媒体时代,什么值得翻译"的问题,指出跨语言翻译任重而道远;同时他指出,中华文化走出去要有"用户思维"[②]。刘峰针对中国文化为什么要"走出去"、如何"走出去"提出了自己的观点[③]。2014 年 8 月 12 日,世界作家翻译家齐聚"上海国际文学周",探讨翻译是"死忠原文"还是"美而不忠"[④]。巩育华和管克江指出,文化走出去,更要走进去[⑤]。姚亿博撰文指出,让走出去的中国文化也能"余音绕梁"[⑥]。林语堂的"入西述中"实践启发我们,中国文化对外译介过程中,不要板着面孔、高高在上、自说自话,而要进一步明确译介的目的,针对目标受众的审美期待和接受心理,将心比心、换位思考,用他们易于了解、愿意理解和乐于接受的表达方式,讲述带有人情味的、富有特色的"中国故事",从而赢得西方读者的共鸣、认同和理解,达到中西方文化交流互鉴、相互促进的目的。

8.2.4 促进中外合作 加强人才培养

林语堂与赛珍珠夫妇的成功联手无疑是中外合作的成功案例。如前所述,林

---

① 黄忠廉:《文化输出需大力提倡"变译"》,《光明日报》,2010 年 1 月 25 日,https://epaper.gmw.cn/gmrb/html/2010-01/05/nw.D110000gmrb_20100105_5-03.htm?sid_for_share=99125_3。

② 蒋好书:《跨语言翻译任重道远》,《译世界》,2014 年 10 月 20 日;蒋好书:《新媒体时代,什么值得翻译》,《人民日报》,2014 年 7 月 29 日,http://opinion.people.com.cn/n/2014/0729/c1003-25361505.html;蒋好书:《文化走出去要有"用户思维"》,《人民日报》,2017 年 11 月 7 日,http://ydyl.china.com.cn/2017-11/07/content_41858020.htm。

③ 刘峰:《中国文化"走出去":为什么?如何"走"?》,《民主》,2011 年第 7 期,第 47-49 页。

④ 孙丽萍,王琳琳:《世界作家翻译家齐聚:翻译是"死忠原文"还是"美而不忠"?》,新华网,2014 年 8 月 14 日,https://news.ifeng.com/a/20140814/41575273_0.shtml。

⑤ 巩育华,管克江:《文化走出去,更要走进去》,《人民日报》,2016 年 11 月 23 日,http://culture.people.com.cn/GB/n1/2016/1123/c1013-28888274.html。

⑥ 姚亿博:《让走出去的中国文化也能"余音绕梁"》,《光明日报》,2018 年 1 月 25 日,https://news.gmw.cn/2018-01/25/content_27445335.htm。

语堂系列著译作品之所以在西方世界大获成功，固然跟林语堂本人深厚的语言和文化功底有关系，但"从选题、策划到出版、发行，赛珍珠夫妇的'加盟'确实起到了不可或缺的关键作用"①。中英语言文化之间的巨大差异使得中译外活动更加复杂，单凭原语译者或者目的语译者单方面的译介努力，很大可能效果会大打折扣。正如谢天振所言，针对中国文化对外译介的现状，在中华文化走出去的过程中，我们需要充分考虑文化跨语言交流与传播的译介规律，正视中西文化交流中存在的时间差和语言差，所谓时间差指的是"中国人全面、深入地认识西方、了解西方已经有一百多年的历史了，而西方人对中国开始有比较全面深入的了解，也就是短短的二三十年的时间罢了"②，所谓语言差指的是母语是汉语的中国人在学习、掌握英语等现代西方语言并理解预知相关的文化方面，比母语是英语、法语、德语、西班牙语、俄语等西方现代语言的各西方国家的人学习、掌握汉语要来得容易一些③。这就提醒我们要加强中外学者、译者、编辑、出版社之间的沟通交流、通力合作。

或许，林语堂的成功是不可复制的，不过，正所谓"虽不能至，心向往之"，我们需要在现有条件下，反思翻译人才培养方面存在的问题。长期以来，我国翻译人才培养中存在着学科单一、模式单一的状况，严格意义上的翻译——"全译"依然占据绝对的"主角"地位，在课堂教学及各类测试时，进行全译依然是不言而喻的要求。然而，随着社会的发展和信息时代的到来，人们的生活节奏日益加快，有不少读者需要在有限的时间内去汲取更多的知识，了解更多的问题。这样，"译文的简约化、凝练化已成为新趋势"④。而且在实际生活中，文学类文本的翻译需求比例逐渐缩小，而非文学类文本的翻译需求比例逐渐加大，不同的原文类型、译文接受者、译语文化环境，会有不同的翻译目的和要求，而并非在任何情况下，待译文本都需要严格意义上的翻译——全译，有时变译也许会达到事半功倍的效果。而接受上述单一培养模式教育的学生，在走向社会面对实际翻译工作时，势必难以适应纷繁复杂的翻译实践需要。

王克非教授在考察了翻译文化史上诸多个案的基础上提出，"翻译的意义在

---

① 冯智强：《"译可译，非常译"：跨文化传播视阈下林语堂编译活动的当代价值研究》，《外语教学理论与实践》，2012年第3期，第30-35页。

② 谢天振：《中国文化走出去不是简单的翻译问题》，《社会科学报》，2013年12月23日，http://sass.cn/109007/18691.aspx?sid_for_share=99125_3。

③ 冯智强：《"译可译，非常译"：跨文化传播视阈下林语堂编译活动的当代价值研究》，《外语教学理论与实践》，2012年第3期，第30-35页。

④ 方梦之，毛忠明：《英汉-汉英应用翻译教程》，上海：上海外语教育出版社，2018年，第43页。

于沟通,与译本是否至真至善并不成正比"①。的确,"至真至善至美"的译文只是译文在真空中的一种理想状态,并非实现具体翻译目的的唯一途径。处在特定历史、社会和文化语境中的现实的待译文本、翻译目的、译文读者、译语语境等五花八门、丰富多彩,需要译者"具体问题具体分析",从严格意义上的翻译(全译)和非严格意义上的翻译(变译策略)中,作出明确的判断和选择,并能对自己的选择自圆其说。因此,我们在人才培养过程中,须文学类与非文学类语篇兼顾,适当增加与时代同步、与现实生活关系密切的应用文的译例。学生要有机会接触丰富多彩的翻译语料,从而进行多样化的翻译实践。在教学过程中,需要根据不同的文本类型和翻译要求,借鉴变译理论、功能主义翻译目的论、改写相关理念及原理,强化翻译人才培养模式的多样性、针对性和实战性,以优化翻译教学的效果,培养学生解决实际翻译问题的能力。

近年来,国家层面和学界层面都逐渐意识到中国文化对外传播工作"编译合一""内外有别"的重要性,也意识到中外专家合作承担译介任务的必要性②。黄忠廉等一批学者也在变译理论方面发表了不少论文,出版了不少专著,还召开了专题学术论坛,编撰和编译实践教材。不过,这些倡导和努力至今仍未能达成广泛共识,只能在有限范围内施行,而囿于人才培养方面的理念以及由此带来的教学大纲、课程方案、实习实践、测评考核方面的滞后,编译合一的变译型人才一直处在匮乏状态。基于此,集创作、翻译、编辑、出版者于一身的林语堂及其合作者的成功案例,为我们突破目前人才培养模式单一的现状,培养变译人才即"编译合一型"人才提供了重要启示和参考。

8.3 创新之处

(1)对译者身份和译本呈现的多维度解读。本书从文化学、语言学、翻译学、中外交流史学等多个学科出发,深入梳理与阐释了林语堂多元化译者身份及其文化观、语言观、翻译观和中西融通观对其"入西述中"目的及策略的影响,探讨了其英文创作与汉英翻译之间的互动关系,提出了"入西述中",即创作、翻译、编辑一体化是符合当下中西交流现实需求的有效文化传播策略。

---

① 王克非:《翻译文化史论》,上海:上海外语教育出版社,2000年,第6页。
② 冯智强:《"译可译,非常译":跨文化传播视阈下林语堂编译活动的当代价值研究》,《外语教学理论与实践》,2012年第3期,第30-35页。

（2）对"入西述中"和"文化变译"的多视角研究。本书通过案例比较分析系统剖析了林语堂"入西述中"策略及其作品影响，并通过对林语堂与其他译者同类译作的比较分析，探讨其翻译思想及其"入西述中"作品回归中国文化的路径，为探究林语堂传播中国文化"入西述中"策略之特征提供了多元视角，为文化学派翻译理论和变译理论，特别是其中的编译、译写、译述、萃译等方法提供了实证研究案例，加深了对相关理论的认识。

（3）对"林语堂现象"和"翻译"理论的多层次思考。本书对林语堂"入西述中"现象的考察，拓展了对以林语堂为代表的离散作家和译者研究的范围，对中西文化交流及汉英翻译领域的相关理论和实践问题，如翻译定义、翻译标准、原文与译文的关系、译者主体性和交互主体性、翻译人才培养等问题进行了再思考和探讨，并对中华文化走出去战略在技术层面上的操作提出了观点。

8.4 研究局限

（1）研究资料和研究内容有待于进一步充实。

林语堂现象是中外文化交流史上的成功案例，也是"最难写的一章"，因其"不中不西""亦中亦西""一捆矛盾"的特点，其著译作品涉及语言、文学、政治、历史、哲学、宗教、民族、文化等诸多领域，种类繁多，数量庞大，而我们所作的只是在现阶段、现有条件下，利用现有资料的初步研究，对其中一些代表性作品进行案例分析，冰山一角，分析难免不够全面，结论也带有一定的主观性色彩。

（2）研究深度和广度有待于进一步加强。

林语堂以博学多才、学贯中西闻名于世，需要研究者具有扎实的学术功底、丰厚的理论学养以及跨学科的知识积淀，因此，笔者虽几经努力，仍深感笔力不逮，相关研究的深度和广度存在不足。在课题研究中所探讨的林语堂"入西述中"及"文化回归"问题以及海内外传播及接受问题，由于资料采集、研究时间的限制，尚需进一步深入探讨。

（3）课题负责人及课题组成员的期待视野有待于不断拓展。

由于笔者将林语堂作为一个具有历史性的个体来解读其"入西述中"策略，不可避免地要受到自身现阶段的期待视野的局限。因此，本书的观点只是一家之见，仅供参考。诚挚期待各位学者、专家带着各自不同的期待视野，对本书的研究提出宝贵的意见和建议。只有这样，我们对林语堂"入西述中"活动的认识才会集采众长，最大限度地接近于全面、深刻的认识和评价，并由此促进翻译学相关问题的研究、中华文化走出去及中西文化的交流互鉴。

8.5 未来展望

回顾过去，笔者深感课题研究过程中还存在着不少困难、问题和不足，如海外相关研究资料的搜集有难度，相关学科基础理论的积淀需待夯实，学术交流和合作有待于进一步加强，等等。展望未来，尚有很多问题需要继续研究、思考和深化。问题主要如下：本书已对林语堂"入西述中"及文化回译作品进行了对比研究；已对林语堂著译作品海内外传播进行了研究，不过上述两方面的研究需要进一步深入化、系统化。此外，林语堂"入西述中"与文化传播互动关系研究和林语堂著译作品副文本整理与研究需要继续进行。

王兆胜曾经断言，21世纪"更强调对话、和谐与健康的发展理路，更重视人类面临的共同困境，更注重人生和人性的题旨"[①]，而这些正是林语堂在20世纪就已经关注并为之努力的。从这个意义上说，林语堂处于20世纪，但其超前的文化思想，中西融通、新旧融通的文化观、翻译观及其博大精深的理论思想与翻译实践，激励着笔者在接下来的学习和研究中继续努力、不断探索、深入思考。"路漫漫其修远兮，吾将上下而求索"！

[①] 王兆胜：《林语堂与中国文化》，北京：社会科学文献出版社，2007年，第359-360页。

参 考 文 献

[中文部分]

爱德华·W. 萨义德. 东方学. 王宇根译. 北京: 生活·读书·新知三联书店, 1999.
奥斯瓦尔德·斯宾格勒. The Decling of The West (西方的没落). 吴琼译. 上海: 三联书店, 2016.
巴赫金. 陀思妥耶夫斯基诗学问题: 复调小说理论. 白春仁, 顾亚铃译. 北京: 生活·读书·新知三联书店, 1988.
卞建华, 张欣. 自译中的变译: 以《小评论: 林语堂双语文集》为个案. 东方论坛, 2017(2).
卞建华. 对林语堂"文化变译"的再思考. 上海翻译, 2005(1).
卞建华. 汉学与翻译学研究的互促与并进: 美国汉学家艾朗诺访谈录. 国际汉学, 2020(3).
陈德鸿, 张南峰. 西方翻译理论精选. 香港: 香港城市大学出版社, 2000.
陈福康. 中国译学理论史稿(修订版). 上海: 上海外语教育出版社, 2000.
陈福康. 中国译学史. 上海: 上海外语教育出版社, 2022.
陈鼓应. 老子注释及评介. 北京: 中华书局, 1984.
陈鼓应今译. 傅惠生校注. 韦利英译. 老子. 长沙: 湖南人民出版社, 1994.
陈平原. 林语堂东西综合的审美思想. 参见子通. 林语堂评说七十年. 北京: 中国华侨出版社, 2003.
陈平原. 林语堂与东西方文化. 中国现代文学研究丛刊, 1985(3).
陈荣东. 一篇不该忽视的译论: 从《论翻译》一文看林语堂的翻译思想. 中国翻译, 1997(4).
陈晓初. 林语堂和传记文学. 重庆科技学院学报(社会科学版), 2008(3).
陈旋波. 林语堂的文化思想与维特根斯坦的语言哲学. 华侨大学学报(哲学社会科学版), 1994(1).
陈之展. 近代翻译文学. 参见罗新璋. 翻译论集. 北京: 商务印书馆, 1984.
陈志杰, 潘华凌. 回译: 文化全球化与本土化的交汇处. 上海翻译, 2008(3).
陈子善. 林语堂书话. 杭州: 浙江人民出版社, 1998.
褚东伟. 作家与译家的统一: 对林语堂《吾国与吾民》"英文原著"的个案研究. 开封大学学报, 2005(4).
达尼尔·葛岱克. 职业翻译与翻译职业. 刘和平, 文韫译. 北京: 外语教学与研究出版社, 2011.
戴从容. 林语堂的中西文化观. 福建师范大学学报(哲学社会科学版), 1997(3).

董晖. 貌离神合 得意忘形: 浅析林语堂英译中国古代诗词中变通手法的运用. 绍兴文理学院学报(哲学社会科学版), 2004(6).

董小英. 再登巴比伦塔: 巴赫金与对话理论. 北京: 生活·读书·新知三联书店, 1994.

董燕. 评赖勤芳《中国经典的现代重构: 林语堂"对外讲中"写作研究》. 中国现代文学研究丛刊, 2014(8).

方梦之, 毛忠明. 英汉-汉英应用翻译教程. 上海: 上海外语教育出版社, 2004.

方梦之, 庄智象. 中国翻译家研究(民国卷). 上海: 上海外语教育出版社, 2017.

方梦之. 译学辞典. 上海: 上海外语教育出版社, 2004.

方勇. 老子(奚侗集解). 上海: 上海古籍出版社, 2007.

冯全功, 侯小圆. 瘦身翻译之理念与表现: 以 Moment in Peking 的汉译为例. 外语学刊, 2017(5).

冯全功. 中华译学馆·中华翻译家代表性译文库·林语堂卷. 杭州: 浙江大学出版社, 2022.

冯友兰. 中国哲学简史(插图珍藏本). 赵复三译. 北京: 新世界出版社, 2004.

冯智强, 庞秀成. 副文本生存状态下的林语堂译论话语. 天津外国语大学学报, 2019(3).

冯智强, 庞秀成. 宇宙文章中西合璧, 英文著译浑然天成: 林语堂"创译一体"的文章学解读. 上海翻译, 2019(1).

冯智强, 朱一凡. 编辑出版家林语堂的编译行为研究. 中国翻译, 2011(5).

冯智强. "译可译, 非常译": 跨文化传播视阈下林语堂编译活动的当代价值研究. 外语教学理论与实践, 2012(3).

冯智强. 语言哲学视阈下林语堂翻译思想的多维解读. 天津外国语学院学报, 2009(4).

冯智强. 中国智慧的跨文化传播: 林语堂英文著译研究. 青岛: 中国海洋大学出版社, 2011.

冯智强. 中国智慧跨文化传播的"中国腔调"——林语堂"译出"策略的哲学思考. 北京第二外国语学院学报, 2011(10).

凤媛. 林语堂圣约翰时期的语言文学观考论(1911—1916). 华东师范大学学报(哲学社会科学版), 2019(1).

高华丽. 中外翻译简史. 杭州: 浙江大学出版社, 2009.

高巍, 刘士聪. 从 Moment in Peking 的写作对汉译英的启示看英语语言之于汉语文化的表现力. 外语教学, 2001(4).

高巍, 卫爽. 诗学观视角下探析林语堂英译《讨武曌檄》: 以林语堂译本《Lady Wu》为例. 重庆交通大学学报(社会科学版), 2015(5).

高巍, 徐晶莹, 宋启娲. 试析《京华烟云》中的诗词翻译. 重庆交通大学学报(社会科学版), 2011(1).

葛校琴, 季正明. 人生态度取向与翻译的选择及策略: 谈林语堂《浮生六记》的翻译. 解放军外国语学院学报, 2001(4).

龚鹏程. 如何阅读林语堂老子的智慧. 合肥: 安徽科学技术出版社, 2012.

巩育华, 管克江. 文化走出去, 更要走进去. 人民日报, 2016-11-23(12).

辜正坤. 中西文化比较导论. 北京: 北京大学出版社, 2007.

郭著章, 等. 翻译名家研究. 武汉: 湖北教育出版社, 1999.

国家教委高教司组编. 中国文化概论. 北京: 北京师范大学出版社, 1994.

国语(一). 载于丛书集成初编本. 北京: 商务印书馆, 1985.

韩省之. 近代中国翻译先驱严复. 英国侨报, 1997-08-04.

何立. 写作词典. 北京: 学苑出版社, 1999.
何洵怡. 鲁迅与林语堂视觉下的中国人: 综论《阿 Q 正传》、《祝福》、《吾国与吾民》. 文学评论, 2012(5).
贺麟. 严复的翻译. 参见罗新璋, 陈应年. 翻译论集(修订本). 北京: 商务印书馆, 2009.
贺显斌. 回译的类型、特点与运用方法. 中国科技翻译, 2002(4).
胡安江, 梁燕. 多元文化语境下的中国文学"走出去"研究: 以市场机制和翻译选材为视角. 山东外语教学, 2015(6).
胡戟, 张弓, 葛承雍, 等. 二十世纪唐研究. 北京: 中国社会科学出版社, 2002.
胡戟. 武则天本传. 西安: 陕西师范大学出版社, 1998.
胡平生, 陈美兰译. 礼记·王制. 北京: 中华书局, 2009.
黄友义. 坚持"外宣三贴近"原则, 处理好外宣翻译中的难点问题. 中国翻译, 2004(6).
黄友义. 中国站到了国际舞台中央, 我们如何翻译. 中国翻译, 2015, 36(5).
黄忠廉, 方梦之, 李亚舒, 等. 应用翻译学. 北京: 国防工业出版社, 2013.
黄忠廉. 变译理论. 北京: 中国对外翻译出版公司, 2002.
黄忠廉. 林语堂: 中国文化译出的典范. 光明日报, 2013-05-13(5).
黄忠廉. 文化输出需大力提倡"变译". 光明日报, 2010-01-05(3).
黄忠廉. 严复变译思想考. 北京: 商务印书馆, 2016.
黄忠廉, 方梦之, 李亚舒, 等. 应用翻译学. 北京: 国防工业出版社, 2013.
贾文波. 应用翻译功能论. 北京: 中国对外翻译出版公司, 2004.
江慧敏. 京华旧事 译坛烟云: 林语堂 Moment in Peking 无本回译研究. 上海: 上海人民出版社, 2016.
江慧敏. 京华旧事, 译坛烟云: 论林语堂 Moment in Peking 的无根回译. 南开大学, 2012.
姜秋霞, 金萍, 周静. 文学创作与文学翻译的互文关系研究: 基于林语堂作品的描述性分析. 外国文学研究, 2009(2).
蒋好书. 跨语言翻译任重道远. 译世界, 2014-10-20.
蒋好书. 文化走出去要有用户思维. 人民日报, 2017-11-07.
蒋好书. 新媒体时代, 什么值得翻译. 人民日报, 2014-07-29.
杰里米·芒迪. 翻译学导论: 理论与实践. 李德凤等译. 北京: 商务印书馆, 2007.
卡尔·波普尔. 客观知识: 个进化论的研究. 舒炜光, 等译. 上海: 上海译文出版社, 1987.
赖勤芳. 论林语堂《苏东坡传》的"自传"取向. 社会科学辑刊, 2009(2).
赖勤芳. 中国经典的现代重构: 林语堂"对外讲中"写作研究. 北京: 人民出版社, 2013.
赖雨晨, 梁赛玉, 谈昇玄. 走出邂逅: 中国文学的海外传播之路. 新华网, 2014-08-25. https://world.chinadaily.com.cn/guoji/2014-08/25/content_18483184.htm
劳陇. "雅"义新释. 中国翻译, 1983(10).
老子. 老子的智慧 (汉英对照). 林语堂译. 合肥: 安徽科学技术出版社, 2012.
李承贵. 20 世纪中国人文社会科学方法问题. 长沙: 湖南教育出版社, 2001.
李红霞, 张政. "Thick Translation"研究 20 年: 回顾与展望. 上海翻译, 2015(2).
李晶. 文字错讹与杨译《红楼梦》底本考辨: 饮食医药篇. 红楼梦学刊, 2013(6) .
李俊. 语境·身份·策略: 谈林语堂英译《中国传奇》中过滤过的东方色彩. 牡丹江大学学报, 2008(10) .

李平. Lin Yutang's Legacy in Translation Studies　译路同行：林语堂的翻译遗产. 北京：中央编译出版社, 2014.

李平. 林语堂著译互文关系研究. 杭州：浙江大学出版社, 2020.

李平. 中国文化对外译介中出版社与编辑之责任：以林语堂英文作品的出版为例. 天津外国语大学学报, 2018 (1).

李雪. "人类命运共同体"的理想性与现实性. 探索, 2017(5).

李玉良. 林译《浮生六记》的得与失. 山东外语教学, 2005(6).

梁满玲, 胡伟华. 林语堂"解殖民化"的话语翻译策略：后殖民视阈. 外语教学, 2017(4).

廖七一. 中国近代翻译思想的嬗变：五四前后文学翻译规范研究. 天津：南开大学出版社, 2010.

林煌天. 中国翻译词典. 武汉：湖北教育出版社, 2005.

林太乙. 林语堂传. 北京：中国戏剧出版社, 1994.

林太乙. 林语堂传. 西安：陕西师范大学出版社, 2002.

林语堂. *The Importance of Living*(生活的艺术)(中英双语). 越裔译. 南京：江苏文艺出版社, 2019.

林语堂. 从异教徒到基督徒. 西安：陕西师范大学出版社, 2007.

林语堂. 林语堂名著全集(第11卷). 张振玉译. 长春：东北师范大学出版社, 1994.

林语堂. 林语堂名著全集(第29卷). 长春：东北师范大学出版社, 1994.

林语堂. 论翻译. 参见罗新璋, 陈应年. 翻译论集(修订本). 北京：商务印书馆, 2015.

林语堂. 人生不过如此. 西安：陕西师范大学出版社, 2007.

林语堂. 生活的艺术. 北京：中国戏剧出版社, 1995.

林语堂. 圣哲的智慧. 西安：陕西师范大学出版社, 2003.

林语堂. 苏东坡传(*The Gay Genius*)(中英双语). 张振玉译. 长沙：湖南文艺出版社, 2019.

林语堂. 苏东坡传. 宋碧云译. 台北：远景出版事业公司, 1977.

林语堂. 苏东坡传. 张振玉译. 西安：陕西师范大学出版社, 2009.

林语堂. 我这一生：林语堂口述自传. 南京：江苏人民出版社, 2014.

林语堂. 吾国与吾民. 上海：上海外语教育出版社, 1998.

林语堂. 武则天正传. 张振玉译. 沈阳：万卷出版公司, 2013.

林语堂. 中国人(全译本). 郝志东, 沈益洪译. 上海：学林出版社, 2007.

林语堂译. 西湖七月半. 天津：百花文艺出版社, 2002.

刘芳. 汉语文学作品英译中的异化与归化问题：兼评林语堂在《浮生六记》中的文化翻译. 解放军外国语学院学报, 2003(4).

刘芳. 美国华裔英语文学翻译中的回译问题：《喜福会》及其中译本个案研究. 山东外语教学, 2005(6).

刘锋. 中国文化"走出去"：为什么？如何"走"？. 民主, 2011(7).

刘宓庆. 翻译美学导论. 北京：中国对外翻译出版公司, 2005.

刘宓庆. 现代翻译理论. 南昌：江西教育出版社, 1990.

刘宓庆. 中西翻译思想比较研究. 北京：中国对外翻译出版公司, 2005.

刘全国. 林语堂翻译书写研究. 北京：高等教育出版社, 2020.

刘士聪, 高巍. 为了译文的衔接与连贯. 中国翻译, 2010(2).

刘炎生. 林语堂评传. 南昌：百花洲文艺出版社, 2010.

刘彦仕. 寻找译者文化身份: 以林语堂和辜鸿铭为例. 成都: 西南财经大学出版社, 2014.
陆侃如, 牟世金. 文心雕龙译注(下册). 济南: 齐鲁书社, 1982.
陆洋. 论"美译": 林语堂翻译研究. 中国翻译, 2005(5).
栾雪梅, 卞建华. 从《苏东坡传》看作者和译者的读者意识. 外国语言与文化, 2018(2).
栾雪梅, 卞建华. 译底与译心: 从《朱门》行香子词的回译看中国经典的回归. 中国翻译, 2020(1).
栾雪梅. 《苏东坡传》汉译指疵. 东方翻译, 2017(4).
罗钢, 刘象愚. 后殖民主义文化理论. 北京: 中国社会科学出版社, 1999.
罗素. 一个自由人的崇拜. 胡品清译. 长春: 时代文艺出版社, 1988.
罗威. "薄翻译": 以《荫馀堂: 建筑风格与一户中国家庭的日常生活》英译中翻译为例. 浙江大学, 2016.
罗新璋, 陈应年. 翻译论集(修订本). 北京: 商务印书馆, 2015.
吕俊, 侯向群. 英汉翻译教程. 上海: 上海外语教育出版社, 2001: 32.
吕世生. 《红楼梦》跨出中国文化边界之后: 以林语堂英译本为例. 外语与外语教学, 2017(4).
马新国. 西方文论史(修订版). 2版. 北京: 高等教育出版社, 2002.
孟昭毅, 李载道. 中国翻译文学史. 北京: 北京大学出版社, 2005.
闵正年, 张志强. 赛珍珠怎样在美国推出林语堂. 编辑学刊, 2014(3).
倪梁康. 观念主义还是语言主义?: 对石里克、维特根斯坦与胡塞尔之间争论的追思. 浙江学刊, 2006(5).
倪梁康. 何为本质, 如何直观?: 关于现象学观念论的再思考. 学术月刊, 2012(9).
潘建伟. 自我说服的旷达: 对话理论视野中的苏轼"旷达"形象问题: 兼谈林语堂《苏东坡传》的中西文化观. 杭州师范大学学报(社会科学版), 2010(5).
潘文国. 关于中国文化传承与传播的思考. 外语教育, 2010,10(00).
钱冠连. 语言全息论. 北京: 商务印书馆, 2002.
钱锁桥. 林语堂传: 中国文化重生之道. 桂林: 广西师范大学出版社, 2019.
钱锁桥. 林语堂的思想底色. 凤凰网, 2019-06-18. https://culture.ifeng.com/c/7nbNRLeeJ4i.
钱锁桥. 小评论: 林语堂双语文集. 北京: 九州出版社, 2012.
乔志高. 一言难尽: 我的双语生涯. 台北: 联合文学出版社, 2000.
任东升, 卞建华. 林语堂英文创作中的翻译现象. 外语教学, 2014(6).
任东升. "萃译"之辩. 解放军外国语学院学报, 2018(4).
阮元校刻. 十三经注疏(全二册). 北京: 中华书局, 1980.
沙特尔沃思, 考伊. 翻译研究词典. 谭载喜主译. 北京: 外语教学与研究出版社, 2005.
佘树森. 现代作家谈散文. 天津: 百花文艺出版社, 1986.
沈苏儒. 论信达雅: 严复翻译理论研究. 北京: 商务印书馆, 1998.
圣约翰大学. 圣约翰大学章程汇录. 上海: 美华书馆, 1914.
施建伟. 近十年来林语堂作品在大陆的流传与研究. 同济大学学报(人文·社会科学版), 1994(2).
施建伟. 近幽者默: 林语堂传. 北京: 华文出版社, 2017.
施建伟. 林语堂: 幽默情结和幽默观. 同济大学学报(人文·社会科学版), 1997(2).
施建伟. 林语堂传. 北京: 北京十月文艺出版社, 1999.
施建伟. 林语堂最后的日子. 湖南文史, 2004(4).
宋丹. 日藏林语堂《红楼梦》英译原稿考论. 红楼梦学刊, 2016(2).

苏轼. 苏轼文集(全六册). 孔凡礼点校. 北京: 中华书局, 1986.
苏轼. 苏轼诗集(全八册). 王文诰辑注. 孔凡礼点校. 北京: 中华书局, 1982.
孙邦华. 论傅兰雅在西学汉译中的杰出贡献: 以西学译名的确立与统一问题为中心. 南京社会科学, 2006(4).
孙秋克. 再说《金瓶梅词话》卷首[行香子]. 河南大学学报(社会科学版), 2007(6).
孙迎春. 译学大词典. 北京: 中国世界语出版社, 1999.
谭载喜. 西方翻译简史(增订版). 2版. 北京: 商务印书馆, 2004.
汤一介. 20世纪西方哲学东渐史导论. 北京: 首都师范大学出版社, 2002.
陶丽霞. 文化观与翻译观: 鲁迅、林语堂文化翻译对比研究. 上海外国语大学, 2006.
陶丽霞. 文化观与翻译观: 鲁迅、林语堂文化翻译对比研究. 北京: 中国书籍出版社, 2013: 14.
屠隆. 冥寥子游(汉英对照). 林语堂译. 上海: 上海西风社, 1940.
屠隆. 冥寥子游. 林语堂译. 天津: 百花文艺出版社, 2002.
万平近. 《赖柏英》和林语堂的乡情. 台湾研究集刊, 1988(3).
万平近. 林语堂定居台湾前后. 新文学史料, 1995(2).
万平近. 林语堂评传. 上海: 上海远东出版社, 2008.
汪宝荣. 寻求文化荣耀的译者姿态: 《浮生六记》林译本文化翻译策略新解. 外语学刊, 2017(6).
汪炳泉. 《新刻〈金瓶梅词话〉》卷首《行香子》词分析. 河南理工大学学报(社会科学版), 2017(4).
汪信砚. 中国文化走出去的两种意涵. 学习时报, 2016-10-10(4).
王秉钦. 近现代中国翻译思想史. 上海: 华东师范大学出版社, 2018.
王东风. 跨学科的翻译研究. 上海: 复旦大学出版社, 2014.
王光林. 翻译与华裔作家文化身份的塑造. 外国文学评论, 2002(4).
王宏印, 江慧敏. 京华旧事, 译坛烟云: *Moment in Peking* 的异语创作与无根回译. 外语与外语教学, 2012(2).
王宏印. 从"异语写作"到"无本回译": 关于创作与翻译的理论思考. 上海翻译, 2015(3).
王宏印. 文学翻译批评概论: 从文学批评到翻译教学. 北京: 中国人民大学出版社, 2009.
王宏印. 文学翻译批评论稿(第二版). 上海: 上海外语教育出版社, 2010.
王宏志. 怎样研究鲁迅的翻译. 参见乐黛云, 李比雄. 跨文化对话第15辑. 上海: 上海文化出版社, 2004.
王克非. 翻译文化史论. 上海: 上海外语教育出版社, 1997.
王克非. 论严复《天演论》的翻译. 中国翻译, 1992(3).
王珏. 林语堂英文译创研究. 上海: 上海交通大学出版社, 2019.
《古汉语常用字字典》编写组. 古汉语常用字字典. 北京: 商务印书馆, 1979.
王全营. 中华姓氏的主要来源. 决策探索, 2017(19).
王瑞明, 夏露. 略谈林语堂《苏东坡传》的得失. 社会科学研究, 1985(1).
王少娣. 翻译"求同"更需"存异": 从语言发展和读者包容性的视角看翻译. 重庆文理学院学报(社会科学版), 2006(1).
王少娣. 互文性视阈下的林语堂翻译探析. 外语教学理论与实践, 2008(1).
王少娣. 跨文化视角下的林语堂翻译研究. 上海: 上海外语教育出版社, 2011.
王少娣. 林语堂的东方主义倾向与其翻译的互文性分析. 解放军外国语学院学报, 2009(2).
王少娣. 林语堂审美观的互文性透视. 中译外研究, 2014(2).

王少娣. 林语堂文化立场观照下的韵文翻译. 外语学刊, 2012(2).
王绍舫. 林语堂文化自觉观与翻译思想研究. 北京: 中国水利水电出版社, 2018.
王先谦. 庄子集解. 陈凡整理. 西安: 三秦出版社, 2005.
王兆胜. 林语堂的文化情怀. 北京: 中国社会科学出版社, 1998.
王兆胜. 林语堂与中国文化. 北京: 社会科学文献出版社, 2007.
王兆胜. 林语堂正传. 南京: 江苏文艺出版社, 2010.
王正良. 回译研究. 上海外国语大学, 2006.
王佐良. 严复的用心. 参见《翻译通讯》编辑部. 翻译研究论文集(1949-1983). 北京: 外语教学与研究出版社, 1984.
韦利(Arthur Waley)英译. 杨伯峻今译. 论语(The Analects). 长沙: 湖南人民出版社, 1999.
卫爽. 改写理论视角下林语堂 Lady Wu 研究. 天津科技大学, 2016.
魏鸿玲. 译者主体性在林语堂汉译英作品中的体现. 福建师范大学, 2013.
温秀颖. 翻译批评: 从理论到实践. 天津: 南开大学出版社, 2007.
吴慧坚. "阐释之循环"之于古典诗词英译解读的方法论意义. 外语学刊, 2011(6).
吴慧坚. 翻译的条件与翻译的标准: 以林语堂《吾国与吾民》为例. 外语学刊, 2006(1).
吴慧坚. 翻译与翻译出版的伦理责任: 由译本《京华烟云》引发的伦理思考. 广东第二师范学院学报, 2012(4).
吴慧坚. 林语堂中译外实践研究与变译策略的推演. 兰州文理学院学报(社会科学版), 2018(3).
吴慧坚. 重译林语堂: 从 My Country and My People 的翻译谈起. 学术界, 2008(6).
吴慧坚. 重译林语堂综合研究. 广州: 花城出版社, 2012.
吴毓鸣. 论林语堂女子镜像的男性视阈与男人命名. 福建工程学院学报, 2010(5).
吴周文, 张王飞, 林道立. 关于林语堂及"论语派"审美思潮的价值思辨. 中国现代文学研究丛刊, 2012(4).
武建国, 牛振俊, 冯婷. 互文视域下中国传统文化的外宣: 以林语堂的翻译作品为例. 外语学刊, 2019(6).
夏婉璐. 翻译与儒家思想的现代重构: 析林语堂编译作品《孔子的智慧》. 参见 Proceedings of 2015 ACSS International Conference on the Social Sciences and Teaching Research (ACSS-SSTR 2015 V14). Paris, France. 2015.
夏婉璐. 视角与阐释: 林语堂翻译研究. 成都: 四川大学出版社, 2017.
夏婉璐. 译作的普世价值与译介的有效性: 林语堂编译《孔子的智慧》对典籍英译之启示. 中国翻译, 2016(4).
肖百容, 张凯惠. 论《京华烟云》的翻译性写作及其得失. 湖南工业大学学报(社会科学版), 2010(6).
谢晨星. 中国作家仍难"走出去" 莫言作品在美10年卖万本. 中国新闻网, 2014-08-22.
谢天振. 超越文本 超越翻译. 上海: 复旦大学出版社, 2014.
谢天振. 当代西方翻译研究的三大突破和两大转向. 四川外语学院学报, 2003(5).
谢天振. 中国文学"走出去"不只是一个翻译问题. 中国社会科学报, 2014-1-24.
徐朔方. 小说考信编. 上海: 上海古籍出版社, 1997.
徐正英, 常佩雨译注. 周礼·秋官·象胥. 北京: 中华书局, 2014.
许钧. 翻译概论. 北京: 外语教学与研究出版社, 2009.

许钧. 翻译论. 武汉: 湖北教育出版社, 2006.
亚里士多德. 尼各马可伦理学. 廖申白译注. 北京: 商务印书馆, 2003.
杨琳. 《金瓶梅词话》引首词《行香子》作者考. 文学与文化, 2016(4).
杨柳. 林语堂翻译研究: 审美现代性透视. 长沙: 湖南人民出版社, 2005.
杨柳. 通俗翻译的"震惊"效果与日常生活的审美精神: 林语堂翻译研究. 中国翻译, 2004(4).
杨平. 中西文化交流视域下的《论语》英译研究. 北京: 光明日报出版社, 2011.
杨全红. "创译"之创造性误读及其他. 中国翻译, 2016(6).
杨士焯, 周旭. 林语堂"特殊的翻译"译文笔法探究. 东方翻译, 2016(2).
杨武能. 再谈文学翻译主体. 中国翻译, 2003(3).
姚喜明. 汉英词典编纂中文化特色词的处理. 上海翻译, 2010(4).
姚艺博. 让走出去的中国文化也能"余音绕梁". 光明日报, 2018-01-25.
殷慧. 天理与人文的统一: 朱熹论礼、理关系. 中国哲学史, 2011(4).
余承法. 全译方法论. 北京: 中国社会科学出版社, 2014.
余世存, 李克. 东方圣典. 北京: 北京联合出版公司, 2013.
喻朝刚, 周航. 分类两宋绝妙好词. 北京: 生活书店出版有限公司, 2015.
翟红梅, 张德让. 翻译适应选择论与林语堂英译《浮生六记》. 外语学刊, 2009(2).
张贺, 王珏. 中国文学如何更好走向世界. 人民日报, 2012-11-23.
张经浩, 陈可培. 名家名论名译. 上海: 复旦大学出版社, 2005.
张琳. "忠实作为翻译原则"的现象学双重观视. 中国现象学与哲学评论, 2019(1).
张琳. 再谈翻译学语境中的"交互主体性". 外国语(上海外国语大学学报), 2020(2).
张耐冬. 中国古代是否存在"国家荣誉制度": 以唐代为例. 人民论坛, 2012(36).
张南峰. 文化输出与文化自省: 从中国文学外推工作说起. 中国翻译, 2015(4).
张南峰. 走出死胡同 建立翻译学. 中国翻译, 1995(4).
张武军. 1936 年: 20 世纪中国文学发展道路中的转捩点. 东岳论丛, 2016(5).
赵冬云, 张晓芳, 牛素珍. 隋唐时期三省六部制的设置及其发展. 兰台世界, 2014(18).
郑锦怀. 林语堂学术年谱. 厦门: 厦门大学出版社, 2018.
周红民, 肖建安, 刘南. 论翻译的功能观: 也释德国功能派. 零陵学院学报, 2004(5).
周晓梅. 中国文学外译中的读者意识问题. 小说评论, 2018(3).
周兆祥. 翻译与人生. 北京: 中国对外翻译出版公司, 1998.
朱立元. 当代西方文艺理论(第三版). 上海: 华东师范大学出版社, 2014.
朱双一. 陈季同、辜鸿铭、林语堂: "中国形象"的书写和传译: 闽籍近现代中国三大家比较论. 福建师范大学学报(哲学社会科学版), 2019(1).
朱湘军. 从客体到主体: 西方翻译研究的哲学之路. 复旦大学, 2006.
子通. 林语堂评说 70 年. 北京: 中国华侨出版社, 2003.

[英文部分]

Ajeesh, A. K. & Kumar, R. P. Self-translation as an effective tool to restructure the domain of translation studies. *IUP Journal of English Studies*, 2019(4).
Appiah, K. A. Thick translation. *Callaloo*, 1993(4).

Barthes, R. *Image-Music-Text*. London: Fontana Press, 1977.

Bassnett, S. & Lefevere, A. *Translation, History and Culture*. London and New York: Pinter Publishers, 1990.

Bassnett, S. & Lefevere, A. *Translation/History/Culture: A Sourcebook*. London: Routledge, 1992.

Bassnett, S. & Lefevere, A. *Constructing Cultures: Essays on Literary Translation*. Shanghai: Foreign Language Education Press, 2001.

Bingham, B. W. *The Founding of the T'ang Dynasty: The Fall of Sui and Rise T'ang, a Preliminary Survey*. Baltimore: Waverly Press, 1941.

Catford, J. C. *A Linguistic Theory of Translation: An Essay in Applied Linguistics*. Oxford: Oxford University Press, 1965.

Chen, C., Ren, X. H., Zhang, X. L., et al. On the strategy of literary translation from the cross-cultural perspective: A case study on *Moment in Peking*. In Zhao, Y. B., Lin, W., Zhang, Z. Q. (Eds.), *Proceedings of the 2nd International Conference on Globalization: Challenges for Translators and Interpreters*. Salt Lake City: American Academic Press, 2017.

Desjardins, R. A preliminary theoretical investigation into [online] social self-translation: The real, the illusory, and the hyperreal. *Translation Studies*, 2019(2).

Guan, X. Z. An alternative explanation for translation variations in *Six Chapters of a Floating Life* by Lin Yutang. *Perspectives*, 2014(2).

Hermans, T. Cross-cultural translation studies as thick translation. *Bulletin of the School of Oriental and African Studies*, 2003(3).

Hewson, L. & Martin, J. *Redefining Translation: The Variational Approach*. London and New York: Routledge, 1991.

Huang, W. X., Hoon, A. L., Hiong, S. W., et al. Text-close thick translations in two English versions of *Laozi*. *Asian Philosophy*, 2019(3).

Lao Tse. *The Tao Te Ching: Or The Tao and Its Characteristics*. Legge, J. (Trans.). Auckland: The Floating Press, 2008.

Lau, D. C. (Trans.). *The Analects*.London: Penguin Classics. 1979.

Lefevere, A. *Translation, Rewriting and Manipulation of Literary Fame*. Shanghai: Shanghai Foreign Language Education Press, 2004.

Lefevere, A. *Translation, Rewriting, and the Manipulation of Literary Fame*. London: Routledge, 1992.

Li, J. The selection and adaptation driven by cultural awareness: The cultural translation strategies adopted in *Moment in Peking*. In Jon, L., Sun, L., Pan, Q. Y., et al. (Eds.), *Proceedings of International Symposium on Globalization: Challenges for Translators and Interpreters*. Marietta: American Scholars Press, 2013.

Lin Yutang. *My Country and My People*. London: William Heinemann Ltd., 1936.

Lin Yutang. *The Importance of Life*. New York: John Day; Reynal & Hitchcock, 1937.

Lin Yutang. *The Wisdom of Confucius*. New York: Random House, Ltd., 1938.

Lin Yutang. *The Wisdom of Laotse*. New York: Random House, Ltd., 1948.

Lin Yutang. *The Importance of Living*. Beijing: Foreign Language Teaching and Research Press,

1998.

Lin Yutang. *My Country and My People*. Beijing: Foreign Language Reaching and Research Press, 2000.

Lin Yutang. *Lady Wu*. Beijing: Foreign Language Teaching and Research Press, 2009.

Lin Yutang. *The Gay Genius: The Life and Times of Su Tungpo*. Beijing: Foreign Languages Teaching and Research Press, 2009.

Lin Yutang. *The Wisdom of Laotse*. Beijing: Foreign Language Teaching and Research Press, 2009.

Lin Yutang. *The Wisdom of Confucius*. Beijing: Foreign Language and Research Press, 2011.

Liu, J. J. Y. *Major Lyricists of the Northern Sung (A.D.960-1126)*. Princeton: Princeton University Press, 1974.

Liu, Y. S. Translator's cultural identity from the perspective of the translation ethics model: Analysis of *Chuangtse* translated by Lin Yutang. In *Proceedings of 2016 3rd International Conference on Management Innovation and Business Innovation(ICMIBI 2016 V57)*. Amsterdam: Atlantis Press, 2016.

Long, Y. Y. Translating China to the Atlantic West: Self, other, and Lin Yutang's resistance. *Atlantic Studies*, 2018(3).

Lu, X. & Zhang, S. D. A study of Lin Yutang's translation of *Moment in Peking* from the perspective of eco-translatology. In Hale, L., Fan, Q., Sun, L., et al. (Eds.), *Proceedings of the Seventh Northeast Asia International Symposium on Language, Literature and Translation*. Atlanta: The American Scholar Press, 2018.

Ma, S. A contextual study of "mellow" in Lin Yutang's *My Country and My People* and its two Chinese versions. In *2016 2nd International Conference on Social Science and Development (ICSSD)*. Lancaster: DEStech Publications, Inc., 2016.

Maklakova, N. V., Khovanskaya, E. S., Grigorieva, L. L. An investigation into self-translation. *Journal of History Culture and Art Research*, 2017(4).

Munday, J. *Introducing Translating Studies: Theories and Applications*. London: Routledge, 2000.

Murray, R. M. *Lighting a Candle and Cursing the Darkness: A Brief Biography of Lin Yutang*. https://www.amazon.com/Lighting-Candle-Cursing-Darkness-Biography/dp/B0C1HWRJJ2.

Nida, E. A. & Taber, C. R. *The Theory and Practice of Translation*. Leiden: E. J. Brill, 1969.

Nord, C. *Text Analysis in Translation: Theory, Methodology, and Didactic Application of a Model for Translation-Oriented Text Analysis*. Amsterdam: Rodopi, 2005.

Nord, C. *Translating as a Purposeful Activity: Functional Approaches Explained*. Shanghai: Shanghai Foreign Languages Education Press, 2001.

Nord, C. Translating as a text-production activity. In Diriker, E. D. & Pym, A. (Eds.), *Proceedings of the On-Line Symposium on Innovation in Translator and Interpreter Training*.Amsterdam: Atlantis Press, 2000.

Pisanski Peterlin, A. Self-translation of academic discourse: The attitudes and experiences of authors-translators. *Perspectives*, 2019(6).

Qian, S. Q. (Ed.). *The Cross-Cultural Legacy of Lin Yutang: Critical Perspectives*. Berkeley: Institute of East Asian Studies, 2015.

Qian, S. Q. *Lin Yutang and His Research for Modern Rebirth*. London: Palgrave Macmillan, 2017.

Qian, S. Q. Lin Yutang's masterpiece. *Exchange*, 2002(4).

Richards, I. A. Toward a theory of translating. In Wright, A. F. (Ed.), *Studies in Chinese Thought*. Chicago: The University of Chicago Press, 1953.

Shuttleworth, M. & Cowie, M. *Dictionary of Translation Studies*. Shanghai: Shanghai Foreign Languages Education Press, 2004.

Snell-Hornby, M. *Translation Studies: An Integrated Approach*. Shanghai: Shanghai Foreign Language Education Press, 2001.

Sorvari, M. Altering language, transforming literature: Translingualism and literary self-translation in Zinaida Lindén's fiction. *Translation Studies*, 2018(2).

Steiner, G. *After Babel: Aspects of Language and Translation*. Shanghai: Shanghai Foreign Languages Education Press, 2001.

Su, S. *Selected Poems of Su Dongpo*. Lin Yutang (Trans). Tianjin: Beihua Literature and Art Publishing House, 2002.

Su, S. *Selected Poems of Su Shi*. Xu, Y. C. (Trans). Changsha: Hunan People's Publishing House, 2007.

Tsao, H. C. & Kao, H. *A Dream of Red Mansions*. Yang, H. Y. & Yang, G. (Trans). Beijing: Foreign Languages Press, 1994.

Venuti, L. *The Translation Studies Reader*. London and New York: Routledge, 2000.

Venuti, L. *The Translation Studies Reader*. Abingdon: Taylor and Francis, 2012.

Waley, A. *The Analects*. Beijing: Foreign Language Teaching and Research Press, 1998.

Wei, X. M., Lin Yutang, Yu F. The writer and translator of *Moment in Peking*. Information Engineering Research Institute, 2014(4).

Zhang, H. R. Aesthetic interpretation of Lin Yutang's translation from the perspective of western and eastern cultural background. In Zheng, F. L. (Ed.), *Proceedings of the 2nd International Conference on Education, Management and Social Science*. Amsterdam: Atlantis Press, 2014.

Zhang, H. R. Thoughts of Lin Yutang contribute on Translation. In Kim, Y. (Ed.), *Proceedings of the 2nd International Conference on Advances in Social Science, Humanities and Management*. Amsterdam: Atlantis Press, 2014.

Zhang, X. Y. On the translation and reception of *My Country and My People* in China. In *Proceedings of 2016 PMSS International Conference on Teaching Research and Social Science(PMSS-TRSS 2016)*. 2016.

Zhang, X. Y. On the translation of traditional Chinese medical terms in *Moment in Peking*. *DEStech Transactions on Social Science, Education and Human Science*, 2017(5).

Zou, C. Y. Self-translation Not Answerable to Faithfulness in Translation. *Advances in Social Science, Education and Humanities Research*, 2016(4).

附录　国内林语堂研究相关文献

边立红, 谢军林. 阐释学视阈下的林语堂《论语》英译分析. 沈阳大学学报, 2011(6).
卞建华, 张欣. 自译中的变译: 以《小评论: 林语堂双语文集》为个案. 东方论坛, 2017(2).
卞建华. 对林语堂"文化变译"的再思考. 上海翻译, 2005(1).
卞建华. 林语堂作品的中国文化变译策略研究. 中国英汉语比较研究会会议论文集, 2014.
卜杭宾. 论林语堂典籍英译的成就与启示. 洛阳理工学院学报(社会科学版), 2016(2).
卜杭宾. 新发现的林语堂英译《红楼梦》考述. 东方翻译, 2016(3).
布小继, 张敏. 现代汉英双语作家笔下的中国故事和中国形象. 云南师范大学学报(哲学社会科学版), 2019(4).
蔡莉, 王颖. 用借译来保留中国英语的特征: 以《京华烟云》为例. 语文学刊(外语教育教学), 2013(6).
蔡新乐. 想象可以休矣: 论《浮生六记·童趣》文化关键词的英译. 中国翻译, 2015(6).
陈德芝. 林语堂和许渊冲翻译《声声慢》经验纯理功能的对比分析. 沈阳农业大学学报(社会科学版), 2019(4).
陈国恩. 世纪焦虑与历史逻辑: 林语堂论中国文化的几点启示. 华中学术, 2016(1).
陈宏薇. 他者意识在林语堂英译《中山狼传》中的体现. 山东外语教学, 2014(2).
陈金星. 接受、反思与融合: 林语堂与西方文化. 世界华文文学论坛, 2016(3).
陈金星. 林语堂与西方"北京形象"话语的互动. 武汉科技大学学报(社会科学版), 2016(5).
陈琳琳. 论三十年代林语堂及论语派的文学创作. 当代作家评论, 2001(3).
陈平原. 林语堂的审美观与东西文化. 文艺研究, 1986(3).
陈荣东. 一篇不该忽视的译论: 从《论翻译》一文看林语堂的翻译思想. 中国翻译, 1997(4).
陈漱渝. "两脚踏中西文化": 林语堂其人及其思想. 中华读书报, 2016-06-01.
陈涛. 国内对于林语堂的研究及存在问题的反思. 读与写(教育教学刊), 2016(7).
陈维娟, 李凯. 中西合璧的"孔子语录": 透析林语堂著《孔子的智慧》. 湖南第一师范学院学报, 2010(6).
陈祥福. 从"语丝"到"论语": 浅谈林语堂早期创作理念的建构与变迁. 文教资料, 2008(28).
陈晓初. 林语堂和传记文学. 重庆科技学院学报(社会科学版), 2008(3).
陈绪石. "徐訏评说林语堂"的独特价值. 宁波大学学报(人文科学版), 2013(6).
陈旋波. 《奇岛》与林语堂的文化地理观. 华侨大学学报(哲学社会科学版), 1998(4).

陈旋波. 从林语堂到汤婷婷: 中心与边缘的文化叙事. 外国文学评论, 1995(4).

陈旋波. 汉学心态: 林语堂文化思想透视. 华侨大学学报(哲学社会科学版), 1997(4).

陈旋波. 林语堂对美国华文文学的启示. 华侨大学学报(哲学社会科学版), 1999(2).

陈旋波. 论林语堂与佛学的关系. 齐鲁学刊, 2002(2).

陈智淦, 王育烽. 林语堂与比较文学: 基于林语堂的影响研究和平行研究. 上海理工大学学报(社会科学版), 2013(1).

陈智淦. 20 世纪二三十年代林语堂中文译著活动概述及其翻译动机探源. 东莞理工学院学报, 2019(6).

陈智淦. 林语堂汉译活动研究: 缺失根源与前景展望. 北京第二外国语学院学报, 2018(1).

陈智淦. 论林语堂旅行书写的根源. 河南科技大学学报(社会科学版), 2018(1).

陈智淦. 新中国成立后林语堂三部中文伪译著的出版乱象: 现状、影响与对策. 中国出版史研究, 2019(4).

陈子善. 林语堂书话. 杭州: 浙江人民出版社, 1998.

戴从容. 林语堂的中西文化观. 福建师范大学学报(哲学社会科学版), 1997(3).

董晖. 老到圆熟 出神入化: 林语堂《浮生六记》英译本赏析. 西安外国语学院学报, 2002(3).

董燕. 评赖勤芳《中国经典的现代重构: 林语堂"对外讲中"写作研究》. 中国现代文学研究丛刊, 2014(8).

杜兴梅, 杜运通. 良多于莠 功大于过: 林语堂 30 年代幽默小品再评价. 河南大学学报(社会科学版), 1998(6).

杜兴梅. 中西文化碰撞的绚丽火花: 林语堂幽默观的发展路向及文化特质. 中州学刊, 1998(5).

范丽. 从生态翻译学来看林语堂《中国传奇》之变译. 长春理工大学学报(社会科学版), 2016(4).

范小燕. 从目的论看《浮生六记》英译本中的"变译"现象. 湖南科技学院学报, 2008(3).

冯全功, 侯小圆. 瘦身翻译之理念与表现: 以 Moment in Peking 的汉译为例. 外语学刊, 2017(5).

冯羽. 林语堂与中国闽南基督教. 世界华文文学论坛, 2001(4).

冯智强, 崔静敏. 林语堂英文著译中的语言自信研究. 天津外国语大学学报, 2018(1).

冯智强, 李涛. "不合作"中的"合作": 合作原则视域下《京华烟云》中的"中国表达". 大连海事大学学报(社会科学版), 2016(4).

冯智强, 李涛. 编辑出版家林语堂的编译策略研究. 辽宁师范大学学报(社会科学版), 2016(5).

冯智强, 李涛. 中国故事对外译介的"中国味道": 林语堂小说三部曲中的中国英语之多维解读. 海南师范大学学报(社会科学版), 2016(6).

冯智强, 庞秀成. 副文本生存状态下的林语堂译论话语. 天津外国语大学学报, 2019(3).

冯智强, 庞秀成. 宇宙文章中西合璧, 英文著译浑然天成: 林语堂"创译一体"的文章学解读. 上海翻译, 2019(1).

冯智强, 朱一凡. 编辑出版家林语堂的编译行为研究. 中国翻译, 2011(5).

冯智强. "一捆矛盾"的双重解读: 林语堂的"变"与"不变". 吉林师范大学学报(人文社会科学版), 2008(6).

冯智强. "译可译, 非常译": 跨文化传播视阈下林语堂编译活动的当代价值研究. 外语教学理论与实践, 2012(3).

冯智强. 林语堂中国文化观的建构与超越: 从传统文化的批判到中国智慧的跨文化传播. 湖北社会科学, 2008(11).

冯智强. 语言哲学视阈下林语堂翻译思想的多维解读. 天津外国语学院学报, 2009(4).
冯智强. 中国智慧的跨文化传播: 林语堂英文著译研究. 青岛: 中国海洋大学出版社, 2011.
冯智强. 中国智慧跨文化传播的"中国腔调": 林语堂"译出"策略的多维思考. 清华大学翻译与跨学科研究中心会议论文集, 2012.
付丽. 《生活的艺术》与《京华烟云》的"自译"性研究. 湖北第二师范学院学报, 2012(1).
高鸿, 吕若涵. 文化碰撞中的文化认同与困境: 从林语堂看海外华文文学研究中的有关问题. 华文文学, 2002(3).
高鸿. 跨文化的中国叙事: 以赛珍珠、林语堂、汤婷婷为中心的讨论. 福建师范大学, 2004.
高华丽. 中外翻译简史. 杭州: 浙江大学出版社, 2009.
高巍, 刘媛媛, 宋启娲. 《京华烟云》中蕴含婚丧文化的传译因素: 以解构主义探析. 安徽商贸职业技术学院学报(社会科学版), 2010(1).
高巍, 宋启娲, 徐晶莹. 从互文性角度觅《京华烟云》的翻译痕迹. 长春理工大学学报(社会科学版), 2010(2).
高巍, 孙法鹏, 李志旺. 浅析《京华烟云》的自译特征. 菏泽学院学报, 2010(3).
高巍, 卫爽. 诗学观视角下探析林语堂英译《讨武曌檄》: 以林语堂译本《Lady Wu》为例. 重庆交通大学学报(社会科学版), 2015(5).
高巍, 徐晶莹, 宋启娲. 试析《京华烟云》中的诗词翻译. 重庆交通大学学报(社会科学版), 2011(1).
高巍, 张松, 武晓娜. 从显性到隐性: 林语堂英译《庄子》之分析. 牡丹江大学学报, 2010(4).
高巍. 文化差异现象在汉译英中的处理: 兼评林语堂的《浮生六记》英译本. 四川外语学院学报, 2001(5).
葛陈蓉, 张顺生. 直接套用的必要性及其问题: 以林语堂的 My Country and My People 为例. 翻译论坛, 2017(4).
葛校琴, 季正明. 人生态度取向与翻译的选择及策略: 谈林语堂《浮生六记》的翻译. 解放军外国语学院学报, 2001(4).
顾彬. 林语堂与苏东坡. 书屋, 2012(11).
管恩森. 互文性视域下的"红楼"文学记忆与世界性书写: 以林语堂《京华烟云》为例. 曹雪芹研究, 2019(4).
郭洪雷. 简论林语堂的跨语际传记写作. 浙江师范大学学报(社会科学版), 2009(2).
郭洪雷. 林语堂与中国现代传记文学. 华文文学, 2008(4).
郭晓辉. 浅谈《浮生六记》中的文化翻译. 陕西师范大学学报(哲学社会科学版), 2009(S1).
郭豫适. 林语堂对《红楼梦》后四十回的研究. 社会科学家, 1999, 14(6).
郝俊杰. 林译《浮生六记》中隐性评价意义的显化. 浙江外国语学院学报, 2013(2).
郝祝平. 互文性视角下译者翻译意图的实现: 以《浮生六记》林译本为例. 语文学刊, 2017(2).
禾刀. 作为中国文化阐释者的林语堂. 天津日报, 2019-04-15.
何兰. 浅析中国文化交流实现平等主体间性的途径: 以《生活的艺术》为例. 北京印刷学院学报, 2018(4).
何林天. 是谁"曲解歪缠乱士林"?: 评林语堂的《平心论高鹗》. 红楼梦学刊, 1985(2).
何燕. 译家与作家的统一: 林语堂个案研究. 上海外国语大学, 2007.
胡传吉. 追寻"中国文化的重生之道". 北京日报, 2019-03-08.

黄春梅. 杂合视角的林语堂中国文化译介研究: 以《苏东坡传》为例. 洛阳理工学院学报(社会科学版), 2017(6).

黄海军, 高路. 翻译研究的叙事学视角: 以林语堂译本为例. 西安外国语大学学报, 2011(4).

黄璐. 社会学视角下林语堂中国题材文学作品的译介. 牡丹江大学学报, 2019(12).

黄宁夏, 杨萍. 从《葬花吟》翻译透析林语堂的翻译风格. 西安外国语大学学报, 2010(4).

黄宁夏. 林语堂诗学观与诗词翻译策略. 西安外国语大学学报, 2012(2).

黄琴. 文化翻译视角下《京华烟云》中的中国英语. 中南林业科技大学学报(社会科学版), 2013(3).

黄寿娟. 鲁迅和林语堂翻译思想对比研究. 中山大学研究生学刊(社会科学版), 2007(2).

黄万华. 多棱的文化投影: 20世纪华文文学中的宗教影响. 社会科学辑刊, 1999(6).

黄忠廉. 林语堂: 中国文化译出的典范. 光明日报, 2013-05-13(5).

贾岩. 基督精神与林语堂的人生追求. 东方论坛(青岛大学学报), 2002(6).

江慧敏. 京华旧事, 译坛烟云: 论林语堂 Moment in Peking 的无根回译. 南开大学, 2012.

姜智慧. 东方文化情结与自我东方主义的矛盾统一: 读《跨文化视角下的林语堂翻译研究》. 中国出版, 2012(10).

蒋美红. 后殖民视域下张爱玲与林语堂的跨文化写作研究. 广东外语外贸大学学报, 2019(1).

金博雅. 论林语堂对中西文化交流的具体贡献: 以《吾国与吾民》《生活的艺术》的分析为例. 剑南文学(经典教苑), 2011(8).

金敬红. 解构视角下翻译中的二元对立分析: 以 Moment in Peking 和《京华烟云》为例. 上海外国语大学, 2012.

金倩. 论林语堂写作《京华烟云》过程中对中国文化局限词的转换. 陕西师范大学, 2013.

孔标. 林语堂《吾国与吾民》中的创造性翻译: 以中国文化"走出去"为视角. 北京科技大学学报(社会科学版), 2018(3).

孔子等. 林语堂英译精品: 不亦快哉(汉英对照). 林语堂译. 合肥: 安徽科学技术出版社, 2012.

赖勤芳, 郑舟. 论林语堂《武则天传》的反讽意味. 荆楚理工学院学报, 2011(11).

赖勤芳. 论林语堂《唐人街》的怀旧意味. 温州大学学报(社会科学版), 2013(1).

赖勤芳. 中国经典的现代重构: 林语堂"对外讲中"写作研究. 北京: 人民出版社, 2013.

蓝红军. 文化杂合: 文学翻译的第三条道路: 兼评林语堂译《浮生六记》. 江苏科技大学学报(社会科学版), 2006(1).

老子. 老子的智慧(汉英对照). 林语堂译. 合肥: 安徽科学技术出版社, 2012.

李灿, 罗玉成. 汉语典籍的编译、教学与传播方式探究: 评林语堂《孔子的智慧》. 高教探索, 2019(12).

李朝英. 以自我为中心, 以闲适为格调: 林语堂译《浮生六记》述评. 广西民族大学学报(哲学社会科学版), 2007(6).

李红丽. 从林语堂的双重身份看翻译与创作的关系. 山西大学学报(哲学社会科学版), 2012(6).

李晶. 文字错讹与杨译《红楼梦》底本考辨: 饮食医药篇. 红楼梦学刊, 2013(6).

李俊. "边缘"的文化叙事: 林语堂文化翻译的解构性研究. 广东工业大学学报(社会科学版), 2011(6) .

李俊. 语境·身份·策略: 谈林语堂英译《中国传奇》中过滤过的东方色彩. 牡丹江大学学报, 2008(10).

李可. 圣辉沐浴下的透明的心: 浅析林语堂的宗教情结. 内蒙古民族大学学报, 2006(2).
李兰杰. 林语堂翻译研究及其翻译与创作的互动. 上海外国语大学, 2009.
李立平. 林语堂的认同危机与文化选择. 南京大学, 2012.
李平, 程乐. 从自译视角看忠实的幅度: 以林语堂为例. 浙江工商大学学报, 2012(5).
李平, 程梦娉. 林语堂家族的版权意识: 兼论林语堂著译作品之再版. 传播与版权, 2016(9).
李平, 胡兰. 成功之路不可复制: 再论双语作家张爱玲与林语堂. 语文学刊(外语教育教学), 2013(11).
李平, 胡兰. 再论张爱玲的林语堂梦. 语文学刊(外语教育教学), 2013(12).
李平, 李小撒. 一作多译: 《浮生六记》英译本之互文关系. 安徽文学(下半月), 2014(5).
李平, 杨林聪. 林语堂自译《啼笑皆非》的"有声思维". 中南大学学报(社会科学版), 2014(1).
李平. 林译《浮生六记》研究中存在的问题. 江苏外语教学研究, 2013(2).
李平. 林语堂与《红楼梦》的翻译. 红楼梦学刊, 2014(4).
李平. 一个文本, 两种表述: 《林语堂双语文选》简评. 外语研究, 2012(1).
李平. 中国文化对外译介中出版社与编辑之责任: 以林语堂英文作品的出版为例. 天津外国语大学学报, 2018(1).
李巧玲, 张贯之. 文化图式理论视域下汉语文化负载词的英译研究: 以林译《浮生六记》为例. 西南科技大学学报(哲学社会科学版), 2019(5).
李晓姣. 文化翻译观视角下林语堂自译策略和方法研究: 以《小评论: 林语堂双语文集》为例. 青岛大学, 2018.
李英姿. 传统与现代的变奏: 《论语》半月刊及其眼中的民国. 首都师范大学, 2008.
李勇. 边缘的文化叙事: 林语堂散文的解构性. 江淮论坛, 1997(6).
李玉良. 林译《浮生六记》的得与失. 山东外语教学, 2005(6).
李志奇. 译者的思维模式与翻译策略: 以林语堂对外讲中为例. 中南大学, 2006.
梁林歆, 许明武. 国内外《浮生六记》英译研究: 回顾与展望. 外语教育研究, 2017(4).
梁绿平. 文学作品英汉复译中一些非语言范畴的难点: 林语堂《风声鹤唳》译后体会. 山东外语教学, 1993(3).
梁满玲, 胡伟华. 林语堂"解殖民化"的话语翻译策略: 后殖民视阈. 外语教学, 2017(4).
廖锋. 近二十年林语堂研究资料综述. 广西师范大学学报(哲学社会科学版), 2000(S2).
林东宣. 试谈《京华烟云》与道家文化. 泉州师专学报, 1998(S1).
林明玉. 译"意"兼而译"心": 以《唐人街》为例. 集美大学学报(哲学社会科学版), 2019(3).
林巧敏. 林语堂的性灵文学观. 华东师范大学, 2007.
林森茂. 等效理论视角下《京华烟云》中闽南俗语的中译策略研究. 长春理工大学学报(社会科学版), 2012(3).
林莎萍. 浅析林语堂的文化实践. 文教资料, 2008(21).
林语堂, 宋丹. 林语堂《红楼梦》英文编译原稿序言. 曹雪芹研究, 2019(3).
林语堂. 论翻译. 参见罗新璋, 陈应年. 翻译论集(修订本). 北京: 商务印书馆, 2010.
林语堂. 论译诗//林语堂名著全集之无所不谈合集. 长春: 东北师范大学出版社, 1995.
林语堂. 生活的艺术. 北京: 中国戏剧出版社, 1995.
林语堂. 我这一生: 林语堂口述自传. 南京: 江苏人民出版社, 2014.
林语堂. 吾国与吾民. 上海: 上海外语教育出版社, 1998.

林语堂. 在美编论语及其他//林语堂. 林语堂名著全集(第 18 卷). 长春: 东北师范大学出版社, 1994.

林语堂. 苏东坡传. 宋碧云译. 台北: 远景出版事业公司, 1977.

林语堂, 宋丹. 林语堂《红楼梦》英文编译原稿序言. 曹雪芹研究, 2019(3).

林语堂. 苏东坡传. 张振玉译. 西安: 陕西师范大学出版社, 2009.

林语堂. 武则天正传. 张振玉译. 沈阳: 万卷出版公司, 2013.

刘嫦. 功能翻译理论诠释下的《论语》林语堂英译本. 电子科技大学学报(社会科学版), 2010(1).

刘芳. 汉语文学作品英译中的异化与归化问题: 兼评林语堂在《浮生六记》中的文化翻译. 解放军外国语学院学报, 2003(4).

刘福莲. 论林译《浮生六记》中修辞手段的处理. 中南大学学报(社会科学版), 2010(6).

刘欢. 从目的论看林语堂翻译《吾国与吾民》. 文教资料, 2008(18).

刘丽. 从功能对等理论解析林语堂译本《浮生六记》的变译现象. 沈阳师范大学, 2011.

刘玲, 张莹, 刘璇. 从《京华烟云》看林语堂对中国文化的传译. 语文学刊(外语教育教学), 2015(11).

刘全国. 林语堂翻译书写研究. 北京: 高等教育出版社, 2019.

刘淑娟. 二语写作与翻译写作过程的一致性: 以林语堂《吾国与吾民》第一章为例. 厦门理工学院学报, 2016(4).

刘炎生. 向西方宣传中国文化的一部重要著作: 评林语堂的《吾国与吾民》. 华南师范大学学报(社会科学版), 1997(6).

刘彦仕. 方法与实践: 深度翻译在林语堂英译《浮生六记》中的运用. 译苑新谭, 2015(1).

刘映黎. 中华文化"走出去"语境下翻译文学的改写与重构: 以林语堂英译《中国传奇》为例. 吉林广播电视大学学报, 2017(4).

刘勇. 论林语堂《京华烟云》的文化意蕴. 北京师范大学学报(社会科学版), 1998(3):96-103.

刘泽权, 张丹丹. 假如林语堂翻译《红楼梦》: 基于互文的文化翻译实证探索. 中国翻译, 2015(2).

陆洋. 论"美译": 林语堂翻译研究. 中国翻译, 2005(5).

栾雪梅, 卞建华. 从《苏东坡传》看作者和译者的读者意识. 外国语言与文化, 2018(2).

栾雪梅, 卞建华. 译底与译心: 从《朱门》行香子词的回译看中国经典的回归. 中国翻译, 2020(1).

栾雪梅. 《苏东坡传》汉译指瑕. 东方翻译, 2017(4).

罗兰. 不对称的权力关系: 林语堂译作《老残游记》. 贵州大学学报(社会科学版), 2011(4).

罗文进. 林语堂古文译作中的解构主义探究. 青岛大学, 2014.

吕剑兰, 郎勇. 林语堂编译《老子的智慧》的策略及启示. 衡阳师范学院学报, 2017(5).

吕世生. 《红楼梦》跨出中国文化边界之后: 以林语堂英译本为例. 外语与外语教学, 2017(4).

吕世生. 林语堂《红楼梦》译本的他者文化意识与对传统翻译观的超越. 红楼梦学刊, 2016(4).

吕贤平. 精巧的构思 可贵的探索: 论林语堂《中国传奇》对唐传奇《莺莺传》的改编. 闽台文化研究, 2007(4).

吕贤平. 论林语堂对唐传奇《莺莺传》的改编. 漳州师范学院学报(哲学社会科学版), 2011(1).

吕云. 张振玉《京华烟云》翻译中的互文性处理. 牡丹江师范学院学报(哲学社会科学版), 2012(6).

马翔. 论林语堂的孔子书写. 湖南师范大学, 2018.

马晓云. 从对话意识看林语堂英文创作中的翻译现象. 中国海洋大学, 2010.

马悦然. 想念林语堂先生. 书屋, 2012(8).
孟祥春. 林语堂古文小品误译与思考. 上海翻译, 2016(5).
孟子, 苏东坡, 张岱, 等. 林语堂英译精品: 西湖七月半(汉英对照). 林语堂译. 合肥: 安徽科学技术出版社, 2012.
闵正年, 张志强. 赛珍珠怎样在美国推出林语堂. 编辑学刊, 2014(3).
默崎. 论跨文化写作中的林语堂小说. 郑州大学学报(哲学社会科学版), 2014(1).
倪文兴. 不要忘了林语堂: 我读《京华烟云》. 读书, 1988(10).
潘建伟. 自我说服的旷达: 对话理论视野中的苏轼"旷达"形象问题: 兼谈林语堂《苏东坡传》的中西文化观. 杭州师范大学学报(社会科学版), 2010(5).
潘水萍. 林语堂跨文化视境中的中国文化概念与镜像. 宁夏社会科学, 2020(1).
潘水萍. 林语堂想象中的"文化中国". 中州大学学报, 2019(6).
潘水萍. 林语堂与中国文化的现代自信. 西安建筑科技大学学报(社会科学版), 2019(6).
潘旭敏. 以写作的名义: 林语堂译介活动个案研究. 华东师范大学, 2008.
庞中兰. 翻译目的论在《京华烟云》英汉版本中的适用性. 山西大同大学学报(社会科学版), 2019(3).
钱珺. 著名作家的侧面: "新闻人"林语堂研究. 南京师范大学, 2016.
秦弓. 架起中西文化之桥: 读王兆胜著《林语堂两脚踏中西文化》. 山东社会科学, 2007(1).
秦楠, 范祥涛. 文化调适在林语堂汉语典籍英译中的运用. 名作欣赏, 2017(30).
秦楠. 翻译模因论视域下林语堂汉译英典籍中的翻译策略. 五邑大学学报(社会科学版), 2016(2).
秦志希. 鲁迅和林语堂. 江汉论坛, 1981(5).
丘晓芬, 陈钦. 集文学与翻译一身 树文化交流之桥梁: 析"目的论"在《京华烟云》中的应用. 长春工程学院学报(社会科学版), 2013(4).
全莎沙. 汉英自谦语对比研究与翻译: 以《浮生六记》林语堂译本为例. 华中人文论丛, 2013(2).
全莎沙. 生态翻译学视角下的林语堂《古文小品译英》. 名作欣赏, 2018(35).
任东升, 卞建华. 林语堂英文创作中的翻译现象. 外语教学, 2014(6).
尚延延, 杨萍. 译者对翻译生态环境的主动选择: 林语堂《论语》英译的译者中心性研究. 中国海洋大学学报(社会科学版), 2017(5).
邵英俊, 陈姗姗. 浅谈中医药文化国际传播中的术语翻译: 以《京华烟云》为例. 中国继续医学教育, 2016(34).
沈洁. "文化转向"视角下林语堂翻译研究成果述评. 长春师范大学学报, 2018(9).
沈庆利. 林语堂的"一团矛盾": 《吾国吾民》、《生活的艺术》之细读. 中国现代文学研究丛刊, 2011(12).
沈庆利. 以北京想象中国: 论林语堂的北京书写. 北京师范大学学报(社会科学版), 2019(1).
沈永宝. 论林语堂笔调改革的主张. 复旦学报(社会科学版), 1998(1).
施建伟. 《京华烟云》问世前后: 《林语堂传》之一章. 中国现代文学研究丛刊, 1992(1).
施建伟. 把握林语堂中西溶合观的特殊性和阶段性: 从《林语堂在海外》谈起. 华侨大学学报(哲学社会科学版), 1993(1).
施建伟. 近十年来林语堂作品在大陆的流传与研究. 同济大学学报(人文·社会科学版), 1994(2).
施建伟. 林语堂: 幽默情结和幽默观. 同济大学学报(人文·社会科学版), 1997(2).

施建伟. 林语堂: 曾与鲁迅在同一战壕. 秘书, 2013(9).
施建伟. 林语堂传. 北京: 北京十月文艺出版社, 1999.
施建伟. 林语堂的"一团矛盾"和《八十自叙》. 华侨大学学报(哲学社会科学版), 1991(2).
施建伟. 林语堂和幽默. 华侨大学学报(哲学社会科学版), 1993(2).
施建伟. 林语堂研究综述. 福建论坛(文史哲版), 1990(5).
施建伟. 林语堂幽默观的发展轨迹(论文摘要). 同济大学学报(人文·社会科学版), 1997(1).
施建伟. 林语堂最后的日子. 湖南文史, 2004(4).
施建伟. 文化选择的艺术表现: 简谈林语堂的杂文:《萨天师语录》系列. 华侨大学学报(哲学社会科学版), 1992(1).
施建伟. 幽默: 林语堂和鲁迅之比较. 鲁迅研究月刊, 1990(7).
施萍. 林语堂: 文化转型的人格符号. 华东师范大学, 2004.
舒启全. 评林氏《当代汉英词典》. 外语与外语教学, 1998(6).
舒义顺. 经历相似茶喻类同: 辜鸿铭和林语堂. 农业考古, 1999(2).
舒正友. 关联理论视野下的林语堂《京华烟云》翻译探究. 语文建设, 2016(3).
宋丹. 论林语堂翻译《红楼梦》的六大选择. 外语教学与研究, 2017(4).
宋丹. 日藏林语堂《红楼梦》英译原稿考论. 红楼梦学刊, 2016(2).
宋媛. 辜鸿铭林语堂"中国形象"的描述与再评价. 湖北三峡学院学报, 1999(4).
苏东坡. 东坡诗文选: 汉英对照. 林语堂译. 合肥: 安徽科学技术出版社, 2012.
孙会军. 从《浮生六记》等作品的英译看翻译规范的运作方式. 解放军外国语学院学报, 2004(3).
孙际惠. 林语堂《吾国与吾民》的后殖民主义解读. 湖南师范大学社会科学学报, 2012(1).
孙良好, 洪晖妃. 林语堂笔下的庄子形象. 温州大学学报(社会科学版), 2014(1).
孙相飞, 卞建华. 文献型翻译和工具型翻译: 析《Moment in Peking》中社会文化因素的翻译策略. 山西农业大学学报(社会科学版), 2011(2).
孙相飞. 目的论视角下的文化因素翻译研究: 以林语堂的 Moment in Peking(《京华烟云》)为例. 青岛大学, 2012.
孙晓玲. 论传统道家思想对林语堂的影响. 青岛大学, 2007.
孙宗广. 从欣赏到决裂: 赛珍珠与林语堂文学交流活动刍议. 苏州教育学院学报, 2004(3).
檀小舒. 三十年代林语堂的性灵论. 闽西职业大学学报, 2001(2).
唐婧. 编辑出版家林语堂的编译策略研究. 西部广播电视, 2019(7).
唐明芳. 从林语堂《老子的智慧》看译者的文化翻译策略. 四川西部文献编译研究中心专题资料汇编, 2019.
陶丽茶. 林语堂翻译的读者意识研究: 以《西湖七月半》英译为例. 云南大学, 2010.
陶丽霞. 文化观与翻译观: 鲁迅、林语堂文化翻译对比研究. 上海外国语大学, 2006.
仝星. 从多元系统论看林语堂在《风声鹤唳》中对文化专有项的诠释. 内蒙古大学, 2013.
涂秀芳. 在中西文化锋面上: 试论林语堂散文创作. 福州大学学报(社会科学版), 1998(4).
屠隆. 冥廖子游. 林语堂译. 天津: 百花文艺出版社, 2002.
万平近.《赖柏英》和林语堂的乡情. 台湾研究集刊, 1988(3).
万平近.《林语堂论中西文化》·前言. 福建论坛, 1988.
万平近.《朱门》和林语堂的伦理道德观. 江淮论坛, 1986(2).
万平近. 从多重"回归"现象看林语堂. 福建学刊, 1997(1).

万平近. 从文化视角看林语堂. 福建学刊, 1988(6).
万平近. 读《林语堂传》印象记. 台湾研究集刊, 1991(2).
万平近. 林语堂定居台湾前后. 新文学史料, 1995(2).
万平近. 林语堂评传. 上海: 上海远东出版社, 2008.
万平近. 林语堂生活之路: 兼评林语堂的《八十自叙》. 新文学史料, 1984(3).
万平近. 林语堂生活之路[续]: 兼评林语堂的《八十自叙》. 新文学史料, 1984(4).
万平近. 评林语堂著《苏东坡传》. 福建论坛(文史哲版), 1994(2).
万平近. 让炎黄文化走向世界: 谈林语堂宏扬炎黄文化的贡献. 漳州师院学报, 1995(1).
万平近. 让炎黄文化走向世界: 谈闽籍学者林语堂如何向海外弘扬炎黄文化. 参见中华文化与地域文化研究: 福建省炎黄文化研究会 20 年论文选集[第一卷]. 福建省炎黄文化研究会, 2011.
万平近. 谈《京华烟云》中译本. 新文学史料, 1990(2).
汪宝荣. 林语堂翻译《浮生六记》地名之策略: 基于数据统计和实例分析的考察. 语言与翻译, 2016(3).
汪宝荣. 文学翻译中的译者姿态: 以林译《浮生六记》和王译《阿 Q 正传》为中心. 外国语文研究, 2018(3).
汪宝荣. 寻求文化荣耀的译者姿态: 《浮生六记》林译本文化翻译策略新解. 外语学刊, 2017(6).
王承丹, 曾垂超. 林语堂译介《论语》考论. 福州大学学报(哲学社会科学版), 2014(4).
王宏印, 江慧敏. 京华旧事, 译坛烟云: Moment in Peking 的异语创作与无根回译. 外语与外语教学, 2012(2).
王辉. 幽默的林语堂与"活泼泼的孔丘". 东方翻译, 2018(2).
王珏, 张春柏. 林语堂英文译创作品中的中国文化形象研究. 安徽师范大学学报(人文社会科学版), 2019(2).
王珏. 林语堂英文译创研究. 华东师范大学, 2016.
王珏. 林语堂英文作品中的副文本研究. 翻译论坛, 2018(4).
王军. 为中国和中国人作传的一种方式: 以《吾国与吾民》为例. 现代传记研究, 2018(1).
王瑞明, 夏露. 略谈林语堂《苏东坡传》的得失. 社会科学研究, 1985(1).
王杉杉, 苏柳梅. 文化翻译观下《京华烟云》中建筑文化翻译. 沈阳东师瑞普教育科技有限公司专题资料汇编, 2019.
王少娣. 互文性视阈下的林语堂翻译探析. 外语教学理论与实践, 2008(1).
王少娣. 跨文化视角下的林语堂翻译研究: 东方主义与东方文化情结的矛盾统一. 上海外国语大学, 2007.
王少娣. 林语堂的东方主义倾向与其翻译的互文性分析. 解放军外国语学院学报, 2009(2).
王少娣. 林语堂的双重文化取向探析: 自我东方主义与东方文化情结的二元并立. 中华文化论坛, 2013(10).
王少娣. 林语堂文化立场观照下的韵文翻译. 外语学刊, 2012(2).
王少娣. 试论林语堂翻译文本的选择倾向. 天津外国语学院学报, 2008(2).
王诗客. 《浮生六记》英译的文体和内容之辨. 天津外国语大学学报, 2019(3).
王小静. 林语堂的文化观与文化传播策略. 兰州教育学院学报, 2019(11).
王晓君. 《林语堂传》出版的前前后后. 上海鲁迅研究, 2017(4).

王友琴. 从林语堂的"文化变译"看文学翻译中的改写. 泉州师范学院学报, 2011(5).

王兆胜. 21世纪我们需要林语堂. 文艺争鸣, 2007(3).

王兆胜. 反抗绝望善处人生: 论林语堂的生活哲学. 社会科学辑刊, 1999(3).

王兆胜. 林语堂人生哲学的价值意义及其缺憾. 东岳论丛, 1998(1).

王兆胜. 林语堂与东方文化. 东方丛刊, 2018(1).

王兆胜. 林语堂与外国文化(上). 沈阳师范大学学报(社会科学版), 2003(5).

王兆胜. 林语堂与外国文化(下). 沈阳师范大学学报(社会科学版), 2003(6).

王兆胜. 林语堂与中国文化. 北京: 社会科学文献出版社, 2007.

王兆胜. 论林语堂的女性崇拜思想. 社会科学战线, 1998(1).

王兆胜. 论林语堂的生命悲剧意识. 中国社会科学院研究生院学报, 1997(1).

王喆. 跨文化视角下林语堂对中国文化词的传播研究: 以《苏东坡传》为例. 华东师范大学, 2017.

卫爽. 改写理论视角下林语堂 Lady Wu 研究. 天津科技大学, 2016.

文军, 邓春. 国内《浮生六记》英译研究: 评述与建议. 当代外语研究, 2012(10).

吴海燕. 文化的反思: 《道德经》三译本研究. 福建师范大学, 2009.

吴慧坚. 翻译的条件与翻译的标准: 以林语堂《吾国与吾民》为例. 外语学刊, 2006(1).

吴慧坚. 翻译与翻译出版的伦理责任: 由译本《京华烟云》引发的伦理思考. 广东第二师范学院学报, 2012(4).

吴慧坚. 林语堂《记承天寺夜游》译文评析: 兼论关联性语境融合理论与翻译批评. 社会科学战线, 2010(5).

吴慧坚. 林语堂介译实践的当代诠释与经验借鉴: 以《孔子的智慧》为例. 广东第二师范学院学报, 2015(6).

吴慧坚. 林语堂中译外实践研究与变译策略的推演. 兰州文理学院学报(社会科学版), 2018(3).

吴慧坚. 文化传播与策略选择: 从林语堂著《生活的艺术》说起. 福建论坛(人文社会科学版), 2017(9).

吴慧坚. 向世界说"道": 论《老子的智慧》中"道"的互文阐释及其传播功用. 广东第二师范学院学报, 2019(2).

吴慧坚. 重译林语堂: 从 My Country and My People 的翻译谈起. 学术界, 2008(6).

吴慧坚. 重译林语堂与筛选积淀重译论: 兼论翻译伦理问题. 广东第二师范学院学报, 2011(1).

吴慧坚. 重译林语堂综合研究. 广州: 花城出版社, 2012.

吴玲玲, 李丹. 林语堂英文作品翻译之特点. 北京第二外国语学院学报, 2004(2).

吴玲玲. 翻译家林语堂研究: 中国文化使者. 四川大学, 2005.

武建国, 牛振俊, 冯婷. 互文视域下中国传统文化的外宣: 以林语堂的翻译作品为例. 外语学刊, 2019(6).

武敏. 双语作家英文作品的冷热遭遇溯源: 张爱玲与林语堂的读者接受比较. 成都师范学院学报, 2020(2).

武敏. 自译与发挥译语优势: 以林语堂自译为例. 北京科技大学学报(社会科学版), 2018(5).

夏婉璐. "一仆一主"与"一仆三主": 《啼笑皆非》中林语堂自译部分与徐诚斌翻译部分对比研究. 乐山师范学院学报, 2016(6).

线宏力. 从林语堂看翻译"文化间性"论. 齐齐哈尔大学学报(哲学社会科学版), 2011(2).

晓望. 对林语堂作品的几种不同评价. 上海大学学报(社会科学版), 1985(1).
肖百容, 谢诗婷. 林语堂的亚文体创作及其意义. 湖南第一师范学院学报, 2019(4).
肖百容, 张凯惠. 论《京华烟云》的翻译性写作及其得失. 湖南工业大学学报(社会科学版), 2010(6).
肖百容, 钟新良. 林语堂英文小说二三论. 湖南师范大学社会科学学报, 2019(3).
肖百容. "片面"与"全面": 从王兆胜先生的林语堂研究谈起. 怀化学院学报, 2012(6).
肖百容. 论林语堂对中国文化传统的阐释. 中国现代文学研究丛刊, 2018(3).
谢辉. 翻译、多语文本与身份认同: 林语堂汉语散文中的多语现象分析. 山东外语教学, 2017(5).
邢娟妮, 孙良好. 论林语堂笔下的孔子形象: 以《子见南子》和《孔子的智慧》为中心. 温州大学学报(社会科学版), 2008(4).
邢娟妮. 林语堂笔下的孔子形象: 索解孔子神圣性的理论视角. 陕西师范大学学报(哲学社会科学版), 2007(A2).
熊宣东, 冯文坤. 千呼万唤始出来, 犹抱琵琶半遮面: "细读"林语堂《浮生六记》之翻译. 电子科技大学学报(社科版), 2008(2).
徐寒. 三寸金莲哪去了?: 从林语堂英译本《浮生六记》看意识形态对译者的影响. 成都大学学报(社会科学版), 2012(6).
徐亮. 百年语堂记忆: 海峡两岸(漳州)林语堂文化研讨会综述. 闽台文化研究, 2018(4).
徐娜, 张秋玲. 从改写理论主流诗学角度解读林语堂英译《莺莺传》. 南京工业职业技术学院学报, 2017(2).
徐娜. 从改写理论探析林语堂英译作品《莺莺传》. 青岛大学, 2016.
徐文荟. 林语堂译创作品的跨文化传播研究: 以《苏东坡传》为例. 上海外国语大学, 2017.
薛军伟. 言无达译: 林语堂《浮生六记》英译中的问题. 广西师范大学学报(哲学社会科学版), 2008(4).
杨春泉. 再谈译者主体性与文本的选择: 以林语堂与《浮生六记》为例. 长江大学学报(社会科学版), 2009(4).
杨柳. 通俗翻译的"震惊"效果与日常生活的审美精神: 林语堂翻译研究. 中国翻译, 2004(4).
杨仁敬. 略论中美现代文化交融的三种模式: 以赛珍珠、林语堂和汤亭亭为例. 外国语言与文化, 2017(1).
杨沙莎, 夏廷德. 双重文化意识和翻译策略: 析林语堂《浮生六记》英译. 大连海事大学学报(社会科学版), 2014(1).
杨士焯, 周旭. 林语堂"特殊的翻译"译文笔法探究. 东方翻译, 2016(2).
叶子. 《纽约客》的"中国": 以华人英语书写为中心. 复旦大学, 2012.
殷丽. 翻译批评主体的视角差异性研究: 以王国维、林语堂对辜氏《中庸》译本的批评为例. 外语研究, 2014(4).
余娜. 寻求人的文学: 论林语堂的传记文学观. 南昌航空大学学报(社会科学版), 2015(2).
乐黛云. 从中国文化走出去想到林语堂. 中国文化报, 2015-12-18(003).
翟红梅, 贾湲湲. 生态翻译学视域下林语堂《莺莺传》翻译研究. 安徽工业大学学报(社会科学版), 2017(5).
翟红梅, 张德让. 翻译适应选择论与林语堂英译《浮生六记》. 外语学刊, 2009(2).
詹声斌. 改写理论视域下林语堂《英译重编传奇小说》探究. 安徽工业大学学报(社会科学版),

2019(5).

张潮. 林语堂英译精品: 幽梦影(汉英对照). 林语堂译. 合肥: 安徽科学技术出版社, 2012.

张丹丹. 林语堂英译《红楼梦》再探. 红楼梦学刊, 2016(2).

张桂兴. 从生命的源头去阐释"幽默大师": 林语堂国际学术研讨会综述. 中国现代文学研究丛刊, 2008(3).

张桂兴. 林语堂国际学术研讨会综述. 文学评论, 2008(3).

张季红. 浅析林语堂的文化态度与跨文化传播实践: 以林译《浮生六记》的翻译为例. 上海翻译, 2016(1).

张岚. 论中国新文学"闲适"散文的成因与流变. 求索, 1999(1).

张蕾. 版本行旅与文体定格: 《京华烟云》中译本研究. 河北学刊, 2012(1).

张蕾. 林语堂《京华烟云》中的民俗翻译. 西安航空学院学报, 2017(2).

张丽云, 雷丹, 赵岱峰. "文化间性"视阈下的《京华烟云》翻译研究. 齐齐哈尔大学学报(哲学社会科学版), 2012(3).

张瑞君. 评林语堂《苏东坡传》. 山西大学师范学院学报(哲学社会科学版), 1997(3).

张睿睿. 开拓中西文化交流的空间: 林语堂《生活的艺术》在美国的接受研究. 现代中国文化与文学, 2004(2).

张树艳. 从中国文化传播角度看林语堂的《京华烟云》. 内蒙古农业大学学报(社会科学版), 2015(4).

张文涛. 林语堂的智慧观. 漳州师范学院学报(哲学社会科学版), 2012(3).

张文学. 林语堂翻译的互文性探析. 语文学刊, 2014(5).

张欣. 翻译行为理论视角下林语堂自译研究: 以《小评论: 林语堂双语文集》为个案. 青岛大学, 2018.

张欣. 同构关系在许渊冲、林语堂英译本中的体现. 山西师范大学学报(社会科学版), 2014(S2).

张秀燕. 被遗忘的翻译家: 林语堂英文著作汉译者张振玉. 集美大学学报(哲社版), 2017(3).

张秀燕. 从《京华烟云》看林语堂对中国文化的传译策略. 山西大同大学学报(社会科学版), 2014(2).

张秀燕. 从《幽梦影》看林语堂对国俗词语的翻译. 泉州师范学院学报, 2009(1).

张宇. 论林语堂的英语随笔与《中国评论周报》. 首都师范大学学报(社会科学版), 2018(1).

张政, 刘晗. 异曲而同工: 纳博科夫与林语堂翻译观之比较. 俄罗斯文艺, 2017(4).

赵阿丽. 《苏东坡传》: 跨语际写作中的文化铸造与国民性探索. 中南民族大学, 2016.

赵金凤. 林语堂翻译转向的原因: 生态翻译学视角. 济南大学学报(社会科学版), 2013(1).

赵丽莎. 从斯坦纳的阐释学观点赏析林语堂《老子的智慧》. 湖南医科大学学报(社会科学版), 2010(2).

赵琳. 论英语文学翻译中的文化还原问题: 以《京华烟云》为例. 哈尔滨师范大学社会科学学报, 2019(4).

郑板桥, 等. 林语堂英译精品: 板桥家书(汉英对照). 林语堂译. 合肥: 安徽科学技术出版社, 2012.

郑朝然. 以《京华烟云》为例看林语堂作品在海外的传播. 对外传播, 2018(7).

郑锦怀. 林语堂英语译介《红楼梦》历程考察. 集美大学学报(哲学社会科学版), 2020(2).

郑玮. 林语堂译创过程中体现的读者意识. 西安外国语大学学报, 2013(2).

郑玮. 文化融合视角下"半半哲学"与"抒情哲学"的统一:《中国智慧的跨文化传播:林语堂英文著译研究》评介. 中国出版, 2013(9).

郑远新. 论"一带一路"视阈下的林语堂"对外讲中". 陇东学院学报, 2019(6).

郑中求. 翻译家林语堂研究述评. 湖南民族职业学院学报, 2009(3).

钟怡雯.《幽梦影》:林语堂的中国版"圣经". 书屋, 2012(11).

周可. 文化与个人:林语堂的内在紧张及其消解. 青海师范大学学报(哲学社会科学版), 1998(1).

周学恒. 民俗自译视野下《京华烟云》. 语文建设, 2015(30).

周莹. 林语堂与韦伯文化哲学思维比较. 小说评论, 2009(S1).

周志会, 顾毅. 模因论视角下林语堂《苏东坡传》编译的研究. 牡丹江大学学报, 2016(1).

周质平. "以文为史"与"文史兼容":论胡适与林语堂的传记文学. 荆楚理工学院学报, 2011(4).

朱东宇, 宏晶. 林语堂"一团矛盾"论析. 学习与探索, 1998(1).

朱东宇. 伦理性人物与哲理性主题:论《红牡丹》的文化精神. 求是学刊, 1998(3).

朱嘉春. 林语堂英译《浮生六记》中文化专有项翻译策略的实证研究与跨文化阐释. 亚太跨学科翻译研究, 2019(1).

朱双一. 陈季同、辜鸿铭、林语堂:"中国形象"的书写和传译:闽籍近现代中国三大家比较论. 福建师范大学学报(哲学社会科学版), 2019(1).

庄子. 林语堂英译精品:扬州瘦马(汉英对照). 林语堂译. 合肥:安徽科学技术出版社, 2012.

子通. 林语堂评说 70 年. 北京:中国华侨出版社, 2003.

祖婉慧. 从互文性视角看林语堂译著的多元文化观. 兰台世界, 2015(13).

后　记

在本书即将付梓出版之际，回望从课题立项到结项成书的历程，心中满是感慨与感恩。这段凝聚着无数日夜与心血的学术之旅，因诸多支持与陪伴才得以圆满。在此向所有给予我力量的人致以最诚挚的谢意。

感谢给予课题指导和支持的校内外专家和学者。各位老师的真知灼见和智慧分享，使笔者在课题论证、项目开题和结题、书稿撰写和修改过程中，不断进步，一路前行。在项目开题论证阶段，笔者得到了广西大学罗选民教授、广东外语外贸大学黄忠廉教授、扬州大学周领顺教授的指导和肯定。在撰写阶段性成果和项目结题成果的过程中，笔者得到了中国海洋大学任东升教授、中国海洋大学滦雪梅副教授、曲阜师范大学张琳副教授、青岛大学石灿老师的大力支持。从研究框架的反复打磨到关键问题的深度研讨，从资料的收集分析到结论的严谨论证，从撰写并发表阶段性成果，到撰写并修订相关章节，每一个环节都倾注着大家的智慧与汗水。正是你们的专业素养与敬业精神，让课题研究不断突破瓶颈，让课题最终结项成书。在项目结题阶段，国家社会科学基金项目匿名评审专家以及天津外国语大学冯智强教授和青岛科技大学李玉良教授对课题结项书稿提出了宝贵意见和建议。

感谢国家社会科学基金项目的大力支持。基金提供的不仅是物质保障，更是对学术价值的认可与激励，让我能够心无旁骛地投入研究。这份信任与支持始终是我前行的动力，也让我深刻体会到学术研究的社会责任与使命担当。

感谢青岛大学的各位领导和同事。在课题推进过程中，你们不仅在工作上给予包容与便利，更在学术交流中分享宝贵经验，在遇到困难时给予鼓励与建议。单位浓厚的学术氛围与团结互助的环境为课题的顺利开展提供了坚实后盾。

感谢我的硕士研究生们，栗心生、刘凤、李梦洁、张钰、刘苗苗、于洋、江珊、辛玮、宋佳宇、隋雅君、赵晓菲、庞晓敏、侯梦、李鑫蕾、冯宵、马璐璐、张纪彤、王馨、王紫琪等。在大量文献整理和文稿校对工作中，你们以严谨细致的态度和高度的责任心，为课题研究奠定了扎实的基础。每一次讨论时，你们迸发的思维火花也让我深受启发。这段共同探索的经历既是学术成长的见证，更是珍贵的师生情谊。

感谢科学出版社的编辑杨英和贾雪玲等老师，你们严谨、细致的工作态度和高超、专业的编辑水平，极大提升了本书的质量，令我和团队成员敬佩和感动。

最后，最深的感恩留给我的家人。无论是在繁忙的日常工作和生活中，还是在疫情肆虐的特殊时期，课题研究和书稿写作修改的日子充满挑战，是你们默默承担起生活琐事，包容我因专注研究而缺席的时光。你们的理解、鼓励与陪伴是我疲惫时的港湾，更是我坚持下去的温暖力量。

学术之路漫漫，本书既是阶段性的总结，也是新征程的起点。未来，我将带着这份感恩之心，继续深耕学术，以更扎实的研究回报社会与时代。

青岛大学浮山校区博文楼

2025年6月3日